Wickel
Banken im Wandel

GABLER EDITION WISSENSCHAFT

Silke Wickel

Banken im Wandel

Konzept für eine zukunftsorientierte
Organisationsstruktur

Mit Geleitworten
von Prof. Dr. Rainer Marr
und Dr. Hans-Gert Penzel

DeutscherUniversitätsVerlag

Die Deutsche Bibliothek – CIP-Einheitsaufnahme

Wickel, Silke:
Banken im Wandel : Konzept für eine zukunftsorientierte
Organisationsstruktur / Silke Wickel.
Mit Geleitw. von Rainer Marr und Hans-Gert Penzel. -
Wiesbaden : Dt. Univ.-Verl. ; Wiesbaden : Gabler, 1995
 (Gabler Edition Wissenschaft)
 Zugl.: München, Univ. der Bundeswehr, Diss., 1995
 ISBN 3-8244-6230-3

Der Deutsche Universitäts-Verlag und der Gabler Verlag sind Unternehmen der Bertelsmann Fachinformation.

Gabler Verlag, Deutscher Universitäts-Verlag, Wiesbaden
© Betriebswirtschaftlicher Verlag Dr. Th. Gabler GmbH, Wiesbaden 1995
Lektorat: Claudia Splittgerber / Annette Erther

Das Werk einschließlich aller seiner Teile ist urheberrechtlich geschützt. Jede Verwertung außerhalb der engen Grenzen des Urheberrechtsgesetzes ist ohne Zustimmung des Verlages unzulässig und strafbar. Das gilt insbesondere für Vervielfältigungen, Übersetzungen, Mikroverfilmungen und die Einspeicherung und Verarbeitung in elektronischen Systemen.

Höchste inhaltliche und technische Qualität unserer Produkte ist unser Ziel. Bei der Produktion und Auslieferung unserer Bücher wollen wir die Umwelt schonen: Dieses Buch ist auf säurefreiem und chlorfrei gebleichtem Papier gedruckt.

Die Wiedergabe von Gebrauchsnamen, Handelsnamen, Warenbezeichnungen usw. in diesem Werk berechtigt auch ohne besondere Kennzeichnung nicht zu der Annahme, daß solche Namen im Sinne der Warenzeichen- und Markenschutz-Gesetzgebung als frei zu betrachten wären und daher von jedermann benutzt werden dürften.

Druck und Buchbinder: Rosch-Buch, Hallstadt
Printed in Germany

ISBN 3-8244-6230-3

GELEITWORT

Die These "Banken im Wandel" klang, als Frau Wickel in meinem Bereich mit der vorliegenden Arbeit begann, eher provokativ und wurde von der Mehrzahl der Mitarbeiter nicht gerne gehört. Denn die deutsche Universalbank hatte lange genug bewiesen, daß sie allen Veränderungen trotzen konnte! Angesichts dessen, was sich gegenwärtig am Markt tut, hat sich dies bereits geändert. Im Privatkundengeschäft werden mit dem Aufkommen der Direktvertriebswege die Karten neu gemischt. Im Firmenkundengeschäft decken die schmilzenden Margen kaum nicht die notwendigen Risikoprämien. im Handel gewinnen Betriebsgrößenvorteile durch die Globalisierung eine völlig neue Bedeutung. Die These "Banken im Wandel" klingt also eher schon zu moderat. "Banken im Umbruch" wäre vermutlich der angemessene Terminus zur Beschreibung der heutigen Situation.

Aber es wird schlimmer kommen. Einige sprechen bereits von der "Revolution im Bankensektor". Dies hören Bankmitarbeiter verständlicherweise erst recht nicht gerne, denn Revolutionen haben unangenehme Nebeneffekte: In der Mehrzahl der Fälle fressen sie ihre eigenen Kinder. Ich fürchte, daß die Branche davon nicht mehr allzuweit entfernt ist. Denn die heutige Lage erinnert frappierend an die Situation, in der sich die Computerindustrie oder die Luftfahrtbranche zu Anfang der achtziger Jahre befanden: Bei hohen Fixkosten und Überkapazitäten nahm der Wettbewerb massiv zu, sei es durch die Emanzipation der Verbraucher, sei es durch Deregulierung. Das Ergebnis das Veränderungsprozessen, der folgte, ist heute empirisch ablesbar. Die meisten strahlenden Größen von einst sind vergangen, neue Firmen sind "aus der Asche" entstanden, neue Gewinner haben alte abgelöst.

Übertragen wir dies auf die Bankenbranche, so wird auch für uns gelten: Nur derjenige wird erfolgreich bleiben, der Wandel nicht nur akzeptiert und nachvollzieht, sondern aktiv gestaltet, ja geradezu liebt. Erfolgreiche Banken müssen deshalb schnell lernen, äußeren Wandel früh zu registrieren und zeitnah in die Interna ihrer Organisationen einfließen zu lassen. Dies gilt natürlich für die Anforderungen der Kunden, aber es gilt genauso für die Reaktionen in Richtung Organisatiosstruktur und Steuerungssysteme.

In der Durchdringung der Reaktionen in Richtung Organisationsstruktur und Steuerungssysteme liegt der wichtige Beitrag von Frau Wickel.

Sie beschreibt die Bausteine, die erforderlich sind, um Organisationen und Steuerung zukunftsgerichtet zu gestalten. Dazu gehören die eher "klassischen" Bausteine der Projektorganisation und der Divisionalisierung. Es gehören dazu aber auch die innovativen Konzepte marktähnlicher Strukturen und der Elemente des Lean Management. Gerade der Übertragung von Marktstrukturen auf interne Strukturen - mit all ihren Chancen und Risiken - halte ich für eine faszinierende Idee. In den internen Prozessen die Balance aus hierarchischer Regelung und marktmäßiger Regelung zu finden, dürfte eine der größten Herausforderungen für erfolgreiche Banken werden.

Frau Wickel geht deshalb auch weiter: Sie gibt uns ein Raster, um abschätzen zu können, welche Auswirkungen der Einsatz der verschiedenen Bausteine auf die Bank haben wird. Denn Bausteine sind nicht an sich gut oder schlecht, sondern müssen in der jeweiligen Situation adäquat eingesetzt werden. Das Ergebnis ist eine Ausarbeitung, die jeder Organisator beherrschen müßte!

Wandel ist allerdings erst dann tragfähig, wenn es nicht nur in den Köpfen einzelner Organisatoren stattfindet, sondern im Wertesystem aller Mitarbeiter. Jeder einzelne muß sich regelmäßig fragen: Stimmt die Struktur des Leistungserstellungs-Prozesses noch, wie muß ich mich anpassen, bis hin zur Frage: Wie mache ich mich am besten überflüssig? Und wer dies konsequent praktiziert, der kann ziemlich sicher sein, daß er auch in Zukunft im Unternehmen gebraucht wird - an anderer Stelle, mit noch interessanteren Aufgaben. Insofern hoffe ich, daß die Ideen dieses Buch über den Kreis der Organisatoren hinaus auch in die Köpfe der betroffenen Bankmitarbeiter gelangen!

Dr. Hans-Gert Penzel

Leiter des Bereiches Konzernentwicklung

Vereinsbank

GELEITWORT

Der Erfolg von Organisationen der Wirtschaft beruht unter anderem darauf, daß es ihnen gelingt, Strukturen zu schaffen, die sowohl den sich immer stärker verändernden Marktbedingungen genügen als auch effizienzsichernde Leistungsanreize und Handlungsfreiräume für die Mitarbeiter bieten. Voraussetzung hierfür ist die Fähigkeit und Breitschaft, sich mir der Zukunft des Marktes wie des Unternehmens auseinanderzusetzen, sie zu antizipieren. Wer morgen Produkte, Dienstleistungen oder Ideen auf dem Markt verkaufen möchte, muß früher als seine Konkurrenz wissen, was morgen gefordert werden wird. Für Banken gilt dies in immer stärkerem Maße, nachdem sie jahrelang in relativ abgeschotteten, "sicheren" Märkten agieren konnten. Angesichts der nicht zuletzt durch den gemeinsamen europäischen Markt zu erwartenden Veränderungen des Wettbewerbs im Bankenbereich zeichnet sich das von Frau Wickel bearbeitete Thema durch seine besondere praktische Bedeutung aus.

Welche Anforderungen die Banken in der Zukunft zu bewältigen haben, kann nur in groben Strukturen vorausgesehen werden. Trotzdem müssen heute Entscheidungen getroffen und damit die Grundsteine für die Zukunft gelegt werden, die den Anforderungen von morgen gerecht werden sollen. Grundlage hierfür ist eine zumindest mittelfristige Strategie und sicherlich auch eine organisatorische Grundausrichtung, die Reaktionen auf verschiedene künftige Anforderungen zuläßt.

Der Frage, wie eine solche zukunftsorientierte Organisationsstruktur für Banken aussehen könnte, geht die Autorin dieser Schrift, Silke Wickel, nach. Sie zeigt auf, welche möglichen Ansätze im Organisationsbereich für Banken bei veränderten Umfeldbedingungen grundsätzlich in Frage kommen könnten und wie die Kombination verschiedener untersuchter Ansätze aussehen könnte. Grundlage hierfür ist ein empirisch fundiertes Szenario des Bankenmarktes sowie plausible Thesen über die Entwicklung der Mitarbeiterwerte als die beiden externen Haupteinflußvariablen. Für eine als Beispiel dienenden private Großbank wird dabei von einer Strategie ausgegangen, die einerseits Kosten, Zeit und Qualität des Leistungsprozessen zu optimieren sowie anderseits den gewandelten

Ansprüchen der Mitarbeiter Rechnung zu tragen versucht. Die künftigen Anforderungen des Marktes an Banken sowie die zu erwartende Entwicklung der Einstellung der Mitarbeiter werden dabei auf Grundlage einer Delphi-Befragung sowie bankinterne wie allgemein verfügbarer Quellen ermittelt.

Das vorliegende Buch verbindet daher Erfahrungen aus der Praxis mit theoretischen Überlegungen. In diesem Sinne enthält es vielfältige ausgesprochene und unausgesprochene Informationen, die einerseits eine sich als anwendungsorientierte verstehende Forschung dazu bringen kann, praxisorientiert zu arbeiten und die andererseits die Praxis dazu herausfordert, wissenschaftliche Kenntnisse für sich zu nutzen. Für alle, die in der Praxis mir der Entwicklung zukünftiger bankbetrieblicher Organistionsstrukturen beschäftigt oder auch nur daran interessiert sind, können die Überlegungen von Frau Wickel wichtige Hinweise und Hilfestellungen geben.

Prof. Dr. Rainer Marr

VORWORT

Das Thema der Arbeit - den organisationalen Wandel von Banken zu untersuchen und eine Entwicklungsrichtung aufzuzeigen, die Banken einschlagen könnten - sollte nicht nur theoretisch angegangen werden, sondern auch aus der Perspektive der Praxis heraus. Die vorliegende Arbeit versucht, dem Anspruch, beide Ebenen zu vereinen, gerecht zu werden. Die Bayerische Vereinsbank AG, München, unterstütze diese Dissertation durch ein spezielles Arbeitszeitmodell und machte mir "Insiderwissen" über Banken durch meine Praxistätigkeit zugänglich, das ich sonst nicht erhalten hätte.

Mein besonderer Dank für anregende Diskussionen, fachliche Hilfestellung und wertvolle Ratschäge gilt Herrn Dr. Hans-Gerd Penzel. Seine Impulse haben die Arbeit wesentlich beeinflußt. Daneben möchte ich mich bei Herrn Dr. Alexander Kirsch für die aufgebrachte und oft arg strapazierte Geduld und redaktionelle Unterstützung bedanken.

Silke Wickel

INHALTSVERZEICHNIS

Abbildungsverzeichnis XIX

Abkürzungsverzeichnis XXIII

1. Problemstellung und methodisches Vorgehen 1

   1.1. Problemstellung: Die Leistungslücke muß geschlossen werden 1

      1.1.1. Tendenz: Die Leistungsanforderungen an die Organisation und ihre Mitarbeiter steigen 2

      1.1.2. Tendenz: Die Leistungsbereitschaft sinkt 4

      1.1.3. Schließen der Leistungslücke 5

         1.1.3.1. Organisationsstruktur als Ansatzpunkt 5

         1.1.3.2. Mitarbeiter als Ansatzpunkt 6

         1.1.3.3. Zusammenfassung und Ausblick auf das weitere Vorgehen 7

   1.2. Weiteres Vorgehen 7

   1.3. Methodik 8

      1.3.1. Situativer Ansatz 8

         1.3.1.1. Die Grundidee das situativen Ansatzes: Organisationen als soziotechnische Systeme 9

         1.3.1.2. Anwendung der pragmatischen Variante des situativen Ansatzes 9

         1.3.1.3. Schwierigkeiten des situativen Ansatzes 11

      1.3.2. Structure follows strategy: Aber welche Strategie? 12

         1.3.2.1. Structure follows strategy 12

         1.3.2.2. Die Frage der Strategie 13

2. Umweltkomplexität, Wertewandel und resultierende Anforderungen 17

   2.1. Methodik 17

      2.1.1. Szenario 17

2.1.2. Delphi-Befragung ... 18

2.1.3. Strukturierung: Die fünf Wettbewerbskräfte ... 19

2.2. Umweltszenario des deutschen Bankenmarktes 2001 ... 20

    2.2.1. Macht der Kunden ... 20

    2.2.2. Ersatzprodukte ... 23

    2.2.3. Potentielle neue Konkurrenten ... 24

    2.2.4. Macht der Lieferanten ... 26

    2.2.5. Wettbewerber in der Branche ... 27

    2.2.6. Fazit: Verschärfung des Wettbewerbs an den drei "Fronten" Kosten, Qualität und Zeit ... 28

2.3. Szenario: Wertewandel ... 29

2.4. Strategische Konsequenzen aus den Szenarien ... 33

    2.4.1. Unternehmensstrategie als intervenierende Variable, die die Organisationsstruktur bestimmt ... 33

    2.4.2. Eine erfolgversprechende Grundstrategie unter einer Vielfalt möglicher und sinnvoller Einzelstrategien von Großbanken ... 34

    2.4.3. Strategieansätze ... 36

        2.4.3.1. Kostensenkung ... 37

        2.4.3.2. Qualitätsverbesserung ... 38

        2.4.3.3. Zeit/Beschleunigung ... 39

        2.4.3.4. Persönlichkeitsentfaltung der Mitarbeiter ... 40

        2.4.3.5. Vereinbarung der vier Ansprüche ... 41

    2.4.4. Zusammenfassung der Strategieansätze zu grundsätzlichen Anforderungen ... 43

2.5. Organisationstheoretische Konkretisierung der strategischen Anforderungen ... 43

    2.5.1. Ableitung von organisationsbezogenen Anforderungen ... 44

2.5.2. Wo vielversprechende Ansätze für die Bankstrukturierung zu
suchen sind... 47

2.5.2. Weiteres Vorgehen.. 48

3. Marktnahe Organisationsstrukturen: Divisionalisierung................................ 51

   3.1. Vorteile marktnaher Strukturen im Unternehmen..................................... 52

      3.1.1. Höhere Reaktionsfähigkeit auf dynamische Umwelten................ 52

      3.1.2. Bessere Komplexitätsverarbeitung.. 52

      3.1.3. Kundennähe.. 53

      3.1.4. Rationalisierung durch Divisionalisierung.................................... 53

      3.1.5. Stimulierung der Leistungsmotivation durch
innerorganisatorischen Wettbewerb.. 54

      3.1.6. Leichtere Koordination.. 55

   3.2. Strukturvarianten marktnaher Strukturen... 56

      3.2.1. Voraussetzung: Spartenbildung ist sinnvoll.................................. 56

      3.2.2. Strukturvarianten der Divisionenbildung...................................... 57

         3.2.2.1. Regionalorientierung.. 58

         3.2.2.2. Produktorientierung.. 59

         3.2.2.3. Kundengruppenorientierung... 60

         3.2.2.4. Prozeßorientierung.. 61

      3.2.3. Strukturvariante "Holding".. 62

   3.3. Probleme der Divisionalisierung... 63

      3.3.1. Sinnvolle Zuweisung von Verantwortung und Kompetenzen...... 63

         3.3.1.1. Ausprägung der Verantwortung und Kompetenzen........ 64

         3.3.1.2. Inhaltliche Funktionszuweisung................................... 65

      3.3.2. Unterstruktur in den Divisionen.. 66

      3.3.3. Koordinations- und Steuerungsmechanismen.............................. 67

         3.3.3.1. Queuesystem.. 68

3.3.3.2. Rationierungssystem ... 68

3.3.3.3. Preissystem ... 70

3.3.4. Mauern zwischen Divisionen ... 72

3.4. Anwendbarkeit und Anwendungskandidaten ... 73

   3.4.1. Anwendbarkeit der Divisionalisierung ... 73

   3.4.2. Kundengruppenorientierte Divisionen ... 74

   3.4.3. Produktorientierung statt Kundengruppenorientierung ... 76

   3.4.4. Profit Center und Nichtmarktbereiche ... 78

3.5. Kongruenz von Anforderungen und Divisionalisierung ... 81

   3.5.1. Erörterung der organisatorischen Möglichkeiten ... 81

   3.5.2. Gesamtwürdigung der marktnahen Organisation ... 82

4. Projektorganisation als überlagerndes Konzept ... 85

   4.1. Vorteile von Projektorganisation ... 85

      4.1.1. Selbstorganisation zulassen - Kreativität nutzen ... 85

      4.1.2. Zelte statt Paläste: Dem Wandel begegnen ... 87

      4.1.3. Projektorganisation als Grundlage für die Umstellung auf Prozeßorganisation ... 88

      4.1.4. Menschengerechte Arbeitsgestaltung durch Ganzheitlichkeit ... 89

      4.1.5. Flexibilität statt Scheuklappendenken ... 90

      4.1.6. Interdisziplinarität und Wissensnutzung ... 91

      4.1.7. Vorteile der strategischen Mobilisierung ... 92

      4.1.8. Alternative Karriere ... 93

      4.1.9 Zusammenfassung: Erzielbare Vorteile der Projektorganisation ... 94

   4.2. Definition und Strukturvarianten der Projektorganisation ... 95

      4.2.1. Definition und Abgrenzung "Projekt" und "Kollegien/Prozeßteams" ... 95

         4.2.1.1. Allgemeine Kennzeichen: Projekte ... 95

	4.2.1.2. Allgemeine Kennzeichen: Kollegien/Prozeßteams	96
4.2.2.	Strukturvarianten von Projektorganisation	96
	4.2.2.1. Task Force	97
	4.2.2.2. Stabs-Projektorganisation	98
	4.2.2.3. Matrix-Projektorganisation	99
4.3.	Probleme bei der Institutionalisierung von Projekten	100
4.3.1.	Kapazitätsmäßige Zuordnung der Mitarbeiter	100
4.3.2.	Weisungsbefugnis	101
4.3.3.	Karriereleiter der Mitarbeiter	101
4.3.4.	Konfliktmanagement	102
4.3.5.	Qualifikationserwerb	102
4.3.6.	Auslagerung ganzer Aufgabenkomplexe	103
4.4.	Anwendungen für die Bank	104
4.4.1.	Allgemeine Anwendungsbedingungen	104
4.4.2.	Anwendungskandidaten	105
	4.4.2.1. Strategieentwicklung	105
	4.4.2.2. Strategieumsetzung (Begleitung der Umsetzung)	106
	4.4.2.3. Produktentwicklung	107
	4.4.2.4. Organisationsprojekte	107
	4.4.2.5. Softwareentwicklung	109
	4.4.2.6. Kundenaufträge	110
	4.4.2.7. Kredit- und Immobiliendarlehn	110
4.5.	Kongruenz von Anforderungen und Projektorganisation	112
4.5.1.	Erörterung der organisatorischen Möglichkeiten	112
4.5.2.	Gesamtwürdigung der Projektorganisation	114

5. Marktähnliche Strukturen zur internen Koordination.................117

5.1. Potentielle Vorteile marktähnlicher Strukturen im Unternehmen............119

5.1.1. Effiziente Allokation der Ressourcen.................119

5.1.2. Pareto-optimale Verteilung.................120

5.1.3. Stabilität ohne externe Kontrolle.................121

5.1.4. Anonymer Preismechanismus statt bewußter Planung.................122

5.1.5. Innovationsanreize durch Profitmöglichkeiten.................122

5.1.6. Mitarbeitermotivation durch Eigenverantwortung.................123

5.1.7. Zusammenfassung.................124

5.2. Überlegungen zu einer Grundkonzeption von marktlichen Elementen in einem hierarchischen Rahmen.................124

5.2.1. Koordination in Organisationen kann nicht gleich marktlicher Koordination sein.................124

5.2.2. Für Marktähnlichkeit konstitutive Elemente.................126

5.2.2.1. Dezentrale Preisbildung oder vergleichbarer Mechanismus.................126

5.2.2.2. Informationskomprimierung.................126

5.2.2.3. Flexibler Koordinationsmechanismus.................127

5.2.2.4. Entscheidungsfreiräume der Wirtschaftssubjekte.................127

5.2.2.5. Gewinn- und Verlustzurechnung.................128

5.2.2.6. Verursachungsgerechte Kosten- und Nutzenzurechnung.................128

5.2.2.7. Wettbewerb.................130

5.2.2.8. Zusammenfassung: Verfügungsrechte und flexibler Koordinationsmechanismus in fairem Wettbewerb.................130

5.2.3. Konzeption einer marktähnlich strukturierten Organisation.................131

5.2.3.1. Grundkonzeption.................131

5.2.3.2. Das Modell von Penzel.................132

5.2.3.3. Offene Fragen 132

5.3. Potentielle Probleme eines Marktes im hierarchischen Rahmen 133

    5.3.1. Probleme des Marktversagens 133

        5.3.1.1. Öffentliche Güter 134

        5.3.1.2. Externe Effekte 135

        5.3.1.3. Gefährdung des Wettbewerbs 136

        5.3.1.4. Unzureichende Risikoabsicherung und Verteilungsungleichheit 136

        5.3.1.5. Gesamtwirtschaftliche Instabilität 138

        5.3.1.6. Wachstums- und Strukturprobleme 138

    5.3.2. Hierarchiespezifische Probleme: Notwendige Stärken der Hierarchie erhalten 139

        5.3.2.1. Einigung 139

        5.3.2.2. Routine 139

        5.3.2.3. Innere Sicherheit 140

        5.3.2.4. Äußere Sicherheit 140

        5.3.2.5. Marktmacht auf externen Absatz- und Beschaffungsmärkten 140

        5.3.2.6. Nicht direkt zurechenbare Infrastruktur 141

        5.3.2.7. Kooperation der Mitglieder für ein übergeordnetes Ziel 141

5.4. Anwendungen für die Bank 142

    5.4.1. Anwendungskandidat: EDV-Organisation 142

        5.4.1.1. Hintergründe 142

        5.4.1.2. Rechte und Pflichten der Anbieter und Nachfrager 143

        5.4.1.3. Koordinationsmechanismus und Institutionen 143

    5.4.2. Anwendungskandidat: Kundenberater 144

        5.4.2.1. Hintergründe 144

5.4.2.2. Rechte und Pflichten der Anbieter und Nachfrager 145

5.4.2.3. Koordinationsmechanismus und Institutionen 146

5.4.3. Anwendungskandidat: Versteigerung von Ressourcen 147

5.4.3.1. Hintergründe 147

5.4.3.2. Rechte und Pflichten der Anbieter und Nachfrager 149

5.4.3.3. Koordinationsmechanismus und Institutionen 150

5.5. Kongruenz von Anforderungen und marktähnlichen Strukturen 151

5.5.1. Erörterung der organisatorischen Möglichkeiten 151

5.5.2. Gesamtwürdigung der marktähnlichen Strukturen 154

6. Lean Management als organisationaler Lösungsansatz 157

6.1. Vorteile des Lean Management 157

6.1.1. Motivationsfunktion 157

6.1.2. Verbesserungsprozeß 158

6.1.3. Erzielen von langfristigen Wettbewerbsvorteilen 160

6.1.4. Vermeidung von Verschwendung 160

6.1.5. Dreieck Zeit, Kosten und Qualität 161

6.2. Strategische Voraussetzungen und Elemente des Lean Management 162

6.2.1. Teamarbeit 165

6.2.2 Kundenorientierung 165

6.2.3. Intensiver Informationsaustausch 166

6.2.4. Komplexitätsreduktion 167

6.2.4.1. Dezentrale Strukturen 167

6.2.4.2. Outsourcing 169

6.2.4.3. Standardlösungen akzeptieren und Standardisierung 172

6.2.4.4. Produktbaukasten 174

6.2.5. Prozeßorganisation 174

        6.2.5.1. Grundlagen und Chancen der Prozeßorganisation 175
        6.2.5.2. Probleme 176
        6.2.5.3. Fazit 178
    6.2.6. Kooperation mit Lieferanten 178
    6.2.7. Total Quality Management 179
    6.2.8. Fazit 182
6.3. Probleme und Illusionen des Lean Management 183
    6.3.1. "Normative" Probleme 183
    6.3.2. Schwierige Aufgabe des Management 184
    6.3.3. Mitarbeiterbezogene Illusionen 184
        6.3.3.1. Qualifikations- und Qualifizierungsprobleme 184
        6.3.3.2. Macht- und Einkommensverlust 185
        6.3.3.3. Verhaltensänderung 186
    6.3.4. Umweltprobleme 186
    6.3.5. Fazit 188
6.4. Anwendungskandidaten des Lean Management 188
    6.4.1. Vorschlagswesen 189
    6.4.2. Total Quality Management 190
    6.4.3. Prozeßoptimierung 192
6.5. Kongruenz von Anforderungen und Lean Management 192
    6.5.1. Erörterung der organisatorischen Möglichkeiten 193
    6.5.2. Gesamtwürdigung von Lean Management 196
7. Denkmodell der Bank 2001 199
    7.1. Grundstruktur: Holdingkonzern mit Netzwerk aus marktähnlichen Beziehungen 199
    7.2. Funktionsweise der Grundstruktur 202

7.2.1. Die Beziehungen zwischen Marktbereichen und
Produktionsbank 202

7.2.2. Die Beziehungen zwischen Unterstützungsbereichen und
Marktbereichen sowie Produktionsbank..204

7.3. Unterstrukturen der Bereiche 205

    7.3.1. Struktur der Marktbereiche 205

        7.3.1.1. Vertriebsstruktur 205

        7.3.1.2. Unterstruktur der Marktbereiche..208

    7.3.2. Unterstruktur der Produktionsbank..209

    7.3.3. Unterstützungsfunktionen 211

    7.3.4. Internes Kartellamt 212

    7.3.5. Temporäre Bereiche 212

7.4. Schlußbetrachtung 213

Literaturverzeichnis..215

ABBILDUNGSVERZEICHNIS

Abbildung 1: Die Leistungslücke (nach Kirsch, 1990a, mit Modifikationen) 1

Abbildung 2: Schema des situativen Ansatzes verändert übernommen aus Kieser/Kubicek, 1983 10

Abbildung 3: Die fünf Wettbewerbskräfte (Quelle: Porter, 1990, S. 26).......... 19

Abbildung 4: Produktivitätsvergleich deutsche und japanische Banken im Privatkundengeschäft (Quelle: McKinsey, 1993a)..................... 26

Abbildung 5: Leben als Aufgabe - Leben genießen nach von Rosenstiel, 1992, S. 51 30

Abbildung 6: Wie Führungs- und Führungsnachwuchskräfte die Ziele der Unternehmen wahrnehmen (Ist) und welche sie sich wünschen (Soll) (Quelle: von Rosenstiel et al., 1991, S. 46)..................... 32

Abbildung 7: Berufsorientierungen nach von Rosenstiel et al., 1991, S. 45 33

Abbildung 8: "Magisches Viereck" als unterstellte Grundstrategie für Banken 36

Abbildung 9: Filialnetze im Vergleich (Quelle: Bank für internationalen Zahlungsausgleich, Basel; Stand 1987; entnommen aus: Schmalenbach-Gesellschaft, 1992) 37

Abbildung 10: Leistungsspektrum im Filialnetz 42

Abbildung 11: Weiterer Aufbau der Arbeit... 49

Abbildung 12: Aktueller Stand im Aufbau der Arbeit: Kapitel 3 51

Abbildung 13: Kundengruppenorientierte Bankorganisation (Quelle: Wielens, 1987 S. 71 nach Penzkofer/Täube, 1972, S. 54)....................... 60

Abbildung 14: Relevanz von Bankdienstleistungen für bestimmte Kundengruppen (Quelle: Wielens, 1977, S. 62)......................... 75

Abbildung 15: Geschäfts- und Nicht-Marktbereiche mit regionaler Unterstruktur 78

Abbildung 16: Arten und Führungsprinzipien von Zentralfunktionen (Quelle: Hungenberg, 1992, S. 352) 79

Abbildung 17: Anforderungen und ihre mögliche Erfüllung durch Divisionalisierung 83

Abbildung 18: Aktueller Stand im Aufbau der Arbeit: Kapitel 4 85

Abbildung 19: Palaststruktur versus Zeltstruktur (Quelle: Gomez/Zimmermann, 1992, S. 65) 88

Abbildung 20: Task Force Struktur (Quelle: Hill et al., 1989, S. 204) 97

Abbildung 21: Stabs-Projektorganisation (Quelle: Schmidt, 1991, S. 103) 98

Abbildung 22: Matrix-Projektorganisation (Quelle: Schmidt, 1991, S. 106) 99

Abbildung 23: Anforderungen und ihre mögliche Erfüllung durch Projektorganisation 115

Abbildung 24: Aktueller Stand im Aufbau der Arbeit: Kapitel 5 117

Abbildung 25: Vergleich von Marktwirtschaft und Planwirtschaft 121

Abbildung 26: Eigenschaften von Leistungen im Transaktionskostenansatz (vgl. Picot, 1991, S. 346.) 125

Abbildung 27: Anforderungen und ihre mögliche Erfüllung durch marktähnliche Strukturen 155

Abbildung 28: Aktueller Stand im Aufbau der Arbeit: Kapitel 6 157

Abbildung 29: Innovation plus Kaizen (Quelle: Imai, 1993, S. 51) 159

Abbildung 30: Elemente des Lean Management (in Anlehnung an Marr, 1993, S. 4) 164

Abbildung 31: Organisatorische Neugestaltung der Personalfunktion (Quelle: Kirsch 1994b) 172

Abbildung 32: Gemeinsamkeiten zwischen Prozessen 176

Abbildung 33: Auffinden redundanter Prozesse 178

Abbildung 34: Anforderungen und ihre mögliche Erfüllung durch Lean Management 196

Abbildung 35: Aktueller Stand im Aufbau der Arbeit: Kapitel 7 199

Abbildung 36: Grundstruktur der Bank 2001 200

Abbildung 37: Netzwerk der Marktbeziehungen der Bank 2001 202

Abbildung 38: Vertriebswege in Abhängigkeit von der Komplexität der Kundenbedürfnisse 206

Abbildung 39: Die Marktbereiche mit Vertrieb 207

Abbildung 40: Marktbereiche mit Zentralbereichen und Vertrieb 209

Abbildung 41: Unterstruktur der Produktionsbank 210

ABKÜRZUNGSVERZEICHNIS

Abb.	Abbildung
ADL	Arthur D. Little
Aufl.	Auflage
B.Bl.	Betriebswirtschaftliche Blätter
BMW	Bayerische Motorenwerke AG
bzw.	beziehungsweise
ca.	circa
EDV	elektronische Datenverarbeitung
et al.	et alii
etc.	et cetera
FIZ	Forschungs- und Ingenieur-Zentrum
Hrsg.	Herausgeber
Jhrg.	Jahrgang
n.	nach
o.J.	ohne Jahr
o.S.	ohne Seite
POS	Point of Sales
S.	Seite
TQM	Total Quality Management
usw.	und so weiter
u.U.	unter Umständen
vgl.	vergleiche
z.B.	zum Beispiel
ZfB	Zeitschrift für Betriebswirtschaft
ZfbF	Zeitschrift für betriebswirtschaftliche Forschung
ZfhF	Zeitschrift für handelwissenschaftliche Forschung
ZfO	Zeitschrift für Organisation
zit.	zitiert

1. PROBLEMSTELLUNG UND METHODISCHES VORGEHEN

Zunächst soll in Punkt 1.1. das Problem, das dieser Arbeit zugrunde liegt, ausführlich dargestellt werden. Daran anschließend wird in Punkt 1.2. das weitere Vorgehen der Arbeit entwickelt. In Punkt 1.3. werden die Methodik und die Grundannahmen dieser Arbeit erläutert.

1.1. Problemstellung: Die Leistungslücke muß geschlossen werden

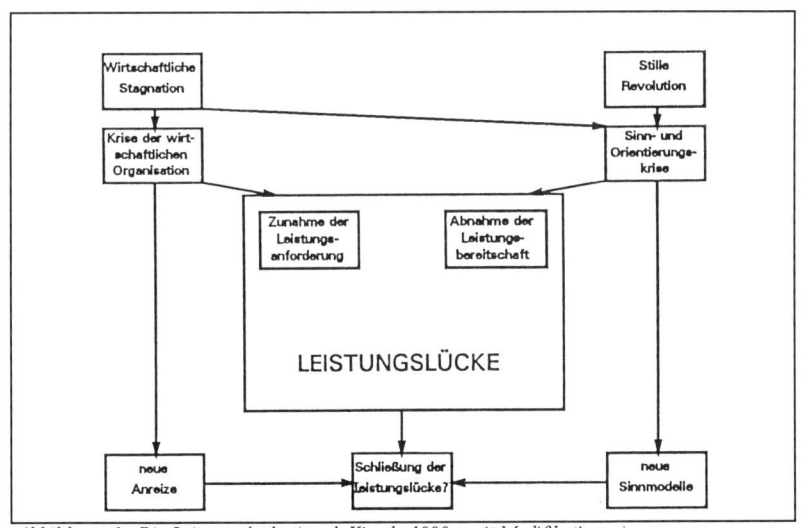

```
┌─────────────────────────────────────────────────────────────────┐
│  ┌──────────────┐                              ┌──────────────┐ │
│  │Wirtschaftliche│                              │   Stille     │ │
│  │ Stagnation   │                              │  Revolution  │ │
│  └──────┬───────┘                              └──────┬───────┘ │
│         │                                             │         │
│  ┌──────▼───────┐                              ┌──────▼───────┐ │
│  │Krise der wirt-│                              │Sinn- und     │ │
│  │schaftlichen  │                              │Orientierungs-│ │
│  │Organisation  │                              │krise         │ │
│  └──────┬───────┘                              └──────┬───────┘ │
│         │      ┌──────────────┐  ┌──────────────┐    │         │
│         │      │Zunahme der   │  │Abnahme der   │    │         │
│         │      │Leistungs-    │  │Leistungs-    │    │         │
│         │      │anforderung   │  │bereitschaft  │    │         │
│         │      └──────┬───────┘  └──────┬───────┘    │         │
│         │             │                 │            │         │
│         │      ┌──────▼─────────────────▼──────┐     │         │
│         │      │      LEISTUNGSLÜCKE           │     │         │
│         │      └──────────────┬────────────────┘     │         │
│         │                     │                      │         │
│  ┌──────▼───┐       ┌─────────▼────────┐      ┌──────▼───┐    │
│  │  neue    │──────▶│ Schließung der   │◀─────│  neue    │    │
│  │ Anreize  │       │ Leistungslücke?  │      │Sinnmodelle│    │
│  └──────────┘       └──────────────────┘      └──────────┘    │
└─────────────────────────────────────────────────────────────────┘
```

Abbildung: 1: Die Leistungslücke (nach Kirsch, 1990a, mit Modifikationen)

Ausgangspunkt der vorliegenden Arbeit ist die Leistungslücke[1]. Sie ergibt sich aus stagnierender beziehungsweise sogar tendenziell sinkender Leistungsbereitschaft der Mitarbeiter und gleichzeitig tendenziell steigenden Leistungsanforderungen in Organisationen. In der vorliegenden Arbeit soll dies am Beispiel einer Teilmenge

---

1) Es wird davon ausgegangen, daß die Leistungslücke tatsächlich existiert, obwohl sie ein theoretisches Konstrukt darstellt.

dieser Organisationen, nämlich Banken und hier insbesondere private Großbanken in Deutschland, betrachtet werden.

1.1.1. Tendenz: Die Leistungsanforderungen an die Organisation und ihre Mitarbeiter steigen

Aus der Vielzahl der Anforderungen, die sich an Banken stellen, sollen hier drei wichtige Gründe für die Zunahme der Leistungsanforderungen herausgegriffen werden.

(1) Steigende Komplexität des Bankgeschäftes

Die Komplexität der Märkte und der Umwelt, in denen sich (deutsche) Banken bewegen, nimmt durch Vernetzung z.B. technischer, logistischer und ökonomischer Zusammenhänge laufend zu (vgl. z.B. Sommerlatte, 1989, S. 3ff). Hinzu kommt, daß Banken immer stärker in übergreifende Systeme eingebunden sind, z.B. den europäischen Markt. Banken selbst werden zu komplexeren Systemen, die unter stärkeren zeitlichen Druck geraten. Sie versuchen Phänomenen, wie schnell wechselnden Umweltbedingungen, ausdifferenzierteren Kundenbedürfnissen bei gestiegenem Preisbewußtsein, kürzeren Produktinnovationszyklen, mit verschiedenen Konzepten zu begegnen, z.B. durch Einführung von Profit Center-Organisationen, die selbständig am Markt operieren dürfen, oder durch Outsourcing vor allem im Rechenzentrenbereich (vgl. Sommerlatte, 1989, S. 3 und Lünendonk, 1992, S. 62).

Der einzelne Mitarbeiter wird insofern von dieser Entwicklung berührt, als er unter zunehmender Ungewißheit mit gestiegenen Anforderungen an sein schneller veraltendes Wissen fertig werden muß (vgl. z.B. Kirsch, 1994a, S. 3). Hinzu kommt, daß steigende Schwierigkeiten bei der Kommunikation durch Inkommensurabilität der Kontexte verschiedener Bankdisziplinen auftreten (vgl. Kirsch, 1988, S. 83f).

(2) Stagnation im Absatzmarkt der Banken

Banken agieren heute in Märkten und Umwelten, die durch wirtschaftliche Stagnation gekennzeichnet sind. In Deutschland - wie in vielen anderen Ländern derzeit - weist die Wirtschaft gravierende strukturelle Probleme auf. Damit werden Wachstum oder auch nur Halten der Wettbewerbsposition zunehmend schwieriger. Daraus ergeben sich höhere Anforderungen an Organisationen und die in ihnen tätigen Mitarbeiter.

(3) Internationalisierung des Bankgeschäftes

Auf Bankmärkten ist aufgrund von Liberalisierungen mit erstarkender internationaler Konkurrenz zumindest in Teilbereichen, z.B. aus Japan zu rechnen. Gleichzeitig sind Banken zunehmend gezwungen, im Ausland präsent zu sein, um vor allem ihren international tätigen Firmenkunden auch im Ausland umfassenden Service bieten zu können. Banken müssen daher Produkte vorhalten, die zum Teil nur auf speziellen Märkten angeboten und nachgefragt werden. Sie müssen in mehreren Ländern präsent sein und dabei auf kulturelle Gegebenheiten und gesetzliche Rahmenbedingungen achten. Dadurch entstehen kompliziertere Organisationen, die schwieriger zu koordinieren und zu steuern sind.

(4) Fazit

Die Leistungsanforderungen an Banken schlagen auf das Management und die Mitarbeiter von Banken gleichermaßen durch. Wollen Banken im Wettbewerb überleben, müssen sie eine Strategie finden, die diesen Anforderungen gerecht wird und gleichzeitig zur Schließung der Leistungslücke beiträgt. Es muß eine Marktstrategie gefunden werden, die den gestiegenen Anforderungen der Kunden hinsichtlich Preis und Qualität der Bankleistung und damit dem Druck durch die Wettbewerber in diesem Bereich begegnet sowie Innovationsfreudigkeit und vor allem die zunehmende Dynamik des Bankenmarktes berücksichtigt. Welche Anforderungen im Einzelnen von Seiten des Marktes an Banken gestellt werden, z.B. Senkung der Kosten, Reorganisation des Vertriebes und Standardisierung der Abläufe und Produkte, soll in Kapitel 2 mit Hilfe eines Szenarios eingehend erörtert werden.

1.1.2. Tendenz: Die Leistungsbereitschaft sinkt

Die Erhöhung der Leistungsanforderungen trifft auf eine stagnierende oder sogar abnehmende Leistungsbereitschaft der Mitarbeiter und Führungskräfte. Bereits in den 60er Jahren hat ein Wandel in den Werthaltungen eingesetzt, der immer noch andauert (vgl. z.B. Inglehart, 1977, Noelle-Neumann/Strümpel, 1984, von Rosenstiel/Stengel, 1987 und Capra, 1985). Im Zuge dieses Wertewandels ändern sich die Ansprüche an die Arbeit und die Vorstellungen davon, welche gesellschaftlichen und wirtschaftlichen Ziele sinnvoll sind, fundamental:[2]

(1) Sinkende Identifikationsbereitschaft mit sinnentleerten Unternehmenszielen

Immer weniger Mitarbeiter und Führungskräfte sind bereit, sich für eine Wirtschaftsform zu engagieren, deren Sinn sie immer weniger erkennen und nachvollziehen können: Beispiele sind Überfluß auf der einen, eklatante Armut auf der anderen Seite sowie Vergeudung und Zerstörung unserer Lebensräume (vgl. Meyer-Abich, 1984).

Die Werte haben sich z.B. dahingehend verändert, daß nur noch eine Minderheit der Hochschulabsolventen bereit ist, sich in klassischen Großunternehmen, zu denen sicherlich auch Großbanken zu rechnen sind, zu engagieren (vgl. von Rosenstiel et al., 1989, S. 66). Viele Hochschulabsolventen hingegen sind bereit, auf alternative Organisationen "auszuweichen", die ihren Werthaltungen eher entsprechen (vgl. von Rosenstiel et al., 1989, S. 66).

(2) Abnehmende Bereitschaft, sich traditionellen Strukturen zu unterwerfen

Durch die Arbeit in Organisationen muß sich der Einzelne fremd bestimmten Strukturen unterwerfen, die einen grundsätzlichen Konflikt zwischen Individuum und Organisation begründen (siehe hierzu Argyris, 1964). Dieser Konflikt wird durch einen Wandel in den Werthaltungen noch verschärft. Sind Menschen mit traditionellen "Pflicht- und Akzeptanzwerten" (Klages, 1984) grundsätzlich eher bereit, sich an organisatorische Regeln zu halten, empfinden moderner eingestellte Personen, die nach Selbstverwirklichung und persönlichen Freiräumen streben, die

---

[2] Eine eingehende Erörterung des Wertewandels und der daraus für Banken sich ergebenden Konsequenzen wird in Kapitel 2 geleistet.

in Organisationen immer notwendigen technischen und sozialen Zwänge in starkem Maße als persönliche Beschränkung.

Werthaltungen sind für das Funktionieren von Organisationsstrukturen gleichsam "dritte Variable" (im Sinne von Galtung 1978), die in der Vergangenheit das Funktionieren bestimmter Organisationsstrukturen quasi "unmerklich" sicherstellten, nun aber, indem sie sich wandeln, die bisherigen Gesetzmäßigkeiten von effizienten und ineffizienten Organisationen fundamental ändern. Zum Beispiel ist anzunehmen, daß die Bürokratie mit ihren detaillierten Verfahrensvorschriften wahrscheinlich die effizienteste Organisationsform für die erste Hälfte des zwanzigsten Jahrhunderts war, weil sie zugeschnitten ist auf Menschen mit ausgeprägter Pflicht- und Akzeptanzorientierung, die in Deutschland zu dieser Zeit vorherrschten. Lean Management dagegen scheint eine auf teamorientierte Menschen zugeschnittene Organisationsform zu sein, die generell an Boden gewinnt.

Banken, von denen in der vorliegenden Arbeit die Rede ist, sind - betrachtet man Werthaltungen als wichtigen Faktor für das Funktionieren von Organisationen - von dem Problem der geänderten Werthaltungen (Leistungslücke) besonders betroffen. Trotz tiefgreifender Reorganisationen der meisten großen Banken in Deutschland, sind Banken immer noch durch bürokratische Strukturen mit starren Regelungen geprägt.[3]

1.1.3. Schließen der Leistungslücke

Zur Schließung der Leistungslücke gibt es zwei grundsätzliche Wege. Der erste Weg führt über die Anpassung der Organisationsstruktur an die Mitarbeiter, der zweite über die Anpassung der Mitarbeiter an die Organisationsstruktur.

1.1.3.1. Organisationsstruktur als Ansatzpunkt

Um den gewandelten Werten der Mitarbeiter besser gerecht zu werden, kann die Lösung nicht lauten, daß die Organisationsstruktur so zu verändern ist, daß die vorhandenen Leistungsanforderungen an die Organisation einfach "gebremst"

---

3) So weisen Banken z.B. typische Merkmale einer Machine Bureaucracy nach Mintzberg auf sowie einer Bürokratie nach Max Weber. Siehe Mintzberg, 1979, S. 345ff und Albach, 1987.

werden und von den Mitarbeitern weniger Einsatz verlangt wird. Eine Bank, die sich auf diese Weise weigert, sich den verschärften Wettbewerbs- und Umweltbedingungen zu stellen, wird wohl kaum überleben können. Vielmehr muß ein Weg gefunden werden, die Aufgaben der Unternehmung in einer neuen Weise so zu organisieren, daß gleichzeitig die Leistung der Organisation erhöht wird und die Persönlichkeitsentfaltung der Mitarbeiter gefördert wird. Dafür sind drei Ansätze möglich und sinnvoll, die grundsätzlich alle miteinander kombiniert werden können:

(1) Die Strukturen müssen so verändert werden, daß sie den Anforderungen des Wettbewerbs eher gerecht werden als die heute vorherrschenden und damit den Anforderungen des Marktes unter Berücksichtigung der Marktstrategie Rechnung tragen.

(2) Die neue Organisationsstruktur muß den Werthaltungen der Mitarbeiter entsprechen und nicht aus überkommenen Werten "geronnen" sein (von Rosenstiel, 1984). Das heißt konkret vor allem, daß sie erweiterte Handlungsspielräume (vgl. Ulich et al., 1973) den Mitarbeitern erlauben muß.

(3) Ein dritter Ansatz könnte darin bestehen, die Ziele der Organisationen gemäß dem gesellschaftlichen Wertewandel ebenfalls zu verändern. Kirsch (1990a) schlägt etwa neue organisatorische Sinnmodelle vor, die über rein ökonomische Zielgrößen hinaus weisen. Damit könnte eine höhere Identifikation der Mitarbeiter mit dem Unternehmen erreicht werden, so daß diese sich wieder stärker engagieren.

1.1.3.2. Mitarbeiter als Ansatzpunkt

Der zweite Ansatzpunkt, die Leistungslücke zu schließen, sind die Mitarbeiter. Hier sind zwei Ansatzpunkte möglich:

(1) Banken könnten, vorausgesetzt es ist ein ausreichendes "Reservoir" vorhanden, verstärkt Mitarbeiter auswählen, die von vornherein in ihren individuellen Werthaltungen die Ziele der Organisation teilen. Bei Mitarbeitern, die diese Voraussetzung nicht erfüllen, kann versucht werden, durch gezielte Sozialisation diesen Effekt zu erreichen. Die Identifikation mit der Bank und zugleich ihren Zielen kann so erhöht werden. Als Folge könnten die

Mitarbeiter bereit sein, eine höhere Leistung auch in traditionellen Strukturen und Zielsystemen zu erbringen.

(2) Es kann versucht werden, innerhalb der gegebenen Strukturen überlagernde Anreizsysteme (vgl. Kirsch/Maaßen, 1989, S. 37ff) zu schaffen, die gezielt die Motive in der Person aktivieren, die eine höhere Leistung der Mitarbeiter begünstigen.

1.1.3.3. Zusammenfassung und Ausblick auf das weitere Vorgehen

Vor dem Hintergrund eines schwieriger werdenden Wettbewerbsumfelds für Banken und eines Wandels in den Werthaltungen der aktuellen und potentiellen Mitarbeiter ist die Tendenz zu beobachten, daß auf der einen Seite die Leistungsanforderungen an die Organisation und damit auch an ihre Mitarbeiter zunimmt, während auf der anderen Seite die Leistungsbereitschaft der Mitarbeiter abnimmt. Dadurch entsteht eine Leistungslücke, die geschlossen werden muß. Dazu sind Ansätze an der Organisation und ihren Strukturen und Sinnmodellen, aber auch Ansätze an der Person möglich und gleichzeitig gangbar.

In dieser Arbeit soll das Augenmerk darauf gelegt werden, was in Bezug auf die Organisationsstrukturen getan werden kann, um gleichzeitig den veränderten Marktbedingungen Rechnung zu tragen und neue Leistungsanreize und Entfaltungsmöglichkeiten für Mitarbeiter zu schaffen.

1.2. Weiteres Vorgehen

Aus der Problemstellung ergibt sich damit das Vorgehen in der Arbeit:

Der erste Schritt (Kapitel 2) besteht darin zu klären, welche Umweltbedingungen auf Banken zukommen. Damit wird das Problemfeld näher umrissen, das die Banken durch ihre Organisationsgestaltung bearbeiten. Am Ende von Kapitel 2 werden die Umweltanforderungen konkret auf die organisationale Ebene "heruntergebrochen" und in organisatorischen Anforderungen konkretisiert.

Der nächste Schritt muß darin bestehen, Organisationskonzepte zu suchen, die geeignet sein könnten, den identifizierten Anforderungen gerecht zu werden (Kapitel 3 bis 6). Für jedes Organisationskonzept ist zu prüfen, welchen Beitrag es zur Schließung der Leistungslücke leisten kann. Im dritten Schritt werden die einzelnen Strukturoptionen zu einem Gesamtkonzept in Form eines Denkmodells einer Bank im Jahre 2001 zusammengeführt (Kapitel 7). Wenn in der soeben beschriebenen Weise vorgegangen wird, werden implizit bestimmte Annahmen getroffen, die nun expliziert werden sollen. Vor allem wird unterstellt, daß das Funktionieren von Organisationsstrukturen von der Umwelt der Banken abhängt. Im folgenden ist zu klären, wie diese Annahme methodisch zu handhaben ist. Dafür muß zunächst ein Ansatz gefunden werden, der die Kontingenz von Organisationsstukturen adäquat abbildet. Als weiteres methodisches Problem ergibt sich die Frage, welcher Art der Zusammenhang zwischen Umwelt und Organisationsstruktur ist. Hierbei ist zu beachten, daß als intervenierende Variable die Strategie der Organisation wirkt. Deshalb muß geklärt werden, wie das Verhältnis von Strategie und Struktur zu behandeln ist, und welche Strategie für das Dekmodell der Bank unterstellt werden soll.

1.3. Methodik

1.3.1. Situativer Ansatz

Die Grundidee das situativen Ansatzes[4] (oder auch contingency approach) besteht darin, keine allgemeingültigen Organisationsprinzipien[5] aufzustellen, sondern danach zu fragen, in welcher Beziehung die jeweilige Situation mit bestimmten Organisationsstrukturen steht. Kriterien zur Bewertung dieser Beziehung sind dabei unter anderem Funktionsfähigkeit (Effektivität) und Effizienz. Die Theoriebildung besteht nicht in dem Fordern bestimmter Organisationsformen, sondern erfolgt in Form von Wenn-Dann-Aussagen: Wenn z.B. die Situation X eintritt, dann ist eine Organisationsstruktur A eine effiziente Lösung (vgl. Ulrich/Fluri, 1992, S.30).

---

4) Die Bezeichnung situativer Ansatz geht auf Staehle (1973) zurück. Schreyögg (1978) verwendet synonym den Begriff des Kontingenzansatzes. Weitere wichtige Vertreter das Ansatzes sind: Hill et al. (1974), Mintzberg (1979), Kieser/Kubicek (1983), Burns/Stalker (1961), Woodward (1958), Lawrence/Lorsch (1967) und Porter/Lawler (1964 und 1965).

5) Solche klassischen allgemeingültigen Kriterien stellen z.B. Taylor (1911) und Fayol (1916) auf. Das Propagieren etwa des "Lean Management" als Allheilmittel stellt ebenso ein Allgemeingültigmachen von Organisationsprinzipien dar.

Durch Verwendung dieses Ansatzes kann unternehmensspezifischen Gegebenheiten Rechnung getragen werden. Entscheidend ist, vor jedweder Empfehlung in Form einer Wenn-Dann-Aussage, eine eingehende Analyse der Situation durchzuführen. Denn die in der Wenn-Dann-Aussage formulierten Wirkungszusammenhänge dürfen keineswegs als absolut gültig betrachtet werden. Vielmehr besteht auch hier ein situativer Handlungsspielraum (vgl. Kieser/Kubicek, 1983, S.51). In der vorliegenden Dissertation wird eine deutsche Großbank als Untersuchungsobjekt herausgegriffen, für das Wenn-Dann-Aussagen formuliert werden.

1.3.1.1. Die Grundidee das situativen Ansatzes: Organisationen als soziotechnische Systeme

Um den situativen Ansatz in sinnvoller Weise anzuwenden, werden Organisationen als offene soziotechnische Systeme betrachtet. Nur wenn ein System mit seiner Umwelt in Beziehung steht, kann es auch durch sie beeinflußt werden und umgekehrt. Unter Situation ist in dieser Arbeit nicht nur die "Aufgabe" zu verstehen[6], sondern allgemein wichtige Umweltbedingungen der Organisation, wie aufgaben- und umweltspezifische Einflüsse und wirtschaftspolitische Rahmenbedingungen. Neben den Umweltbedingungen sind deshalb vor allem Werthaltungen der Mitarbeiter und andere sozio-kulturelle Einflußfaktoren zu nennen (vgl. Ulrich/Fluri, 1992, S.31).

1.3.1.2. Anwendung der pragmatischen Variante des situativen Ansatzes

Die Anwendungsorientierung der Dissertation steht im Vordergrund. Daher wird die "pragmatische" oder "handlungsbezogene" Variante des situativen Ansatzes gewählt (vgl. Kieser/Kubicek, 1983, S.63).

> "Bei der pragmatischen (...) *Variante* wird von einem rationalen Organisationsgestalter ausgegangen, der bestimmte Ziele für die Organisation verfolgt und zu diesem Zweck die am besten geeignete Strukturalternative auswählen möchte." (Kieser/Kubicek, 1983, S. 63, Hervorhebungen im Text).

[6)] Darauf beschränkt sich etwa Picot (1990b).

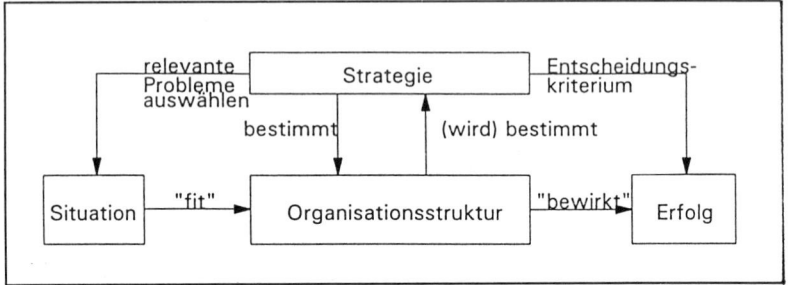

```
┌─────────────────────────────────────────────────────────────────┐
│      relevante    ┌──────────┐    Entscheidungs-                │
│   ──Probleme──────│ Strategie│────kriterium─────┐               │
│    │ auswählen    └──────────┘        │         │               │
│    │          bestimmt▲  ▼(wird) bestimmt       │               │
│    ▼                  │  │                      ▼               │
│ ┌─────────┐  "fit"  ┌─────────────────┐ "bewirkt" ┌──────┐     │
│ │Situation│────────▶│Organisationsstruktur│──────▶│Erfolg│     │
│ └─────────┘         └─────────────────┘           └──────┘     │
└─────────────────────────────────────────────────────────────────┘
```

Abbildung 2: Schema des situativen Ansatzes verändert übernommen aus Kieser/Kubicek, 1983

Die Organisationsstruktur wird als Aktionsvariable angesehen, durch deren Einsatz bestimmte zieladäquate Wirkungen hervorgerufen werden können. Die Organisationsstruktur hat also instrumentellen Charakter und wird in den Dienst der verfolgten Ziele gestellt (vgl. hierzu "structure follows strategy", Chandler (1962) und die daran anschließende Diskussion[7]). Je nachdem, welche Ziele erreicht werden sollen, wird das Verhalten der Organisationsmitglieder gezielt durch die Wahl einer Strukturvariante beeinflußt. Für verschiedene Strukturvarianten müssen (unter Berücksichtigung der Ziele) die voraussichtlich eintretenden Wirkungen und ihre Zieladäquanz prognostiziert werden. Da aber auch noch die anderen situativen Bedingungen eine Rolle spielen, kann der Fall eintreten, daß die gleiche Strukturvariante in verschiedenen Situationen verschiedene Wirkungen hervorruft. Die Situation ist daher lediglich als "Restriktion für Gestaltungsmaßnahmen" (Kieser/Kubicek, 1983, S. 63) anzusehen. Unter Berücksichtigung der situativen Bedingungen der Organisation, muß diejenige Struktur ausgewählt werden, die den höchsten Zielerreichungsgrad verspricht. In der Arbeit wird diese Aufgabe durch ein Denkmodell bearbeitet.

Die Variablen des situativen Ansatzes werden in der Arbeit wie folgt besetzt: Das "Entscheidungskriterium" (Hanssmann, 1987, S. 23) in der vorliegenden Arbeit besteht in der Schließung der Leistungslücke. Die Organisationsstruktur, die entwickelt wird und in ein Denkmodell einfließt, stellt die "Aktions-" oder Entscheidungsvariable dar. Die situativen Bedingungen, unter denen das Ziel erreicht werden soll, sind die "Nebenbedingungen". Sie werden durch ein Szenario des Bankenmarktes und daraus abgeleiteten internen und externen Anforderungen,

---

[7] Vgl. die Überblicksdarstellung bei Werkmann (1989).

sowie durch die Diskussion von Studien über Mitarbeiterwerte beschrieben (vgl. Kieser/Kubicek, 1983, S. 63). Die Mitarbeiterwerte stellen also eine Restriktion dar.[8]

1.3.1.3. Schwierigkeiten des situativen Ansatzes

Bei der Anwendung des situativen Ansatzes sind bei allen Vorteilen auch Schwierigkeiten nicht von der Hand zu weisen. Schwierigkeiten des situativen Ansatzes sind vor allem:

(1) Es können durchaus Einflüsse von der Organisation auf die externe Umwelt ausgehen. Es gibt nicht nur eine einseitige Wirkung der Situation auf die Organisation, sondern auch eine Rückwirkung von Organisation auf die Situation. Es können sowohl die Mitarbeiter in ihren Werthaltungen durch die Organisation beeinflußt werden als auch umgekehrt. Zusätzlich kann die externe Umwelt durch die Organisation beeinflußt werden. Zum Beispiel hat die Industriepolitik der Deutschen Bank keinen unerheblichen Einfluß auf ihre Kunden.

Eine dynamische Wechselwirkung zwischen Situation und Organisation wird im situativen Ansatz jedoch nicht betrachtet. Die empirische Korrelation ist derart komplex, daß sie nicht berücksichtigt wird.

(2) Im situativen Ansatz wird von einem rationalen Aktor (Organisationsgestalter) ausgegangen, der die Organisation nach rationalen Kriterien unter Berücksichtigung der Situation gestaltet. Diese Annahme eines rationalen Aktors ist jedoch insofern unrealistisch, als politische Prozesse in Organisationen ablaufen, die von den Interessen der einzelnen Entscheider maßgeblich beeinflußt werden (vgl. Kirsch, 1990b, S. 193ff). Die Durchsetzung der Interessen steht bei Entscheidungen häufig im Vordergrund und bleibt aber bei der Annahme eines rationalen Aktors völlig unberücksichtigt. Allerdings ist die Annahme eines rationalen Aktors für die vorliegende

---

8) Was in dem Modell als Restriktionen betrachtet wird, muß deswegen nicht unveränderbar sein. Unternehmenskultur ist ein Beispiel, die Restriktion "Mitarbeiterwerte" zu verschieben. Ausübung von Marktmacht ist ein Beispiel, die Restriktion "Umwelt" zu verändern.

Arbeit insofern zulässig und hilfreich, als eine "Optimalorganisation" gefunden werden soll, die nicht an politischen Prozessen im Unternehmen ausgerichtet ist, sondern vielmehr auf objektiven Kriterien basiert. Diese "Optimalorganisation" kann in der Praxis quasi als Leitbild in den politischen Prozessen fungieren.

(3) Die Beziehung zwischen Situation und Struktur ist keineswegs eindeutig. Vielmehr können zwei oder sogar mehrere Strukturen "funktional äquivalent" (Luhmann, 1971) sein, das heißt zum Überleben des Unternehmens beitragen.

1.3.2. Structure follows strategy: Aber welche Strategie?

1.3.2.1. Structure follows strategy

Die Umweltbedingungen stellen Restriktionen im Sinne des situativen Ansatzes dar. Aufgrund der Wettbewerbssituation, der Rahmenbedingungen und der spezifischen Stärken und Schwächen des Unternehmens lassen sich mögliche Strategien ableiten, die in der gegebenen Situation zum Erfolg führen könnten. Auf dieser Grundlage können auch für ein bestimmtes Unternehmen mögliche Strategien abgeleitet werden, die die Stärken und Schwächen berücksichtigen. Darauf aufbauend können die Anforderungen, die sich für das Unternehmen konkret ergeben, definiert werden - auch die Anforderungen an die Organisationsstruktur, da die Organisationsstruktur einen Erfolgsfaktor im Wettbewerb darstellt (vgl. Bleicher, 1992, S. 69) und entsprechend dem situativen Ansatz je nach Umweltbedingungen gewählt werden muß. Die Strategie ist also im situativen Ansatz eine intervenierende Variable.

In dieser Sichtweise wird die Struktur zur abhängigen Variablen, die sich an die vorgegebene Strategie[9] anpassen und mit ihr verändern muß (vgl. Donaldson, 1987, S. 21 und allgemein Galbraith/Nathanson, 1978). Die hierfür grundlegende Hypothese lautet, daß sich Strategien nur dann erfolgreich implementieren lassen, wenn die Variablen der Organisation (wozu neben Organisationsstrukturen auch

---

9) Chandler versteht unter Strategie das Setzen langfristiger Ziele (vgl. Chandler (1962, S. 13).

Managementsysteme, Humanressourcen etc. gehören[10]) auf die angestrebte Strategie hin ausgerichtet sind und zwischen ihnen ein Fit besteht.

Die Reihenfolge, daß zunächst die Umweltbedingungen, dann die Strategie und schließlich die Anforderungen bzw. die Struktur formuliert werden müssen, ist somit für die vorliegende Arbeit festgelegt (vgl. structure follows strategy).[11] Problematisch erweist sich für die vorliegende Arbeit die Ableitung oder das Aufstellen einer Strategie als Bindeglied zwischen Szenario und Anforderungen (an die Struktur), da die Strategie für jede Bank entsprechend der spezifischen Stärken und Schwächen anders aussehen kann und diese spezifischen Stärken und Schwächen auszunutzen versucht. Die strategische Ausgestaltung ist daher variabel und von der einzelnen Bank abhängig. Damit ist diese Problematik einer allgemeinen theoretischen Abhandlung nicht zugänglich.

Es können aber durchaus, wie gezeigt werden wird, eine Reihe allgemeiner Anforderungen aufgestellt werden, die für alle deutschen großen Privatbanken relevant sind, ohne daß dafür die Strategie im einzelnen bekannt sein muß. Der Grundsatz "structure follows strategy" bleibt davon unberührt. In der vorliegenden Arbeit wird das Problem der Strategie durch die Annahme einer plausiblen Grundstrategie gelöst.

1.3.2.2. Die Frage der Strategie

Wie in 1.1. bereits kurz angedeutet, hat sich das Wettbewerbsumfeld von Banken in den letzten Jahren stark gewandelt. Kunden üben verstärkt Druck auf Preis und Qualität aus, und der Wettbewerb ist durch neue Konkurrenten intensiver geworden. Der Markt ist zunehmend durch höhere Komplexität, Dynamik und gestiegene Anforderungen an die Innovationsfreudigkeit gekennzeichnet. Eine mögliche Strategie, die dieser Wettbewerbssituation gerecht werden könnte, bewegt

---

[10] So vertritt z.B. Ansoff (1987) die These, daß die Beziehung zwischen Strategie und Struktur nur ein Aspekt ist. Zu der Beziehung zwischen Strategie und z.B. Corporate Culture siehe Schwartz/Davis (1981), zu der Beziehung zwischen Leiter einer Geschäftseinheit und Strategie siehe z.B. Gupta/Govindarajan (1984).

[11] Es kann auch die Gegenmeinung "strategy follows structure" vertreten werden, der hier nicht gefolgt werden soll. Siehe z.B. Hall/Saias (1980) und Peters (1984).

sich im "magischen Dreieck" aus Zeit, Kosten und Qualität und darf keine der drei Variablen vernachlässigen.

Das "magische Dreieck" aus Zeit, Kosten und Qualität[12] kann in einer "generischen Strategie", wie Porter (1989) sie vorschlägt, also durch Kostenführerschaft oder Differenzierung, nicht realisiert werden. Hier wird vielmehr eine klare Fokussierung gefordert. Die gleichzeitige Berücksichtigung von Zeit, Qualität und Kosten kann durch eine Strategie, wie sie z.B. dem Gedanken des Lean Management zugrunde liegt und von japanischen Automobilherstellern verfolgt wird, gewährleistet werden. Im Gegensatz dazu meint Porter, daß eine solche "hybride" Strategie "zwischen den Stühlen" die Kräfte zu sehr verbraucht, anstatt sie zu bündeln, und letztlich keine der drei Anforderungen hinreichend erfüllen kann.

Banken verfolgen heute schon zum Teil eine hybride Strategie (vgl. zu Knyphausen/Ringlstätter, 1991), die Elemente sowohl der Kostenführerschaft als auch der Differenzierung aufweist (vgl. Schmalenbach-Gesellschaft, 1992, S. 15 und 123). Zum Beispiel verfolgen die großen deutschen Privatbanken im Segment der Basiskunden und gewerblichen Firmenkunden eher eine Strategie, die kostenorientiert ist, während im Segment der Privatkundschaft und gehobenen Firmenkunden die Strategie der Differenzierung vorherrscht. Diese "gespaltene" Strategie wird deshalb verfolgt, da aus Sicht der Banken alle Kundensegmente bedient werden sollen, denn auch weniger profitable Kundensegmente tragen ihren Deckungsbeitrag für die Infrastruktur bei.

Unter Berücksichtigung der neuen, oben erwähnten Marktanforderungen und Gegebenheiten, erscheint eine Strategie, die zwischen Basiskunden und "anderen Kunden" trennt, allerdings nicht mehr adäquat. Die Strategie müßte vielmehr darauf ausgerichtet werden, daß sie Zeit, Kosten und Qualität gleichberechtigt über alle Kundensegmente berücksichtigt, ohne jedoch alle Kunden "über einen Kamm zu scheren". Eine Strategie, die gleiches Gewicht auf Zeit, Kosten und Qualität in allen Kundenbereichen, differenziert nach spezifischen Kundenbedürfnissen, legt, wird daher als anzustrebende Grundstrategie für eine private Großbank in dieser Arbeit angenommen. Auf dieser Basis soll geklärt werden, welche Anforderungen

---

12) Es soll darauf hingewiesen werden, daß Zeit, Kosten und Qualität nur ein Teil der Variablen einer Strategie sind. Eine weitere wichtige Variable ist z.B. die Auswahl der Kundengruppen.

unter der Annahme des Szenarios aus Kapitel 2 sich an eine Bank stellen, wenn sie weiterhin im Wettbewerb überleben und Wettbewerbsvorteile erzielen will. Dabei werden die Anforderungen nicht im Detail diskutiert, sondern aufgrund der oben dargelegten Grundstrategie werden relativ allgemeine Strukturanforderungen extrahiert, um verallgemeinerbare Strukturoptionen für deutsche Großbanken abzuleiten.

2. UMWELTKOMPLEXITÄT, WERTEWANDEL UND RESULTIERENDE ANFORDERUNGEN

In diesem Kapitel sollen Umweltkomplexität das Bankenmarktes in Deutschland, Ansprüche von Mitarbeiterseite und daraus resultierende Anforderungen untersucht werden, die auf Banken in den nächsten Jahren zukommen.

Vor 15 Jahren wurde bereits die Hypothese aufgestellt, daß die Umwelt immer komplexer wird, und auch Banken davon betroffen sind (vgl. z.B. Mankwald, 1975). Was dies aber konkret für Banken bedeutet, wenn sie in einer komplexeren Umwelt agieren müssen bei gleichzeitig veränderten Einstellungen ihrer Mitarbeiter, und welche Anforderungen sich daraus ableiten lassen, wurde und wird häufig nicht ausgeführt. Grundlegend für die Richtigkeit der Anforderungen ist der Hintergrund, vor dem sie gemacht werden. Aus diesem Grund wird nach Erklärung der Methodik (2.1.) zunächst ein Szenario[13] des deutschen Bankenmarktes entwickelt (2.2.), anhand dessen die Anforderungen "überprüft" werden. Zur Konkretisierung der Anforderungen wurde unter anderem eine Expertenbefragung durchgeführt. In Punkt 2.3. werden die veränderten Einstellungen der Mitarbeiter erörtert. Daraus werden dann die strategischen Konsequenzen (2.4.) abgeleitet, die in organisationale Anforderungen umgesetzt werden (2.5.).

2.1. Methodik

2.1.1. Szenario

Auf dem Bankenmarkt in Deutschland hat es in den letzten Jahren einen tiefgreifenden Strukturwandel gegeben, der sich weiter fortsetzt (vgl. Jacob et al., 1992, S. 101). Für die vorliegende Arbeit ist die zukünftige Entwicklung, die sich an diese

---

13) Als Szenario wird hier eine vereinfachte Version der von Kahn/Wiener (1971) und dem Hudson-Insitute entwickelten Methode verstanden und angewendet, die ausgehend von einer bestimmten Situation aufzeigt, wie sich alternative Zustände in der Zukunft als logische Abfolge diverser Ereignisse innerhalb eines Zeitraums einstellen. Vgl. z.B. Mag, 1990. S. 26. In der vorliegenden Arbeit wird nur ein einziger künftiger Verlauf unterstellt.

Veränderungen anschließt, von Bedeutung. Es soll daher ein "Szenario" des Bankenmarktes erstellt werden, um ein "Bild der Zukunft zu malen".

Unter einem Szenario versteht man allgemein ein Prognoseverfahren zur modellmäßigen Beschreibung der künftigen Entwicklung des Prognosegegenstandes unter alternativen Rahmenbedingungen und unter Unsicherheit (vgl. Karlöf, 1991, S. 139). Für die Erstellung können sowohl quantitative als auch qualitative Methoden, unter anderem auch die Delphi-Methode verwendet werden (vgl. Gabler-Wirtschaftslexikon, 1988, S. 1853). Szenarios weisen den Vorteil auf, daß man alternative Entwicklungsverläufe mit Szenarien darstellen kann (vgl. Karlöf, 1991, S. 134). Typischerweise kann ein Szenario sowohl optimistische als auch pessimistische und "mittlere" Verläufe annehmen. Das im folgenden entwickelte Szenario soll, soweit dies möglich ist, nur einen möglichst plausiblen "mittleren" Entwicklungsverlauf für den deutschen Bankenmarkt aufzeigen. Insofern kann hier im engeren Sinne nicht von einem Szenario gesprochen werden. Wenn dies dennoch getan wird, so deshalb, weil es sich um einen anschaulichen Begriff handelt.

2.1.2. Delphi-Befragung

Das Szenario hat unter anderem Daten aus einer Delphi-Befragung. Diese ist ein systematisches Verfahren zur Befragung von Experten, um unsichere zukünftige Ereignisse zu prognostizieren (vgl. Marr/Picot, 1985, S. 543). Durch Expertenbefragung können relativ genaue Vorhersagen auf heuristischem Wege gefunden werden. Als Vorteil der Methode gilt, daß sowohl eigene Ideen der Experten als auch Fachwissen und Zusatzwissen der Experten einfließen. Nach Auswertung der Befragungsergebnisse werden den Befragten anonyme Aussagen ihrer "Kollegen" vorgelegt, damit sie diese mit der eigenen Ansicht vergleichen. Dieser Vorgang wird unter Umständen häufiger wiederholt.

Als Experten wurden die Angehörigen der ersten und zweiten Führungsebene einer der fünf größten deutschen Geschäftsbanken durch den Auutor ausgewählt. Die Befragung umfaßte 28 Vorstände, Zentral- und Regionalbereichsleiter. Allen wurden in der ersten Runde die gleichen fünf Fragen zur Entwicklung ihres Bereichs, zur Entwicklung von Banken allgemein und zu organisatorischen Veränderungen ihres Bereiches gestellt. Die Befragung wurde in Form teilstandardisierter Interviews von circa 30 Minuten mit freien Antwortmöglichkeiten durchgeführt.

Um Einheitlichkeit zu gewährleisten und die Gleichheit der Interviewsituation möglichst gut sicherzustellen, wurde ein Interviewleitfaden angewendet (vgl. Schnell et al., 1992, S. 330f und Maccoby/Maccoby, 1965). Gleichzeitig sollte durch die Konzeption der Fragen als Einstellungs- und Überzeugungsfragen mit freien Antwortmöglichkeiten (vgl. Schnell et al., 1992, S. 333f) soviel Freiraum wie möglich gelassen werden, um keine Antworten und Meinungen auszugrenzen.

In der zweiten Runde der Delphi-Befragung wurden aufgrund der in der ersten Runde gemachten Aussagen einige Interviewpartner der ersten Runde (insgesamt 7) nochmals befragt. Hierbei wurden sie mit (gegensätzlichen) Expertenmeinungen der ersten Runde konfrontiert. Um Vergleichbarkeit zu gewährleisten, wurden auch hier allen die gleichen "Standardfragen" gestellt.

Alle Interviews wurden mit der Hand mitgeschrieben. Anschließend wurden Gedächtnisprotokolle der Interviews angefertigt, den Interviewpartnern zugeschickt und von dem jeweiligen Interviewpartner korrigiert und abgezeichnet, um zu gewährleisten, daß er richtig zitiert wurde.

2.1.3. Strukturierung: Die fünf Wettbewerbskräfte

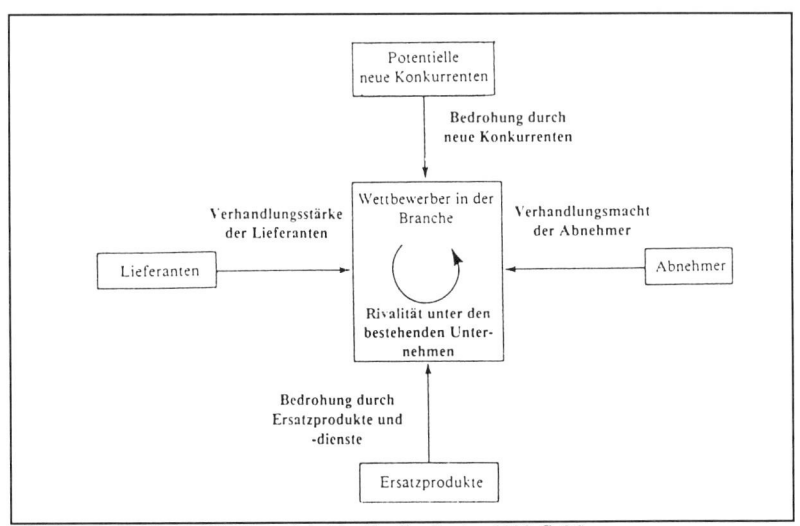

Abbildung 3: Die fünf Wettbewerbskräfte (Quelle: Porter, 1990, S. 26)

Als Gliederungsraster für die marktseitigen Anforderungen ist das Konzept der fünf Wettbewerbskräfte nach Porter (1990, S. 26; vgl. Abbildung 3) in etwas abgewandelter Form geeignet, da es aus der Vielfalt der Umwelteinflüsse relevante Einflüsse filtert und so gliedert, daß sie relativ leicht in konkrete Anforderungen für das Unternehmen umgesetzt werden können. Von der Gliederung Porters wird aber abgewichen: Technisch gesehen sind die Abnehmer der Bank (Kreditnehmer) gleichzeitig wichtige "Lieferanten" (Anleger). Diese technische Unterscheidung ist strategisch nicht sinnvoll, da beide letztlich Kunden sind. Weitere wichtige "Lieferanten" von Banken sind im EDV-Bereich angesiedelt, da hier hohe Ausstiegskosten anfallen, wenn der Lieferant gewechselt werden soll. Die "Lieferanten" des für Banken wichtigsten Produktionsfaktors, der Arbeit, werden in einem eigenen Punkt (2.3.) gewürdigt, da sie für die Leistungslücke eine Schlüsselrolle spielen.

2.2. Umweltszenario des deutschen Bankenmarktes 2001

2.2.1. Macht der Kunden

Kunden sind eine wichtige Wettbewerbskraft, da die Nachfrageverhältnisse unter den Kunden das Gewinnpotential einer Branche entscheidend mitbestimmten (vgl. Porter, 1990, 50ff).

Große Firmenkunden: Rückwärtsintegration

Großunternehmen steht die Möglichkeit offen, nicht nur mit Rückwärtsintegration zu drohen, sondern sie auch zu realisieren, was den Vorteil niedrigerer Kosten für große Firmen mit sich bringt (vgl. Zimmermann, 1992, S. 701 und Schuster, 1988). Sie erstellen zunehmend selbst Bankdienstleistungen und umgehen damit teilweise oder vollständig die Banken. Diese Leistungen sind:

- Finanzmittelbeschaffung durch Gang an die Euromärkte zur Emission z.B. von Commercial Papers zu Euromarktkonditionen,
- direkte Anlage von liquiden Mitteln in Wertpapieren, Euromarktpapieren etc.,
- Finanzmanagement innerhalb des Unternehmens, z.B. Kreditgewährung zwischen Unternehmenseinheiten,

- Valutamanagement in multinationalen Unternehmen (vgl. Eilenberger, 1987b, S. 172).

Neben den niedrigeren Kosten durch Wegfall der Provisionen und besseren Konditionen hat dies den Vorteil, daß diese Transaktionen weder den Bestimmungen des Kreditwesengesetzes (und damit vor allem den Eigenkapitalrichtlinien, die das Eigenkapital verteuern), noch der Bankenaufsicht unterliegen (vgl. Zimmermann, 1992, S. 701).

Die Geschäfte, die Großunternehmen mit Banken machen, reduzieren sich daher häufig auf Finanzierungen zu Interbankkonditionen, Abwälzen von Risiken in Plazierung und Währungen, sowie Transaktionen des (defizitären) Zahlungsverkehrs (vgl. Schmalenbach-Gesellschaft, 1992, S. 39 und Krümmel et al., 1991, S. 11f).

Kleine und mittlere Firmenkunden: Drohung mit Bankwechsel

Die wichtigste Veränderung in diesem Kundensegment besteht darin, daß kleine und mittlere Firmenkunden einen immer besseren Überblick über den Bankenmarkt haben. Da sie zudem, vom Zahlungsverkehr abgesehen, relativ geringe Umstellungskosten bei einem Institutswechsel haben, können sie wirksam mit einem Wechsel der Bankverbindung drohen und dadurch bessere Konditionen erreichen.

Als Gegenargument gegen die Marktmacht der kleinen und mittleren Firmen wird genannt, daß diese Kunden einen hohen Bedarf an einer engen Hausbankverbindung haben, weil ein Vertrauensverhältnis für die Kreditgewährung aufgebaut werden muß. Wenn dies auch in Zukunft gilt, wäre es nicht möglich mit Institutswechsel zu drohen, da die Firmen nur langfristig ein anderes Institut finden könnten. Es ist aber fraglich, ob die Banken auch in Zukunft die gleiche Zurückhaltung bei der Übernahme neuer Engagements üben werden (vgl. Klee, 1991, S. 386).

Gehobene Privatkundschaft: Chancen im Anlage und Privatkreditgeschäft

Das Privatkundensegment ist durch folgende Trends gekennzeichnet:

- Die Anzahl älterer Menschen wird überproportional zunehmen und es werden große Vermögen vererbt werden. Das Pro-Kopf-Einkommen bzw. Pro-Kopf-Vermögen ist in den letzten Jahren kontinuierlich gestiegen (vgl. Rehm/Simmert, 1991, S. 10, und Dudler, 1991, S. 69ff) und so hoch wie nie zuvor mit ca. 150.000 DM pro Haushalt Anfang der 90er Jahre (vgl. Krupp, 1992, S. 12). Aus diesen Marktgegebenheiten resultiert vor allem bei der

"Generation der Erben" ein erhöhter Anlagebedarf (vgl. Schmalenbach-Gesellschaft, 1992, S. 41).

- Gleichzeitig ist auch ein Trend zu erhöhter Kreditnachfrage von Privaten zu verzeichnen. 55% der Anzahl aller Kredite werden von Banken an Privatkunden gegeben, womit auch im Kreditsegment und nicht mehr nur im Anlagebereich die Privatkunden eine immer wichtigere Position einnehmen (vgl. Wielens, 1987, S. 69). Die etwas widersprüchlich anmutende Gleichzeitigkeit von Anlage- und Kreditbedarf im gehobenen Privatkundensegment ist unter anderem dadurch zu erklären, daß diese Kunden Anlageformen wählen, die die Aufnahme von Fremdkapital erfordern. Besondere Bedeutung hat hier der Immobilienbereich.

- Die gehobene Privatkundschaft wird heftig von Banken umworben, weil sie (bisher) den höchsten Deckungsbeitrag (vgl. McKinsey, 1993a, o.S.) erbringen.

- Die Fähigkeit, sich Markttransparenz zu verschaffen nimmt durch Verbraucherinformation und ein auch in diesem Segment steigendes Bildungsniveau zu. Damit verbunden ist auch die Fähigkeit, verschiedene Finanzdienstleistungen von verschiedenen Anbietern zu beziehen. Das Argument, die Kunden könnten allein ihr Anlageportfolio nicht sinnvoll zusammenstellen (vgl. Ellgering, 1991, S. 250), hat sich als nicht stichhaltig erwiesen. Das Thema Allfinanz verliert damit an Bedeutung bevor es sie gewonnen hat.

Als Konsequenzen ergeben sich für Banken große Chancen im Anlage- und Kreditbereich. Allerdings sehen sich Banken einem steigenden Preis- und Qualitätsbewußtsein dieser Kundengruppe gegenüber (vgl. Charlton, 1991, S. 13), die trotz steigender Nachfrage Druck auf die Konditionen ausüben kann.

Basiskunden: Wenig Veränderungen in Sicht

Im Bereich der Basiskunden sind keine größeren Veränderungen in der Nachfrage- und Machtstruktur zu erwarten. Für diese Kundengruppe gilt allerdings auch der allgemeine Trend zu höherer Transparenz und Wechselbereitschaft, den die Banken zum Teil selbst mitbeschleunigen, da sie vor allem in diesem Segment stärker standardisierte und zwischen den verschiedenen Banken nahezu austauschbare Produktangebote bereitstellen (vgl. Charlton, 1991).

Zusammenfassung

Die Verhandlungsmacht der Kunden steigt. Dies gilt vor allem für Firmenkunden und hier besonders für Großkunden. Im Privatkundenbereich ergeben sich Chancen für Banken vor allem im gehobenen Einkommenssegment, allerdings schwächt der erhöhte Bedarf kaum die Verhandlungsmacht der Kunden.

2.2.2. Ersatzprodukte

Von Ersatzprodukten wird dann gesprochen, wenn sie die gleiche Funktion wie die Produkte der Branche erfüllen können. Die Bedeutung der Ersatzprodukte begründet Porter (1990, S. 49) vor allem damit, daß diese eine Obergrenze für die Preise der Bankprodukte setzen.

Anlage/Vorsorge von Privatkunden

Als Ersatzproduke für die Geldanlage von Privaten bei Banken sind vor allem folgende zwei Bereiche wichtig:

- Vermögensbildung findet immer häufiger in Immobilien statt, nicht zuletzt wegen der steuerlichen Begünstigung, die allerdings auch wieder wegfallen kann.

- Lebensversicherungen oder Rentenversicherungen werden von Versicherungen als Ersatzprodukte vor allem in der Funktion des Sparens als Altersvorsorge angeboten. Der Trend ging in den letzten zehn Jahren in die Richtung, daß Geldvermögen von Banken zu Versicherungen umgeschichtet wurde. Dieser Trend dürfte sich fortsetzen (vgl. Schmalenbach-Gesellschaft, 1992, S. 60).

Als Konsequenz ergibt sich, daß ein guter Teil des steigenden Anlagebedarfes in den nächsten Jahren an Banken vorbei in andere Bereiche fließen dürfte. Hierdurch geraten die Renditekonditionen der traditionenllen Anlageprodukte von Banken unter Druck.

Finanzierung/Leasing bei Privaten und Firmen

Absatzfinanzierungen, die den klassischen Kredit zunehmend substituieren, können vom Produzent einer Ware angeboten werden. VW z.B. als größter industrieller Anbieter im Bereich der Absatzfinanzierung und des Leasing weist hierfür eine Bilanzsumme von 16 Mrd. DM aus und kann auf ein bestehendes Vertriebsnetz zurückgreifen (vgl. Massfeller, 1993, S. 266 und Schmalenbach-Gesellschaft, 1992, S. 10). Als Anbieter von Leasing oder Absatzfinanzierung kommen neben der Industrie auch Handels- und spezialisierte Leasingunternehmen in Betracht. Ihre Stärken liegen dabei in großer Marktnähe, in guten Vertriebsorganisationen, Nutzung gemeinsamer Ressourcen mit dem Industriebereich und hierdurch erzielbarer Kostendegression (vgl. McKinsey, 1993b, o.S.). Es besteht die Gefahr, daß diese Anbieter noch weiter lukratives Geschäft von Banken abziehen.

Kreditkarten

Kreditkarten sind ein Substitut für Zahlungsverkehrsleistungen vor allem bei Privatkunden. Dies bezieht sich auf zwei Bereiche:

- Mit Kreditkarten kann der Zahlungsverkehr bargeldlos abgewickelt werden. Bargeldabhebungen, eine Leistung für die in der Regel keine Gebühren verlangt werden, also auch kein "Geschäft" gemacht wird, werden sich weiter reduzieren.

- Durch Kreditkarten können Zahlungen per Scheck und Überweisung ersetzt werden. Der Wegfall dieser vom Kunden zu bezahlenden Zahlungsverkehrsleistungen reduziert auch wertmäßig den Umsatz von Banken.

- Kreditkartenunternehmen bieten neben den Zahlungsverkehrsleistungen zunehmend andere Bankleistungen, wie Geldanlage, zu attraktiven Zinssätzen an.

Als Konsequenz für Banken ergibt sich, daß weniger Leistungen im Bereich des Zahlungsverkehrs erbracht werden müssen.

Zusammenfassung

Ersatzprodukte sind in vielen Sparten des Bankenmarktes existent. Banken können aber diese Ersatzprodukte in ihre Produktpalette integrieren, was zum Teil schon geschehen ist. So bieten z.B. alle deutschen Großbanken als Vertreter Kreditkarten und Versicherungsprodukte an.

2.2.3. Potentielle neue Konkurrenten

In langsam wachsenden Märkten, wie dies überwiegend auch für die Segmente des Bankenmarktes gilt, ziehen neu eintretende Konkurrenten Geschäft von den etablierten Wettbewerbern ab. Die Gefahr des Markteintritts neuer Konkurrenten in den Bankenmarkt hängt wesentlich von existierenden Markteintrittsbarrieren ab (vgl. Porter, 1990, S. 29). Als Markteintrittsbarrieren können im Bankenmarkt vor allem gelten:

- Der hohe Kapitalbedarf aufgrund von Eigenkapitalrichtlinien.

- Die staatliche Politik: Der Bankensektor ist durch den Gesetzgeber und Aufsichtsbehörden besonders streng überwacht und stark reglementiert.

- Produktdifferenzierung: Sie kann nicht als wirksame Eintrittsbarriere im breiten Bankenmarkt gelten, da Bankprodukte keinen Patentschutz genießen und jederzeit kopierbar sind (vgl. Krümmel et al., 1991, S. 35).

- Vertriebskanäle: Der Vertrieb von Bankprodukten über das Filialnetz, das den Hauptvertriebskanal großer Universalbanken darstellt, galt lange Zeit als sicherer Garant für das Abhalten von Wettbewerbern, da nur mit extrem hohen Kosten erschließbar. Auf der Suche nach neuen Expansionsgebieten wurden jedoch andere Vertriebskanäle für Finanzdienstleistungen erschlossen (vgl. Seipp, 1992).

Konkurrenten: Versicherungen

Versicherungen entschlossen sich für eine Diversifizierungsstrategie, im Zuge derer sie Substitutionsprodukte zu Bankleistungen anbieten und diese über ihre angestammten Vertriebskanäle verkaufen (vgl. Rehm/Simmert, 1991, S. 11). Der Vertrieb von Bankprodukten über Versicherungsvertreter ist andererseits problembehaftet (vgl. Betsch, 1992, S. 15ff und Büschgen, 1992). Einerseits sind Bankleistungen zum Teil zu kompliziert, als daß ein Versicherungsvertreter sie verkaufen könnte, andererseits wollen Banken den "unseriösen" und zugleich teuren Vertrieb über Versicherungsvertreter nicht, der ebenso wie Versicherungsverkauf auf Provisionsbasis erfolgen müßte.

In der Konsequenz ergibt sich für Banken ein eher kleines Problem, da sich das Anlageverhalten, abgesehen von der Anlage in Lebensversicherungen, die ein wichtiges Substitutionsprodukt darstellen, nicht wesentlich geändert hat.

Konkurrenten: Ausländische Banken

In den letzten Jahren ist eine Globalisierungs- und Internationalisierungstendenz auf dem Bankenmarkt festzustellen gewesen. Ländergrenzen sind gefallen und der

Finanzmarkt ist zu einem Weltmarkt geworden (vgl. Moormann/Wölfing, 1991, S. 677). Verstärkt drängen auch Anbieter aus dem Nicht-EG-Bereich nach Europa (vgl. Schmalenbach-Gesellschaft, 1992, S. 6). Die Finanzmärkte werden internationaler, während die lokalen Bankenmärkte im Bereich des Firmenkunden- und Privatkundengschäfts vor allem durch Vertriebskanäle und staatliche Regulierungen noch relativ gut abgeschirmt sind. Das Eindringen neuer Anbieter durch Deregulierungen ist möglich und wird weiter erleichtert (vgl. Eilenberger, 1987a, S. 120).

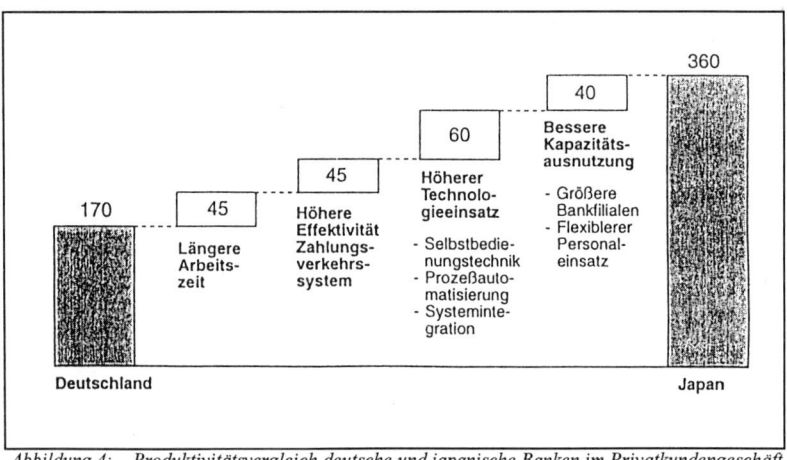

Abbildung 4: Produktivitätsvergleich deutsche und japanische Banken im Privatkundengeschäft (Quelle: McKinsey, 1993a)

Aus diesem verschärften Wettbewerb ergibt sich vor allem ein Druck auf Margen und Preise der deutschen Banken, die bei einem Preiskampf in relativ schlechter Position sind, da sie im Produktivitätsvergleich schlechter abschneiden als andere Banken (vgl. Abbildung 4).

Zusammenfassung

Die Position von Banken dürfte durch neue Konkurrenten, die jeweils spezifische Vorteile gegenüber Banken haben, immer stärker bedroht werden.

2.2.4. Macht der Lieferanten

Lieferanten haben die Möglichkeit, die Flexibilität des Kunden erheblich zu beschränken (vgl. Porter, 1990, S. 54f). Bei Banken fallen Lieferanten und Kunden weitgehend zusammen. Die wichtigste Gruppe von Lieferanten von Banken neben Mitarbeitern und Kunden sind im EDV-Bereich zu finden. Bereiche wie Büromaterial, Bau und Betrieb können vernachlässigt werden.

Der Trend im EDV-Bereich bei Banken geht dahin, daß dieser Bereich eine immer größere Rolle sowohl von den Kosten her als auch unter strategischen Aspekten spielt (vgl. Schmalenbach-Gesellschaft, 1992, S. 119). Mit Investitionen im EDV-Bereich sind wichtige Weichen für die Zukunft gestellt: Ist eine Entscheidung für eine bestimmte Soft- oder Hardware gefallen, kann diese nur schwer wieder rückgängig gemacht werden.

Als Konsequenz haben die EDV-Zulieferer die Möglichkeit, Banken, die sich auf einen Standard eingelassen haben, zu erpressen, sei es durch überhöhte Preise oder durch lange Wartezeiten.

2.2.5. Wettbewerber in der Branche

Hier geht es um den Grad der Rivalität unter den bestehenden Wettbewerbern in einer Branche (vgl. Porter, 1990, S. 42ff). Die etablierten Konkurrenten bestimmten im Wesentlichen das Klima.

Die Härte des Wettbewerbs wird maßgeblich bestimmt durch vier Faktoren:

- Anzahl der Wettbewerber:
- Austrittsbarrieren
- Kapazitätsauslastung
- Homogenität der Produkte

Die Wettbewerbssituation auf den deutschen Bankenmarkt ist durch folgende Trends gekennzeichnet:

- Die Zahl der Wettbewerber ist in den letzten Jahren gestiegen und dürfte weiter steigen (vgl. Schmalenbach-Gesellschaft, 1992, S. 6).
- Die Austrittsbarrieren sind traditionell durch hohe Fixkosten und Investitionen, z.B. in Form des Filialnetzes sehr hoch. Die für einen Austritt notwendigen Umstellungskosten machen einen Austritt etablierter Wettbewerber fast unmöglich.

- Die Kapazitäten für Bankenprodukte und bankähnliche Produkte werden sich in den nächsten Jahren durch Hinzutreten neuer Anbieter vergrößern, ohne daß die Nachfrage in ähnlichem Maße steigen dürfte.
- Die aktuellen Bankprodukte sind in hohem Maße unter den verschiedenen Anbietern austauschbar. Neue Bankprodukte können patentrechtlich nicht geschützt werden und sind damit von Konkurrenten leicht kopierbar (vgl. Krümmel, 1991, S. 35 und Schmalenbach-Gesellschaft, 1992, S. 18 und 118).

2.2.6. Fazit: Verschärfung des Wettbewerbs an den drei "Fronten" Kosten, Qualität und Zeit

Der Wettbewerb der 90er Jahre wird sich bei steigender Dynamik im Finanzsektor weiter verschärfen (vgl. Klee, 1991, S. 386). Banken dürften steigendem Druck durch alle fünf Wettbewerbskräfte ausgesetzt sein. Insbesondere lassen sich drei zentrale Trends in der Diskussion der Wettbewerbskräfte ausmachen, die untereinander stark zusammenhängen:

- Es werden neue Konkurrenten in den Bankenmarkt eintreten, Kunden mit Rückwärtsintegration drohen und diese auch durchführen sowie Ersatzprodukte den Markt von außen zunehmend unter Druck bringen. Da keine etablierten Wettbewerber austreten können, kann dieser Druck nicht abgebaut werden, sondern es wird zu einem Verdrängungswettbewerb kommen, in dem die Wettbewerber auch minimale Deckungsbeiträge akzeptieren müssen.
- Innerhalb des Bankenbereiches kommen verstärkt neue Produkte auf den Markt, die den betreffenden Anbietern jedoch nur kurz Wettbewerbsvorteile verschaffen, da sie schnell kopiert werden und durch wieder neue Innovationen schneller als früher obsolet gemacht werden.
- In allen Kundensegmenten nimmt die Markttransparenz und die Fähigkeit der Kunden zu, für einzelne Leistungen jeweils Wettbewerber gegeneinander "auszuspielen". Die Kunden kommen in eine bessere Position, in der sie ein höheres Preis- und Qualitätsbewußtsein an den Tag legen.

Die deutschen Banken müssen vor dem Hintergrund dieser Trends gleichsam an drei "Fronten" kämpfen, die untereinander zusammenhängen:

- Es entsteht ein größerer Druck auf die Margen der Produkte, der sich organisatorisch in einem höheren Kostendruck fortpflanzt.
- Die Banken werden die Qualität ihrer Leistungen steigern, was vor allem eine bessere Qualifizierung des Personals und intelligentere und aufwendigere technische Unterstützung (vgl. Kober/Ruhsert, 1992 und Schmalenbach-Gesellschaft, 1992, S. 119) erfordert.
- Die Aktions- und Reaktionszeiten der Banken werden zu einem wichtigeren Wettbewerbsfaktor. Dies äußert sich vor allem in einem Wettlauf um die Entwicklung neuer Produkte, in einer Art "High-Speed-Marketing" der schneller veraltenden Produkte und in der Beschleunigung von Bearbeitungsprozessen.

Der deutlich zunehmende Kostendruck, Qualitätsdruck und Zeitdruck trifft auf eine Branche, die bisher durch eine im Großen und Ganzen ausgesprochen gute "Geschäftslage" verwöhnt ist und daher relativ inflexible und verkrustete Strukturen herausgebildet hat. Wenn nun diese eher unbeweglichen "Kolosse" in Zukunft mit Überkapazitäten, steigenden Ansprüchen der Kunden, "Billigimporten" und innovativen Substitutionsprodukten zu kämpfen haben, steht zu befürchten, daß die Banken für lange Zeit gegen diese Trends vergeblich ankämpfen, und als "Stahlindustrie der 90er Jahre" (Cartellieri, 1990, S. 367) in eine Dauerkrise geraten.

Nach der Betrachtung des Wettbewerbsumfeldes soll nun untersucht werden, ob auch auf Mitarbeiterseite Änderungen zu erwarten sind.

2.3. Szenario: Wertewandel

Während die marktseitigen Anforderungen an Banken und damit auch an die Leistung der Mitarbeiter auf der einen Seite steigen, gibt es starke Hinweise darauf, daß die Bereitschaft der Mitarbeiter sinkt, Leistung für die Organisation zu erbringen. Hintergrund dafür ist der grundsätzliche Konflikt zwischen den Bedürfnissen des Individuums und den Anforderungen der Organisation. Dieser Konflikt wird durch einen Wandel in den Werthaltungen der Person verschärft. Um diesen Trend darzustellen, wird zunächst ein kurzer Überblick über den gesellschaftlichen Wertewandel gegeben, um dann zu untersuchen, welche Konsequenzen sich daraus für die Leistungsbereitschaft von Mitarbeitern ergeben.

Der Wertewandel konnte in vielen Bereichen des Lebens und in unterschiedlichen Gesellschaftsschichten aufgezeigt werden. Solche Bereiche sind zum Beispiel Politik, Kirche, Ehe und Familie und Freizeit, vor allem aber zeigt er auch Auswirkungen auf die Arbeit (vgl. z.b. Lück/Müller, 1990, Strümpel 1985 und Hondrich, 1984). Einige Autoren sehen den Wertewandel als positives Zeichen für eine Umkehr in unserer Gesellschaft (vgl. z.b. von Klipstein/Strümpel, 1985), während ihn Noelle-Neumann als Zeichen für den Verfall "bürgerlicher Tugenden" deutet (Noelle-Neumann, 1978 und Noelle-Neumann/Strümpel, 1984).

Für die Arbeitswelt sind vor allem zwei Tendenzen von besonderer Bedeutung:

Mehr Selbstenfaltung

In den Werthaltungen findet eine Verschiebung weg von "Pflicht- und Akzeptanzwerten" hin zu "Selbstenfaltungswerten" statt (Klages 1984, von Rosenstiel/Stengel, 1987, insbes. S. 39 und Widmaier, 1991, S. 44f.; siehe auch Abbildung 5). Bezogen auf die Bankorganisation bedeutet dies, daß die Mitarbeiter tendenziell immer weniger bereit sind, sich Strukturen zu unterwerfen, die Unterordnung, Anpassung und Gehorsam von ihnen erfordern. Stattdessen wünschen sich die Mitarbeiter zunehmend Freiräume für die Verwirklichung eigener Ideen.

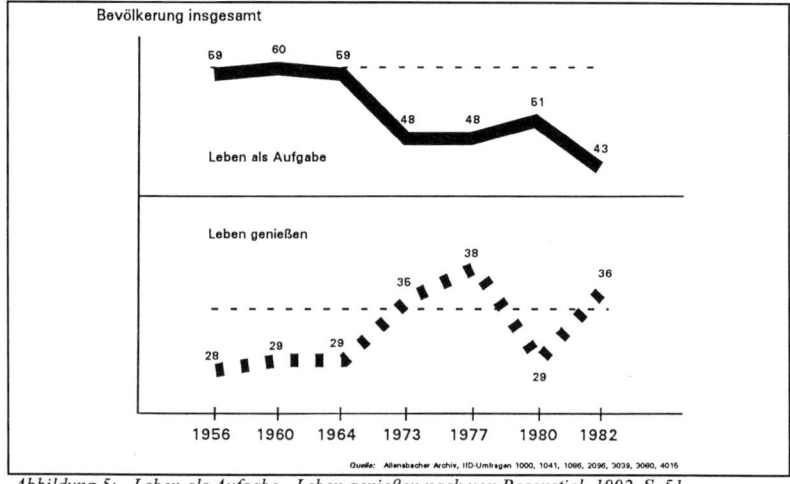

Abbildung 5: Leben als Aufgabe - Leben genießen nach von Rosenstiel, 1992, S. 51

Abkehr von materiellen Werten

Eine zweite Entwicklungslinie geht in die Richtung, daß materielle Inhalte von persönlichen Werthaltungen zunehmend durch "postmaterielle" Wertvorstellungen verdrängt werden (vgl. Inglehart, 1977). Auf Banken bezogen bedeutet dies, daß Mitarbeiter in Zeiten von Überproduktion und Umweltverschmutzung immer weniger den Sinn traditioneller wirtschaftlicher Aktivität, für die ja gerade Banken stehen, erkennen können. Abbildung 6 stellt dar, daß Führungskräfte und Führungsnachwuchskräfte eine deutliche Diskrepanz zwischen den Zielen sehen, die Unternehmen in ihren Augen tatsächlich verfolgen, und Zielen, die Unternehmen verfolgen sollten (vgl. dazu auch Widmaier, 1991, S. 79).

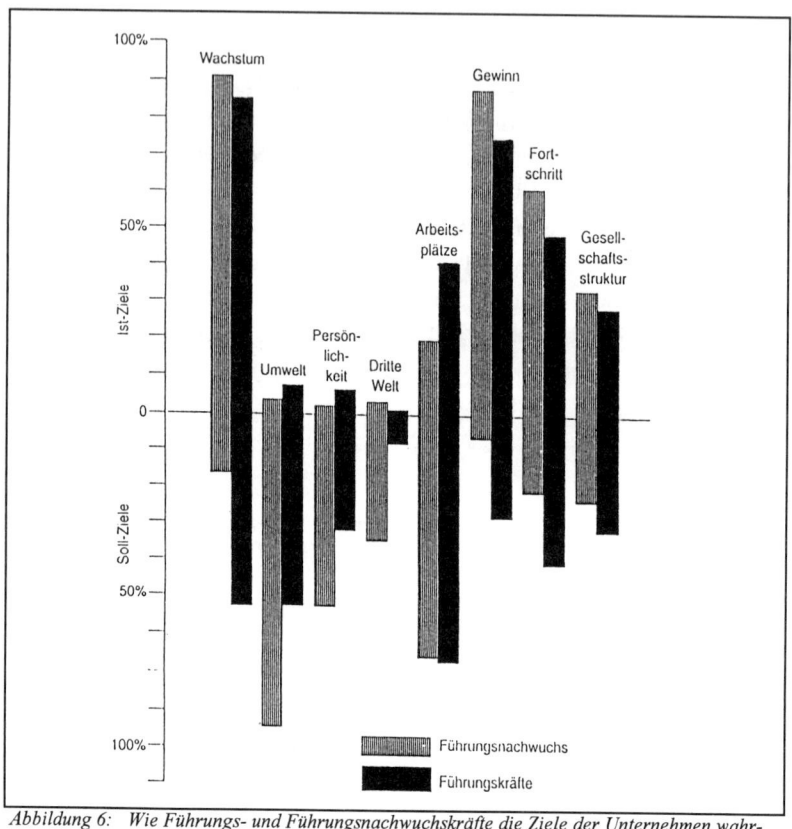

Abbildung 6: Wie Führungs- und Führungsnachwuchskräfte die Ziele der Unternehmen wahrnehmen (Ist) und welche sie sich wünschen (Soll) (Quelle: von Rosenstiel et al., 1991, S. 46)

Durch den Wandel in den Werthaltungen verschärft sich also der klassische Konflikt zwischen dem Einzelnen und der Organisation (Argyris, 1957) auf zweifache Weise. Die Mitarbeiter identifizieren sich zum einen immer weniger mit den traditionellen Zielen der Unternehmen, zum anderen sind die Mitarbeiter immer weniger bereit, sich traditionellen Organisationsstrukturen zu unterwerfen. In dieser Situation wenden sich immer mehr Menschen innerlich von ihrer beruflichen Arbeit ab und verlagern ihr Interesse und Engagement in die Freizeit oder auf "alternative" gesellschaftspolitische Aufgaben (vgl. Abbildung 7).

Typ ↓ Gruppe →	Führungsnachwuchs	Führungskräfte
Karriereorientierung	21%	75%
Freizeitorientierung	31%	7%
Alternatives Engagement	46%	17%

Abbildung 7: Berufsorientierungen nach von Rosenstiel et al., 1991, S. 45

Es erscheint wenig wahrscheinlich, daß es den Banken gelingen kann, den gesellschaftlichen Wertewandel rückgängig zu machen. Ist der Wertewandel an sich nicht umkehrbar, heißt das jedoch nicht, daß die Abwendung der Bankmitarbeiter von beruflicher Arbeit fatalistisch hingenommen werden muß. Erkennt man vielmehr, daß die Organisationsstrukturen von Banken ein gutes Stück weit "geronnene Werte" (von Rosenstiel/Stengel, 1987, S. 67) vergangener Epochen sind, muß untersucht werden, ob es nicht möglich ist, Organisationsstrukturen und auch Unternehmensziele von Banken so zu verändern, daß sie "Wertverwirklichungsangebote" (Sprenger, 1992, S. 26) für gewandelte Werte anbieten können.

2.4. Strategische Konsequenzen aus den Szenarien

Nachdem für die Marktseite und die Mitarbeiterseite von Banken ein Szenario aufgestellt worden ist, muß als nächster Schritt über sinnvolle Strategien nachgedacht werden, wie Banken in ihrem zukünftigen Umfeld erfolgreich sein können. In der Diskussion des situativen Ansatzes wurde herausgestellt, daß sich aus einer bestimmten Umwelt nicht eine einzig mögliche Organisationsstruktur ableiten läßt, sondern daß es vielmehr verschiedene Wege gibt, in einer Umwelt zu überleben. Insofern steht zwischen Struktur und Umwelt als eine intervenierende Variable die Strategie des Unternehmens, die in grundsätzlicher Weise eine Geschäftspolitik festlegt, die den Erfolg des Unternehmens in einer bestimmten Umfeldkonstellation sichern soll.

2.4.1. Unternehmensstrategie als intervenierende Variable, die die Organisationsstruktur bestimmt

Wenn die Frage beantwortet werden soll, welche Strategie eine Bank wählen soll, um in einer bestimmten Umwelt erfolgreich zu sein, ist es sinnvoll, die Strategie nicht nur auf Basis der Umweltentwicklungen, sondern auch auf Basis der spezifischen Stärken und Schwächen des Unternehmens zu entwickeln (vgl. z.B. Hax/Majluf, 1991, S. 183ff, Trux et al., 1984, S. 105ff). Die Stärken und Schwächen des Unternehmens sind in der Regel historisch gewachsen und in bestimmten Strukturen des Unternehmens "geronnen". Insofern kann man sagen, daß die bestehende Organisationsstruktur ein besonders wichtiger Bestimmungsfaktor für die Wahl der Unternehmensstrategie ist ("strategy follows structure"; vgl. z.B. Hall/Saisas, 1980, Peters, 1984).[14]

Wenn jedoch verhindert werden soll, daß vorhandene Strukturen auf Ewigkeit zementiert werden, ist der Strategie eindeutig ein Primat vor der Organisationsstruktur einzuräumen ("structure follows strategy"; Chandler, 1962). Dies bedeutet nicht, daß die organisationale Ausgangssituation nicht berücksichtigt werden muß, sondern daß es einer realistisch gestalteten Strategie bedarf, die unter anderem auch Aussagen über die Neugestaltung von Organisationsstrukturen enthält, um einen Erfolg in sich wandelnden Umwelten dauerhaft sicherzustellen (vgl. zu der hier sehr verkürzt dargestellten Diskussion den Überblick bei Werkmann, 1989).

2.4.2. Eine erfolgversprechende Grundstrategie unter einer Vielfalt möglicher und sinnvoller Einzelstrategien von Großbanken

Um in einer Umwelt zu überleben sind also grundsätzlich verschiedene Strategien denkbar. Ausgehend von dieser Überlegung müßten demnach eigentlich verschiedene sinnvolle Strategieoptionen ausgearbeitet werden, um auf Basis jeder möglichen Strategie jeweils unterschiedliche Organisationsmodelle zu entwerfen. Ein solcher Versuch würde entweder den Rahmen dieser Arbeit völlig sprengen, und/oder müßte die eigentlich interessierende Diskussion der Organisationsfragen auf grobe und oberflächliche Hinweise verkürzen. Es ist jedoch möglich, die Vielfalt von erfolgversprechenden Strategieoptionen auf wenige Grundstrategien zu reduzieren.

Einen wichtigen Ansatz, die Vielfalt möglicher Strategien auf wenige Grundstrategien zu reduzieren, liefert Porter (vgl. zum folgenden Porter, 1990, insbes. S. 63ff.

---

14) Die Struktur ist sicherlich nur ein Aspekt bei der Wahl der Strategie. Weitere Aspekte sind nach Ansoff (1987) etwa corporate culture (vgl. auch Schwartz/Davis, 1981) und die Person des Leiters der jeweiligen Einheiten (vgl. auch Gupta/Govindarajan, 1984).

und 1989, insbes. S. 31ff.). Unter den Strategien, die am Gesamtmarkt ansetzen (und nur solche Strategien kommen für Großbanken überhaupt in Betracht), identifiziert er zwei Grundstrategien, die erfolgversprechend sind:

- Bei der Strategie der "Kostenführerschaft" strebt das Unternehmen an, *der* kostengünstigste Anbieter der gesamten Branche zu werden. Es gelingt diesem Unternehmen dann, überdurchschnittliche Ergebnisse zu erzielen, wenn es seine Preise nahe am Niveau der Konkurrenten ansiedeln kann. Kostenführer kann nur ein Unternehmen in einer Branche sein.

- Bei der "Differenzierungsstrategie" bemüht sich das Unternehmen, in einigen, bei den Kunden hoch bewerteten Dimensionen einmalig zu sein. Diese Einmaligkeit kann sich das Unternehmen in höheren Preisen vergüten lassen. Im Bankgewerbe ist die Qualität sicherlich von den Kunden eine besonders hoch eingeschätzte Dimension, auf der es sich lohnt, Einmaligkeit anzustreben. Andere Differenzierungsmöglichkeiten können für Banken z.B. in einem flächendeckenden Filialnetz, Erreichbarkeit für den Kunden oder umfassendem Leistungsangebot bestehen.

Von dem Versuch, gleichzeitig eine Differenzierung und Kostenführerschaft anzustreben, rät Porter eindringlich als einer Strategie "zwischen den Stühlen" ab. Hintergrund für diese Überlegung ist vor allem die Vorstellung, daß eine Differenzierung letztlich mit leicht erhöhten Kosten bezahlt werden muß (vgl. Porter, 1990, S. 71).[15]

Aus dem Umweltszenario ist jedoch erkennbar, daß im Bankenmarkt die Kunden gleichzeitig ein höheres Preis- und Qualitätsbewußtsein an den Tag legen. Einen besonderen Vorteil können also Banken erzielen, denen es gelingt, gleichzeitig in den Dimensionen Kosten und Qualität einen Vorsprung zu erreichen. Tatsächlich scheinen schon heute die Großbanken überwiegend eine "hybride Strategie" (zu Knyphausen/Ringlstätter, 1991) zu verfolgen (Schmalenbach-Gesellschaft, 1992, S. 15 und 123). Insofern erscheint es fraglich, ob die Trennung von Kosten- und Qualitätsstrategie für den zukünftigen Bankenmarkt sinnvoll ist.

---

15) Um Mißverständnisse zu vermeiden: Porter weist sehr wohl darauf hin, daß Differenzierer ihre Kosten nicht vernachlässigen dürfen und Kostenführer nah an der Differenzierung der Konkurrenz bleiben müssen, aber nur eines, Differenzierung oder Kosten kann das primäre, strategische Ziel sein.

Zudem geht das Thema "Zeit" im Bezugsrahmen von Porter unter, da Reaktionsgeschwindigkeit und Lerngeschwindigkeit nur als eines von vielen Differenzierungs-/Kostenkriterien vorkommt. In der Analyse des Bankenmarktes wurde jedoch Zeit neben Kosten und Qualität als das dritte zentrale Feld hervorgehoben, in dem Banken immer mehr unter Druck geraten.

Vor diesem Hintergrund soll deshalb hier eine Strategie unterstellt werden, die das "magische Dreieck" von Zeit, Kosten und Qualität vereint und dabei - gleichsam als vierte "Ecke" - dazu beiträgt, den gewandelten Ansprüchen der Mitarbeiter besser als bisher Rechnung zu tragen. Wenn diese Strategie hier unterstellt wird, heißt dies nicht, daß dennoch nicht auch andere Strategien vorstellbar und erfolgversprechend für Großbanken sein können.

Magisches Viereck der strategischen Herausforderungen

Kosten — **Qualität**

Zeit — **Entfaltung der Mitarbeiter**

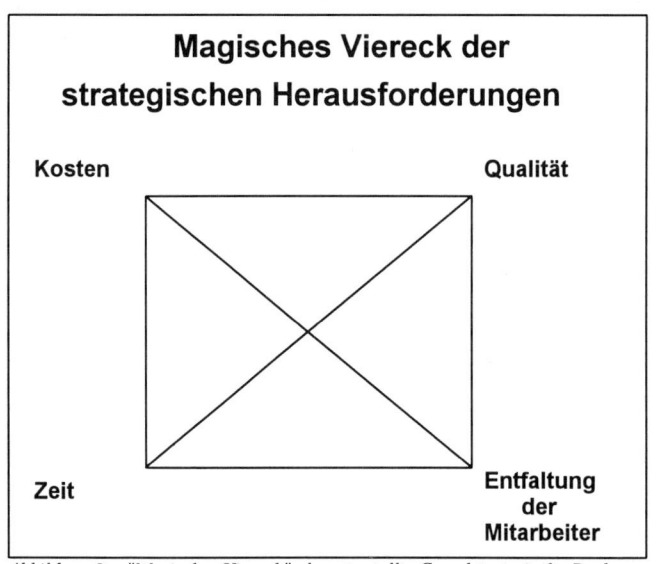

Abbildung 8: "Magisches Viereck" als unterstellte Grundstrategie für Banken

2.4.3. Strategieansätze

Nachdem die Grundstrategie festgelegt ist, geht es nun darum, wichtige Ansätze zu identifizieren, wie diese Grundstrategie konkret ausgestaltet werden kann. Diese Strategieansätze legen den Rahmen fest, aus dem die konkreten organisationsstrukturbezogenen Anforderungen für diese Arbeit abgeleitet werden. Wie kann nun eine Strategie, die die Ansprüche Kosten, Qualität, Zeit und Persönlichkeitsentfaltung der Mitarbeiter vereinbart, konkret gestaltet werden? Zunächst wird in den vier Themen nach konkreten strategischen Ansatzpunkten gesucht, um danach zu untersuchen, wie komplementär bzw. konfliktär die einzelnen Ansatzpunkte sind, und wie mögliche Zielkonflikte überwunden werden können.

2.4.3.1. Kostensenkung

Hauptkostentreiber für Großbanken sind vor allem die Personalkosten, die Kosten für die Aufrechterhaltung des umfangreichen Filialnetzes (vgl. Abbildung 9) und die in der letzten Zeit geradezu "explodierenden" (Schmalenbach-Gesellschaft, 1992, S. 118) Kosten für die immer komplexeren EDV-Lösungen aufgrund zunehmender Produktvielfalt, gesetzlicher und steuerlicher Regelungen und nicht zuletzt der Notwendigkeit, Modernisierungen der EDV mit älteren Lösungen kompatibel zu halten (vgl. Kober/Ruhsert, 1992, S. 5).

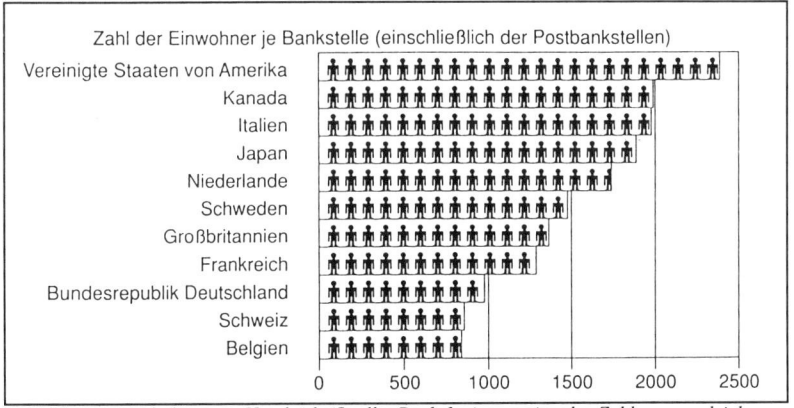

Abbildung 9: Filialnetze im Vergleich (Quelle: Bank für internationalen Zahlungsausgleich, Basel; Stand 1987; entnommen aus: Schmalenbach-Gesellschaft, 1992)

Wichtige Ansatzpunkte, die Kostenposition dauerhaft zu verbessern, können vor diesem Hintergrund sein:

- Die im Bankbereich immer noch sehr hohe Personalintensität muß verringert werden, indem die bereits begonnene *Automatisierung* weiter ausgedehnt wird.

Dabei werden nicht nur Bearbeitungsvorgänge automatisiert, sondern auch Vertriebsaufgaben, etwa in Form von Automatenzweigstellen, Electronic Banking oder Telephonbanking (vgl. z.B. Müller/Pauly, 1991, S. 39).

- Die mit der Automatisierung weiter steigenden EDV-Kosten erfordern wirksame Schritte, die Komplexität der EDV-Architekturen und Lösungen deutlich zu verringern. Ein entscheidender Schritt in diese Richtung besteht in einer weitgehenden *Standardisierung von Abläufen und* damit letztlich auch von *Produkten*. Um dabei dennoch den heterogenen Kundenbedürfnissen hinreichend angepaßte Lösungen bieten zu können, muß eine Standardisierung nach einer Art "Baukastensystem" angestrebt werden, in der Variationen auf möglichst späte Wertschöpfungsstufen verlagert werden. Hierzu ist insbesondere eine Umgestaltung der EDV-Architekturen notwendig (vgl. Penzel, 1991 und 1992).

- Schließlich wird auch eine spürbare *Ausdünnung des Filialnetzes* notwendig werden, ohne dabei allerdings die Erreichbarkeit für die Kunden zu sehr zu beeinträchtigen. Insofern wird eine Ausdünnung selektiv vorzunehmen sein und durch das Angebot alternativer Vertriebskanäle begleitet werden. Telephonbanking, BTX (bzw. ein leistungsfähigeres Nachfolgesystem), Direct Mailing, Vertreter und Automaten sind Beispiele für neue und kostengünstigere Vertriebswege, die für die Kunden bei wenig beratungsintensiven Leistungen sogar eine erheblich bessere Erreichbarkeit (24 Stunden-Bereitschaft) ermöglichen als Zweigstellen mit doch überaus kurzen Öffnungszeiten (vgl. Schmalenbach-Gesellschaft, 1992, S. 83 und Zitzelsberger, 1993, S. 67).

2.4.3.2. Qualitätsverbesserung

Wenn es darum geht, die Qualität einer Bank aus Kundensicht zu beurteilen, dürften vor allem folgende Themen eine besondere Rolle spielen (vgl. zum folgenden z.B. Schmidt, 1992, Klee, 1991, S. 386 und Reimann, 1991, S. 64).

- Die Bankleistungen sollten möglichst gut auf die spezifischen Bedürfnisse der einzelnen Kunden abgestimmt sein. Dies ist von Standardprodukten eher nicht zu erwarten.

- Die Bank sollte die finanzielle Ausgangslage des jeweiligen Kunden gut verstehen und ihn in der Auswahl der Leistungen kompetent und fair beraten.
- Schließlich sollte die Dienstleistung im Rahmen eines umfassenden Service erbracht werden. Zu Service sind sicherlich Erreichbarkeit und nicht zuletzt auch Freundlichkeit zu zählen.

Ansatzpunkte, zu einer substantiellen Verbesserung der Qualität zu kommen, sind in folgenden Feldern zu suchen:

- Das *Leistungsangebot* der Banken muß besser *auf die Bedürfnisse der Kunden abgestimmt* werden, womit eine gewisse Variantenvielfalt der angebotenen Produkte notwendig ist.
- Das *Personal* muß *weiter qualifiziert* werden, in bezug auf die Bereitstellung und Pflege komplexer Produkte und Technologien, in bezug auf die Fähigkeit, für Kunden durch kompetente Beratung Problemlösungen zu erarbeiten und nicht einfach Bankprodukte anzubieten und auch in bezug auf die Bereitschaft, sich um freundlichen Service zu bemühen.
- Die *technische Unterstützung* muß weiter verbessert werden, um durch intelligente Lösungen Produkte auf individuelle Bedürfnisse zuzuschneiden und Informationen für Beratungsfragen leichter zugänglich zu machen.

2.4.3.3. Zeit/Beschleunigung

Die Notwendigkeit zu einer Beschleunigung ergibt sich zum einen aus der steigenden Innovationsgeschwindigkeit nicht nur bei Bankprodukten, sondern auch bei der Veränderung der Branchenstrukturen und zum anderen aus der steigenden Macht der Kunden, die lange Bearbeitungszeiten immer weniger hinnehmen müssen. Insofern sind zwei Felder für die Beschleunigung relevant (vgl. z.B. Hungenberg, 1992, S. 344):

- Banken müssen Markttrends schneller erkennen und auf diese reagieren können. Dies erfordert eine *höhere Flexibilität und Geschwindigkeit im Bereich der eher strategischen Planungen und Entscheidungen.*
- Banken müssen für ihre Kunden schneller Lösungen bieten, und damit die *Zeiten* für die Bearbeitung von Vorgängen *im operativen Bereich* spürbar senken.

2.4.3.4. Persönlichkeitsentfaltung der Mitarbeiter

Wenn sich die Werthaltungen der tatsächlichen und potentiellen Mitarbeiter so verändern, daß sie nach mehr Autonomie streben und von ihrem Arbeitgeber erwarten, nicht länger nur materielle Ziele zu verfolgen, ergibt sich für Banken das Problem, daß die Mitarbeiter in Zukunft immer weniger bereit sein werden, traditionelle Aufgaben in Banken mit genügend Engagement zu erfüllen. Als mögliche Strategien, dieses Problem zu handhaben kommen vier Optionen in Betracht:

- Es kann versucht werden, dem allgemeinen Wertewandel zu entgehen, indem konsequent nur Mitarbeiter ausgewählt werden, die traditionellen Organisationsstrukturen entsprechen. Diese Politik kann durch Sozialisierungsmaßnahmen und durch Freistellung von "modernistisch" eingestellten Mitarbeitern unterstützt werden. Ob ein solches Ausschließen gesellschaftlicher Trends auf Dauer durchzuhalten ist, erscheint allerdings mehr als fraglich, denn zum einen dürften solche "traditionellen" Mitarbeiter kaum in ausreichender Menge zu beschaffen sein und zum anderen dürften sich solche Mitarbeiter immer mehr von den Kunden der Bank entfremden, die auch einen Wandel in ihren Werthaltungen mitmachen.

- Eine zweite Strategie besteht darin, fehlende Identifikation mit der Aufgabe durch Zwang zu substituieren. In diesem Falle müßte die Bank ihre Mitarbeiter detailliert kontrollieren und Fehlverhalten streng bestrafen. Diese Strategie ist kaum realistisch, da es in Banken einen hohen Anteil an administrativen Aufgaben und an Beratungsaufgaben gibt, die immer unkontrollierbare Freiräume enthalten. Außerdem läßt sich mit Zwang höchstens eine Art "Dienst nach Vorschrift" herbeiführen, wenn es aber um Dinge wie Qualität und Verbesserung geht, sind Initiative und Engagement der Mitarbeiter gefragt.

- Eine wichtige Strategie besteht sicherlich darin, umfassender als bisher Anreizsysteme zu schaffen, die die Mitarbeiter für "organisationsgerechtes" Verhalten belohnen. Diese Strategie ist jedoch dadurch beschränkt, daß sich Belohnungen auf eine bestimmte, möglichst objektive Bemessungsgrundlage beziehen müssen. Die Mitarbeiter werden ihre Arbeit so einstellen, daß sie die Bemessungsgrundlage, nicht ihren Beitrag zur Organisation optimieren.

Dadurch sind grobe Fehlsteuerungen geradezu vorprogrammiert, da der Beitrag vieler Aufgaben zu den Gesamtzielen der Organisation nur unzureichend bestimmbar ist, und typischerweise nur quantitative, nicht aber qualitative Beiträge belohnt werden.

- Letztlich werden Banken nicht umhin kommen, die Strukturen ihrer Organisation so zu verändern, daß sie besser den Werthaltungen ihrer Mitarbeiter entsprechen. Konkret heißt dies vor allem, daß sie zum einen dem einzelnen Mitarbeiter mehr Entscheidungs- und Tätigkeitsspielräume bei der Erfüllung seiner Aufgabe einräumen, um so den gestiegenen Ansprüchen an Autonomie gerecht zu werden, und zum anderen ihren Mitarbeitern mehr Partizipationsmöglichkeiten anbieten, um zumindest "im Kleinen" des täglichen Geschäftes nicht nur materielle Ziele, sondern auch Ziele zu verfolgen, die den Mitarbeitern am Herzen liegen.

2.4.3.5. Vereinbarung der vier Ansprüche

Entscheidend für die Konsistenz der strategischen Ansätze ist, ob es gelingt, die vier Ansprüche Kosten, Qualität, Zeit und Persönlichkeitsentfaltung der Mitarbeiter tatsächlich zu vereinbaren. Betrachtet man die konkreten strategischen Ansätze, lassen sich eindeutige Zielkonflikte ausmachen:

- Die Forderung nach Standardisierung von Abläufen und Produkten steht im Widerspruch zur Forderung, den Bedürfnissen der Kunden besser gerecht zu werden, da Standardprodukte nur in grober Weise aggregierte Kundenbedürfnisse berücksichtigen können.

- Die Standardisierung könnte auch die Flexibilität behindern. Denn wenn es etwa darum geht, schnell mit neuen Produkten am Markt präsent zu sein, könnte die Einpassung in ein vorgegebenes Standardsystem schwierig werden und die Entwicklungszeit verlängern. Ein offen konzipiertes Baukastensystem kann aber die Erstellung neuer Varianten sehr verkürzen.

- Die Qualifizierung des Personals wird sich in höheren Kosten niederschlagen, wenn es nicht gelingt, das qualifiziertere und damit teurere Personal intensiver zu nutzen.

- Zusätzliche Freiräume für Mitarbeiter dürfen schließlich nicht bedeuten, diesen eine Art Freibrief zu geben, um kostenintensive Zusatzleistungen der Organisation an die Mitarbeiter einzurichten. Vielmehr muß es gelingen, einen organisatorischen Rahmen zu finden, in dem die Mitarbeiter in ihrer eigentlichen Aufgabe einen Sinn erkennen und Freiräume (zumindest auch) für die Verbesserung ihrer eigenen Aufgabenerfüllung nutzen.

Die Handhabung dieser Zielkonflikte ist zum Teil eine organisatorische Aufgabe, der im folgenden nachzugehen sein wird. Es ist jedoch im Schritt vorher ein Ansatz bereits auf strategischer Ebene angezeigt, der einige Zielkonflikte bearbeitet:

Um gleichzeitig eine Standardisierung und eine Ausdünnung des Filialnetzes auf der einen Seite und eine individuelle Kundenberatung und "maßgeschneiderte" Bankleistungen auf der anderen Seite zu bieten, ist es sinnvoll, selektiv vorzugehen. Diese Selektion wiederum sollte auf einer Segmentierung der Kunden nach ihrem Potential zur Gewinnerzielung geschehen. Grundlage der oben angesprochenen Strategieansätze sollte also eine klare Abgrenzung von Kundengruppen sein, die dann unterschiedlich mit mehr oder weniger standardisierten Produkten und in angepaßten Vertriebswegen bedient werden. Ein Beispiel für eine kundengruppenorientierte Restrukturierung des Filialnetzes zeigt Abbildung 10.

	Basiskunden	gehobene Privatkunden	Firmenkunden
Kopfstelle	--> Schnellservice --> automatische Abwicklung	--> Schnellservice --> automatische Abwicklung --> Privatschalter	--> Firmenkundenbetreuung
Filiale	--> Schnellservice --> automatische Abwicklung	--> Schnellservice --> automatische Abwicklung --> Privatschalter	
Zweigstelle	--> Schnellservice --> automatische Abwicklung		
automatische Zweigstelle	--> automatische Abwicklung		

Abbildung 10: Leistungsspektrum im Filialnetz

2.4.4. Zusammenfassung der Strategieansätze zu grundsätzlichen Anforderungen

Um Verbesserungen im Sinne des "magischen Vierecks" zu erreichen, soll eine Anforderungsliste zusammengestellt werden. An diesen strategischen Anforderungen werden (in ihrer organisationsbezogenen Konkretisierung; siehe 2.5.) die im folgenden zu diskutierenden Organisationsansätze zu messen sein. Insgesamt soll folgender Anforderungskatalog an die Organisation einer Großbank im Jahre 2001 festgehalten werden:

(1) Klare Kundensegmentierung und -abgrenzung. Darauf aufbauend müssen Strategien erarbeitet werden, die die Stärken und Schwächen der jeweiligen Bank berücksichtigen.

(2) Eine zielgruppen- und bedürfnisadäquate Standardisierung der Produkte muß konsequent durchgeführt werden. Die Produktportfolii sind so zu bereinigen, daß mit wenigen standardisierten Produkten sehr viele Bedürfnisse bei den Kunden abgedeckt werden können.

(3) Standardisierung und Automation der Abläufe, um die Rationalisierungseffekte der Produktstandardisierung konsequent zu nutzen.

(4) Erhöhung der Flexibilität und Reaktionsgeschwindigkeit sowohl in der Strategie als auch im Doing (= in der Steuerung und der Umsetzung), unterstützt durch effiziente Systeme.

(5) Abbau der Überkapazitäten im Filialnetz und Restrukturierung des Filialnetzes, sowie Ausnutzung alternativer Vertriebswege, z.B. Telephonbanking.

(6) Berücksichtigung der Werthaltungen der Mitarbeiter auch in den Aufgaben, die sie zu erledigen haben.

2.5. Organisationstheoretische Konkretisierung der strategischen Anforderungen

Um zu einem Denkmodell einer Bankorganisation im Jahre 2001 zu gelangen, gilt es nun, die strategischen Anforderungen, die aus dem Szenario ermittelt wurden, in organisationsbezogenen Anforderungen zu konkretisieren. Diese organisationsbezogenen Anforderungen bilden dann sozusagen das "Lastenheft" für die Suche nach geeigneten Strukturen einer "Bank von morgen" in den Kapiteln 3 bis 6.

2.5.1. Ableitung von organisationsbezogenen Anforderungen

Die sechs Anforderungen aus 2.4.4. sollen nun unter Beibehaltung der Reihenfolge auf organisatorisch relevante Elemente hin untersucht werden:

(1)   Kundengruppenorientierte Aufbauorganisation

Im ersten Zugriff ist diese Anforderung eher im Marketingbereich anzusiedeln. Das heißt jedoch nicht, daß die Kundensegmentierung nicht organisatorisch durchschlägt. Segmentierung ist ja zunächst ein gedanklicher Planungsvorgang. Wenn dieses "Gedankending" tatsächlich relevant werden soll, so muß sich die Segmentierung in den Designs der Produkte und den übrigen marktlichen Aktivitäten der Bank äußern. Das heißt in diesem Falle aber letztlich nichts anderes, als die Aktivitäten der Bank kundengruppenbezogen zu bündeln. Organisatorisch ist daher zu fordern, daß die Aufbauorganisation die Struktur der Marktsegmente soweit abbildet, daß die Bank *differenziert nach Kundengruppen* (also jeweils spezifisch in anderer Weise) handeln kann.

(2)   Produktbereinigung und Standardisierung

Auch diese Anforderung ist nur indirekt organisatorisch relevant. Um die durch die Standardisierung erhofften Rationalisierungseffekte zu erreichen, sind drei Aspekte organisatorisch zu beachten:

- Der Prozeß der Produktbereinigung muß so gestaltet werden, daß aus dem vorhandenen Produktspektrum diejenigen Produkte entfernt werden, die keine spezifischen Bedürfnisse befriedigen und durch andere ähnliche Produkte substituiert werden können.

- Der *Prozeß der Standardisierung* ist organisatorisch so zu gestalten, daß das Wissen über die Bedürfnisse der jeweiligen Kundengruppen in die Auswahl der Produkteigenschaften einfließt und konsequent auf eine kostengünstige und qualitativ gute "Produzierbarkeit" der Bankleistungen geachtet wird. Dabei endet der Prozeß erst, wenn auch geklärt ist, wie die Rationalisierungseffekte aufbauorganisatorisch umzusetzen sind. Das impliziert also, daß Beharrungstendenzen, kontraproduktive Traditionen sowie Widerstände überwunden werden müssen.

- Ist die Standardisierung erst einmal umgesetzt, ist damit die Frage erfahrungsgemäß nicht "erledigt". Durch die sich im Zeitablauf wandelnden Bedürfnisse werden immer wieder neue Produkte zu entwickeln sein, so daß die Standardisierung langsam aber sicher wieder "aufgeweicht" wird, und mit der Vielfalt wieder die Gefahr eines "Wildwuchses" überlappender und redundanter Produkte entsteht. Um dem entgegenzuwirken, muß die Organisation eine oder mehrere *Institutionen* bereitstellen, die laufend die *Produktportfolii* auf obsolete Produkte, sinnvolle Produktzusammenlegungen und Lücken im Produktprogramm *untersuchen* und diese Standardisierungen dann auch durchsetzen.

(3) Standardisierung der Abläufe

Hier gelten im Prinzip die gleichen drei Aspekte wie bei der Produktstandardisierung. Hinzu kommt jedoch noch ein wichtiger vierter Aspekt: Die Gefahr eines "Wildwuchses" von Abläufen läßt sich nicht nur durch konsequente Überwachung (die allein schon durch den technischen Fortschritt ihre Notwendigkeit erhält) bekämpfen, sondern vor allem durch ein intelligentes Design der Ablauforganisation. Wenn es gelingt, die Standardabläufe so flexibel und offen zu gestalten, daß potentielle neue Produkte in der bestehenden Ablauforganisation abgewickelt werden können, entsteht die Notwendigkeit, zusätzliche Abläufe zu installieren erst gar nicht. Zusätzlich erlaubt die offene Gestaltung von Abläufen eine höhere Flexibilität, auf die nun einzugehen ist.

Durch die Standardisierung müssen die lediglich potentiellen Einsparungseffekte auch durch Kapazitätsabbau, Zusammenlegungen von Funktionen und andere Umstrukturierungen realisiert werden. Diese *Rationalisierungen* beziehen sich dabei prinzipiell auf alle Bereiche der *Aufbauorganisation*; besondere Kandidaten sind dabei der Vertrieb, die Produktentwicklung und die produktbezogene Filialbetreuung.

(4) Erhöhung der Flexibilität und Geschwindigkeit

Organisatorisch von besonderer Bedeutung ist hier die Forderung nach hoher Geschwindigkeit im Doing. Das bedeutet, daß in der Organisation

- frühzeitig Informationen aufgenommen und weitergeleitet werden,
- schnell (und das heißt konsequenterweise auch in relativ autonomen Einheiten) Entscheidungen getroffen werden und
- die Implementierungsprozesse (Entwicklungszeiten, Änderungen der technischen Ausstattung, Ablaufumstellungen, Mitarbeiterschulungen und Personalveränderungen) beschleunigt werden.

(5) Restrukturierung des Vertriebs

Dies ist eindeutig eine organisatorische Anforderung, die allerdings detailliert erst zu beantworten ist, wenn geklärt ist, wie genau die Kundensegmente abgegrenzt werden und welche Bedürfnisstrukturen die jeweiligen Vertriebe zu bedienen haben. Im Vorhinein läßt sich allerdings bereits mit hoher Wahrscheinlichkeit festhalten, daß Banken vom nahezu ausschließlichen Filialvertrieb zu einer gewissen Vielfalt ihrer Vertriebswege kommen müssen. Organisatorisch heißt das vor allem, daß das *Koordinationssystem* der Bank verschiedene und sicherlich auch in Teilbereichen konkurrierende Vertriebsorganisationen handhaben muß.

(6) Berücksichtigen der Werthaltungen der Mitarbeiter

Aufgrund der steigenden Macht der Mitarbeiter, höherer Ansprüche an die Arbeitsinhalte und der sinkenden Identifikationsbereitschaft muß die Organisationsgestaltung vor allem drei Dinge leisten:

- Die Aufgaben sollten so strukturiert werden, daß sie als ganzheitlich und sinnvoll vom einzelnen Mitarbeiter erkannt werden,
- damit zusammenhängend kommt es darauf an, Freiräume für eigenverantwortliche Entscheidungen im jeweiligen Arbeitsbereich zu schaffen und
- es müssen Foren geschaffen werden, die es den Mitarbeitern ermöglichen, in authentischer Weise ihre Bedürfnisse und Werte in die Gestaltung der Unternehmensziele und der Aufgaben einzubringen.

Damit ist das "Lastenheft für die Bank von morgen" geschrieben. Die unterschiedlichen und damit potentiell konfligierenden Anforderungen machen es dabei nicht leicht, alle Vorgaben hinreichend zu erfüllen. Es wird nötig sein, bisher invariante "trade offs" zwischen Anforderungen zumindest teilweise zu brechen (vgl. Kirsch,

1992, S. 345f unter Bezugnahme auf Galtung, 1978) und bisher unvereinbare Anforderungen vereinbar zu machen.

2.5.2. Wo vielversprechende Ansätze für die Bankstrukturierung zu suchen sind

Versucht man, die sechs Anforderungen an die Bankorganisation zusammenzufassen, lassen sich drei Schwerpunkte gruppieren, die auf Felder der neueren Organisationstheorie hinweisen, in denen nach vielversprechenden Strukturierungsmöglichkeiten für Banken der Zukunft gesucht werden kann.

(1) Der erste Schwerpunkt läßt sich bilden aus den eigentlich unvereinbaren Anforderungen der kundengruppenbezogenen Differenzierung bei gleichzeitiger Kostenstrategie durch Standardisierung - und das ganze auch noch in flexibel-schneller Version.

Diese überaus "hybride" Strategie wird in der ebenfalls hybrid ausgerichteten Automobilindustrie durch das Organisationskonzept einer "Lean Production" bzw. eines "Lean Management" erstaunlich erfolgreich umgesetzt. Es erscheint deshalb lohnend, dieses durch die geschickte Kombination verschiedener Elemente sehr komplexe Konzept auf seine Übertragbarkeit auf die Dienstleistungsorganisation "Bank" zu prüfen.

(2) Das zweite Schwerpunktfeld kann in der Kombination der Forderungen nach kundengruppenorientierten, autonomen und flexiblen Einheiten mit verschiedenen Vertriebsformen sowie mit vergrößerten Freiräumen für Mitarbeiter gesehen werden. Es geht also um die Koordination heterogener und teilkonkurrenter Einheiten, mit der die traditionelle, zentral geplante und verwaltete Hierarchie überfordert wäre, weil sie mit Koordinationskomplexität überlastet würde.

Diese "Führungslücke" müssen zum einen die Mitarbeiter durch eigenverantwortliches Handeln schließen, zum anderen muß eine Koordinationsform gefunden werden, die die heterogenen und teilkonkurrierenden Aktivitäten zu einer Art "Gesamtwohlfahrt" für das Unternehmen zusammenführt, ohne einen riesigen Planungs- und Abstimmungsaufwand zu verursachen. Ein vielversprechender Ansatz dazu dürfte im ersten Schritt die Übertragung marktnaher Organisationsformen auf die Bank und im zweiten Schritt die

Übertragung marktlicher und marktähnlicher Koordinationsformen in das Innere des Systems "Bank" sein. Als "marktnahe" Organisationsform kann besonders die das Konzept einer divisionalisierten Unternehmung gelten, bei marktähnlichen Strukturen geraten vor allem Verrechnungspreise in den Blick, über die allerdings in dieser Arbeit hinausgegangen werden soll.

(3) Eigentlich alle sechs Anforderungen finden sich in dem dritten Schwerpunkt wieder. Denn es ist in allen Themen deutlich geworden, daß es nicht um ein einmaliges Einführen neuer Strukturen geht, die dann "eingefroren" (Lewin, 1963) werden, sondern daß aufgrund einer sich wandelnden Umwelt auch eine organisationsinterne Dynamik initiiert und bewußt gesteuert werden soll. Man denke dabei etwa an die Überwachung der Standardisierung, die Prozesse, die durch Mitarbeiterpartizipation ausgelöst werden, und natürlich die Erhöhung der Reaktionsgeschwindigkeit.

Diese Dynamik verweist von bisher eher statischen Bankorganisationsformen auf dynamische, wandelbare und prozeßorientierte Organisationen. Ein prominenter und aktuell wieder stark diskutierter Ansatz zu dynamischen Strukturen ist die Projektorganisation im weitesten Sinne.

Damit sind drei (oder eigentlich vier, wenn man marktnahe und marktähnliche Strukturen trennt) vielversprechende Felder abgesteckt, von denen Impulse ausgehen können auf dem Weg zu einer Bankorganisation, die den weitgesteckten und teilweise widersprüchlichen Anforderungen gleichzeitig gerecht wird.

2.5.2. Weiteres Vorgehen

In diesem Kapitel wurde versucht, ein realistisches Szenario einer Bank im Bankenmarkt in Europa und insbesondere in Deutschland für das nächste Jahrzehnt aufzuzeigen. Darauf aufbauend sind Anforderungen definiert worden, die sich an Banken stellen, wenn sie im Wettbewerb erfolgreich bestehen wollen. In den folgenden Kapiteln sollen Lösungsansätze für adäquate Organisationsstrukturen erarbeitet werden, die einen Beitrag zur Erfüllung der gestellten Anforderungen leisten sollen.

Aus der Vielzahl organisationstheoretischer Ansätze werden vier Konzepte ausgewählt, die vor allem unter dem Aspekt der Umsetzbarkeit in die Praxis vielversprechend und realisierbar erscheinen: Marktnahe Strukturen in einer Bank

(Kapitel 3), Anwendbarkeit von Projektorganisation (Kapitel 4), marktähnliche Strukturen im Unternehmen (Kapitel 5) und Lean Management (Kapitel 6).

Die Reihenfolge der Ansätze ergibt sich zum einen aus dem "Neuigkeitswert" der Ansätze. Zum anderen sind sie nach aufbau- und eher ablauforganisatorischer Ausrichtung gegliedert. Der einzige "rein" aufbauorganisatorische Ansatz ist "marktnahe Strukturen". Er stellt die Grundorganisation oder Grundstruktur dar, auf der alles weiter aufbaut. Projektorganisation weist noch einige aufbauorganisatorische Elemente auf, ist jedoch schon stark ablauforganisatorisch ausgerichtet. Die beiden im Anschluß zu diskutierenden Konzepte sind fast ausschließlich ablauforganisatorischer Natur und mit hohem Neuigkeitswert für Banken behaftet.

Der weitere Aufbau der Arbeit wird noch einmal in Abbildung 11 illustriert.

```
                    ┌─────────────────┐
                    │ Anforderungen   │
                    │    aus dem      │
                    │    Szenario     │
                    └─────────────────┘
                   /        |        \
┌──────────────┐ ┌──────────────┐ ┌──────────────┐ ┌──────────────┐
│ 3. Marktnahe │ │ 4. Projekt-  │ │5. Marktähnliche│ │ 6. Lean     │
│  Strukturen  │ │ organisation │ │  Strukturen  │ │  Management  │
└──────────────┘ └──────────────┘ └──────────────┘ └──────────────┘
                   \        |        /
                  ┌──────────────────────┐
                  │Denkmodell der Bank 2001│
                  └──────────────────────┘
```

Abbildung 11: Weiterer Aufbau der Arbeit

3. MARKTNAHE ORGANISATIONSSTRUKTUREN: DIVISIONALISIERUNG

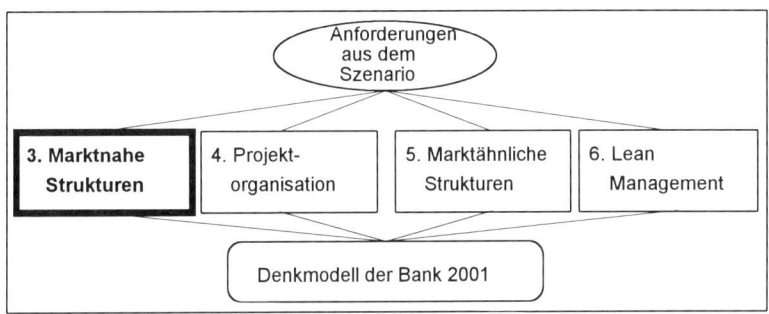

```
         ┌─────────────────┐
         │  Anforderungen  │
         │     aus dem     │
         │    Szenario     │
         └─────────────────┘
         /        |    |    \
┌──────────┐ ┌──────────┐ ┌──────────────┐ ┌──────────┐
│3. Marktnahe│ │4. Projekt-│ │5. Marktähnliche│ │6. Lean   │
│ Strukturen │ │organisation│ │  Strukturen   │ │Management│
└──────────┘ └──────────┘ └──────────────┘ └──────────┘

            ┌───────────────────────────┐
            │ Denkmodell der Bank 2001  │
            └───────────────────────────┘
```

Abbildung 12: Aktueller Stand im Aufbau der Arbeit: Kapitel 3

Unter marktnahen Strukturen wird in etwa folgendes verstanden: Teile eines Unternehmens agieren (in Form von Divisionen) weitgehend selbständig am Markt. Diese Teile sind flexibler als es das Gesamtunternehmen ist, da sie auf Schlagkräftigkeit und Durchsetzungsfähigkeit im Wettbewerb gerichtet sind. Grundlegend für die Verwirklichung marktnah ausgerichteter Einheiten ist die Strukturierung der Gesamtbank nach dem Objektprinzip (vgl. Kieser/Kubicek, 1983, S. 94). Durch diese Objektorientierung entstehen relativ selbständige Banken in der Bank, die relativ autonom unternehmerische Entscheidungen treffen können (vgl. Picot, 1990b, S. 153) und die durch ihre überschaubare Größe eine motivationsfördernde Wirkung erzielen können (vgl. Schwarm, 1989, S. 51). Dieser objektorientierte Strukturtyp mit mehreren relativ autonom agierenden Bereichen wird auch als divisionale Organisation, Sparten- oder Geschäftsbereichsorganisation bezeichnet (vgl. Kieser/Kubicek, 1983, S. 94).

Im folgenden wird untersucht, welche positiven Auswirkungen die Verankerung marktnaher Strukturen als Grundstruktur in einer Bank haben kann, wenn man den Maßstab der oben definierten Anforderungen anlegt (3.5.). Dazu werden zunächst potentielle Vorteile eingehend erläutert (3.1.) sowie Voraussetzungen und Strukturvorschläge (3.2.). Im Anschluß daran werden Probleme der Divisionalisierung diskutiert (3.3.). In Punkt 3.4. werden Anwendungskandidaten und Anwendbarkeit für die Bank untersucht.

3.1. Vorteile marktnaher Strukturen im Unternehmen

3.1.1. Höhere Reaktionsfähigkeit auf dynamische Umwelten

Kleinere Einheiten können im Vergleich zu großen schneller reagieren: Die Informationsaufnahme kann schneller erfolgen, denn die Informationen sind vor Ort leichter und in spezifischer Form verfügbar und müssen nicht erst an die Zentrale weitergeleitet, dort verarbeitet und dann wieder an die betreffende Einheit zurückgegeben werden (vgl. Hungenberg, 1992). Die Information kann schneller verarbeitet werden, da die Kommunikationswege kürzer sind, weniger Instanzen an der Meinungsbildung teilnehmen und weniger Stellen von Änderungen durch Entscheidungen betroffen sind (vgl. Frese, 1988, S. 541). Aufgrund dieser "kleineren Massenträgheit" können Entscheidungen schneller getroffen und vor allem auch umgesetzt werden.

3.1.2. Bessere Komplexitätsverarbeitung

Die einzelne Einheit ist auf einen kleineren Marktausschnitt ausgerichtet als die Gesamtunternehmung. Weniger Komplexität muß daher verarbeitet werden[16]. Daraus ergeben zwei Vorteile. Zum einen kann schneller reagiert werden, zum anderen dürfte die Fehlerwahrscheinlichkeit dadurch verringert werden. Dennoch kann die Gesamtheit der Einheiten genausoviel, wenn nicht mehr Komplexität verarbeiten als eine Einheitsunternehmung. Die einzelne Einheit verarbeitet zwar nur einen Teilausschnitt des Marktgeschehens und damit weniger Komplexität, aber alle Einheiten zusammen decken den Gesamtmarkt ab. Die einzelnen Einheiten können den jeweiligen Teilausschnitt wahrscheinlich gründlicher bearbeiten als es eine zentralistische Unternehmung könnte (vgl. Frese, 1993, S. 1004).

---

[16] Frese weist darauf hin, daß in vielen Großunternehmen vor allem deshalb zur Divisionalisierung übergegangen wurde, weil die Komplexität im Unternehmen so weit angewachsen war, daß sie in der traditionellen Struktur nicht mehr zu handhaben war (vgl. Frese, 1988, S. 519ff und Frese, 1993).

Zusätzlich filtern die Einheiten die Marktkomplexität für die Zentrale. Das komplexe Marktgeschehen wird zum Beispiel in Rentabilitätskennzahlen[17] verdichtet. Die Zentrale muß dann ein geringeres Maß an Komplexität handhaben. Gleichzeitig können allerdings der Zentrale durch die Filterung relevante Informationen verloren gehen.

Voraussetzung für bessere Komplexitätsverarbeitung ist deshalb, daß die Zuständigkeiten der Einheiten für Teilmärkte sinnvoll verteilt werden, um zum Beispiel zu große Doppelarbeit oder das Gegenteil, nämlich ein Ausblenden wichtiger Bereiche, zu vermeiden.

3.1.3. Kundennähe

In Großorganisationen können den Kunden nur schwer persönliche und maßgeschneiderte Lösungen angeboten werden, da die Anzahl von zu betreuenden Kunden zu groß ist. Durch Aufteilen in kleinere Einheiten, werden in den Einheiten jeweils relativ wenige Kunden betreut (vgl. Frese, 1988, S. 527)[18].

Neben der eher "persönlichen" Nähe zum Kunden sollte sich Kundennähe auch in der Organisationsstruktur äußern. Durch die Aufteilung der Organisation in verschiedene Einheiten, können in Abhängigkeit von der Struktur der jeweiligen Marktsegmente verschiedene, jeweils adäquate Organisationsstrukturen gleichzeitig innerhalb einer Unternehmung realisiert werden (vgl. Anesini, 1991 oder Bleicher, 1992).

3.1.4. Rationalisierung durch Divisionalisierung

Je unübersichtlicher Großorganisationen werden, desto wichtiger werden formale Regelungen, die im Einzelfall häufig eher einen Prozeß verhindern als ihn beschleunigen. Der geforderte Nachweis zur Erfüllung der Regelung, den eine ent-

---

17) Dies geschieht etwa bei einer "Finanzholding". Allerdings gehen durch Kennzahlenbildung wertvolle Informationen verloren. Insofern sind Kennzahlen unter Umständen nur begrenzt aussagefähig. Zur Problematik von Kennzahlen vgl. Perridon/Steiner, 1980, S. 260ff.

18) Wobei relativ wenige Kunden nicht als Anzahl der Kunden zu verstehen ist, sondern vielmehr als Kunden mit homogenen Bedürfnissen. Dadurch, daß der einzelne Mitarbeiter sich auf relativ homogene Kunden einstellen kann beziehungsweise muß, hat er die Chance, mehr Know-how aufzubauen.

sprechende Aktivität erfordert, bedeutet zusätzlichen Aufwand und meist Papierflut. In vielen Fällen ist beobachtbar, daß sich die Beschäftigung mit den formalen Regelungen verselbständigt (vgl. Parkinson, 1959). Daneben können sich in Großorganisationen Bereiche bilden, in denen keine Kontrolle der Effizienz der Arbeit existiert. Mitarbeiter verschwinden quasi im "Dickicht" der Abteilungen.

Durch Aufsplitten einer Großorganisation in kleinere Einheiten können beide Probleme vermindert werden. Starre Regelungen sind in kleinen, überschaubaren Einheiten weniger nötig, um eine Koordination herbeizuführen. Vielmehr können Prozesse unbürokratischer (siehe Frese, 1993, S. 1005) und mit weniger "Papier" gut abgewickelt werden. Zum zweiten kann ein Vorgesetzter seinen Bereich wesentlich einfacher überblicken und kennt seine Mitarbeiter auch besser. Die Mitarbeiter haben weniger die Möglichkeit, sich in der anonymen Masse zu verstecken, und unterliegen einer viel stärkeren Kontrolle durch ihre Kollegen.

3.1.5. Stimulierung der Leistungsmotivation durch innerorganisatorischen Wettbewerb

Durch Aufteilung eines großen Unternehmens in einzelne Divisionen kann der innerorganisatorische Wettbewerb angeregt werden. Alle Divisionen setzen sich Ziele oder vereinbaren mit der Zentrale Ziele. Durch die klare Abgrenzung voneinander und das parallele Verfolgen der jeweiligen Bereichsziele entsteht ein gewisser Wettbewerb unter den Einheiten, um so mehr, je besser die Leistungen der Sparten vergleichbar gemacht werden (vgl. Frese, 1988, S. 522). Dieser Wettbewerb dürfte leistungsstimulierend auf die Verantwortlichen der Divisionen wirken. Allerdings ist zu beachten, daß durch die Konkurrenzsituation die Kooperationsbereitschaft zwischen den Sparten eher vermindert wird.

Durch Bildung von Divisionen und Einräumen von Autonomie für diese Divisionen wird die Möglichkeit reduziert, Verantwortung auf andere Unternehmensbereiche abzuwälzen (vgl. Frese, 1988, S. 550f). Dadurch wird gleichsam ein "automatischer" Kontrolleffekt für die Sparten erzielt, der einen zusätzlichen Leistungsdruck ausübt.

Der Konkurrenzdruck dürfte einen gewissen Zwang zur Leistungssteigerung auf die Betroffenen ausüben und damit die Leistungslücke zunächst eher vergrößern.[19] Auf der anderen Seite sind durch die Divisionalisierung auch zwei Tendenzen zur Steigerung der Leistungsbereitschaft und damit zur Verringerung der Leistungslücke zu erwarten (siehe Frese, 1993, S. 1004):

(1) Durch die Dezentralisierung der Verantwortung (vgl. Frese, 1988, S. 522) wird der Handlungsspielraum der mittleren Führungskräfte erhöht. Angesichts der Ergebnisse zur Wertewandel-Forschung (vgl. z.B. von Rosenstiel/Stengel, 1987 sowie Kapitel 2 dieser Arbeit) wollen eine Vielzahl von Mitarbeitern mehr Verantwortung (vgl. Sprenger, 1992, S. 26). Durch die Dezentralisierung der Verantwortung in der divisionalisierten Unternehmung dürfte sich vor allem die Motivation der Führungskräfte erhöhen, insbesondere die der Spartenleiter.

(2) Durch Aufteilung einer anonymen Großunternehmung in kleine, überschaubare Einheiten, in denen sich die Mitarbeiter eher noch persönlich kennen, dürfte zudem die persönliche Identifikation der Mitarbeiter mit ihrem Bereich erhöht werden. Dies könnte sich auch positiv auf das Gesamtunternehmen auswirken (vgl. Schwarm, 1989, S. 31).

3.1.6. Leichtere Koordination

Divisionalisierung bringt Vorteile in der Koordination der einzelnen Einheiten mit sich. Einer Division sind in der reinen Form der Spartenbildung alle relevanten Bereiche und Funktionen zugeordnet und alle Entscheidungskomponenten, die zur Führung der Divisionen notwendig sind (vgl. Frese, 1988, S. 520). Durch diese klare Zuweisung von Verantwortung und Kompetenzen an die Spartenleitung werden langwierige, komplexe Abstimmungsprozesse vereinfacht und verkürzt. Unklare Kompetenzregelungen und -kreuzungen wie in der Matrix- oder Tensororganisation[20] entfallen.

---

19) Divisionalisierung bedeutet also Erhöhung der Leistungsanforderungen an die Mitarbeiter und gleichzeitig Erhöhung der Leistungsbereitschaft der Mitarbeiter. Offen ist, welche Tendenz sich empirisch stärker auswirkt. Gelingt es nicht, mit der Divisionalisierung genügend Anreize durch Verantwortungsspielräume und Identifikation zu schaffen, wird sich durch diese Strukturvariante die Leistungslücke noch weiter vergrößern.

20) Die Tensororganisation wurde von verschiedenen Banken in den 80er Jahren eingeführt und wieder rückgängig gemacht, z.B. von der Bayerischen Hypotheken- und Wechselbank und

Allerdings bietet Divisionalisierung keine Lösung für spartenübergreifende Probleme an, da hier Abstimmungsprozesse zwischen den Sparten nötig sind, und ähnliche Konflikte auftreten können, wie in der Matrixorganisation, wenn es z.B. darum geht, ob eine Division A oder B die Zuständigkeit für eine bestimmte Kundengruppe erhält bzw. hat.[21]

3.2. Strukturvarianten marktnaher Strukturen

3.2.1. Voraussetzung: Spartenbildung ist sinnvoll

Bevor die Strukturvarianten der Spartenbildung erörtert werden, wird die Frage diskutiert, wann Divisionalisierung überhaupt sinnvoll ist. Zur Beantwortung sollen drei "Check-Punkte" genannt werden:

(1) Das wichtigste Kriterium ist wahrscheinlich, welche Aufgaben sinnvollerweise jeweils zu Sparten gebündelt werden können. Als erstes Kriterium ist die Abgrenzbarkeit gegenüber anderen Sparten zu überprüfen. Wenn zu viele Überschneidungen und Leistungsverflechtungen mit anderen Divisionen bestehen, sind zu viele Interdependenzen bei Entscheidungen zu beachten, so daß die Führung einer Sparte zu sehr erschwert würde (vgl. Frese, 1988, S. 522ff).

(2) Spartenbildung erscheint immer dort sinnvoll, wo das Geschäft so komplex ist, daß nur eine eigenständige Division dieses noch bewältigen kann, da nur so die Sicherung von Fachknow-how auf aktuellem Stand bei verkürzten Reaktionszeiten gewährleistet werden kann (vgl. Hungenberg, 1992, S. 344). Unter Umständen ist in einer Division ein eigener Management-Focus und eine eigene Subkultur zur erfolgreichen Führung nötig. Andererseits kann die Eigenheit eines bestimmten Bereichs auch die Schaffung einer Division bedingen. Als Kriterium für die Bildung einer Sparte kann daher eine

---

von der Bayerischen Vereinsbank. Zur Matrixorganisation und den damit verbundenen Problemen siehe Drumm, 1980.

21) Es kann sein, daß das Koordinationsproblem in der Spartenorganisation nur eine Ebene "tiefer"[21] verlagert wird (vgl. Frese, 1988, S. 520), wobei die Entscheidung, wer in welchem Problemfall "Vorfahrt" hat vom Spartenleiter entschieden werden kann, und damit ein Fortschritt in der Koordination verbunden ist.

(existierende) Subkultur oder die Einzigartigkeit eines Bereiches herangezogen werden.

(3) Ein weiteres Abgrenzungskriterium für die Bildung einer Division ist die Größe einer Einheit. Bei Gliederung nach dem Spartenprinzip entstehen (in der reinen Form) Einheiten, die alle notwendigen Kompetenzen für diese Sparte auf sich vereinen, wobei dadurch unter Umständen bestimmte Funktionen, z.b. für Personalfragen doppelt aufgebaut werden (vgl. Frese, 1988, S. 522). Bei Bildung vieler kleiner Einheiten dürfte die "kritische Masse" für das Vorhalten bestimmter Funktionen in der Division nicht erreicht werden und die Unternehmung tendiert dazu, sich zu verzetteln. Die Konzentration der Kompetenzen in den Divisionen müßte dann durchbrochen und Verantwortung quasi auf Zentralbereiche "rückdelegiert" werden.

Die Installation solcher Zentralbereiche erscheint insofern sinnvoll, als hier Synergieeffekte und Economies of Scale erzielt werden können im Vergleich zur Installation in jeder einzelnen Division. Mit der Ausgliederung von Funktionen in Zentralbereiche wird zugleich eine bereichsübergreifende Sichtweise implementiert (vgl. Frese, 1993, S. 1013). Problematisch kann sich erweisen, daß die Divisionen um die Dienste gemeinsamer Zentralbereiche konkurrieren, sich "das größte Stück vom Kuchen" sichern wollen und dabei ihre Marktaufgabe vernachlässigen.

3.2.2. Strukturvarianten der Divisionenbildung

Für eine Divisionalisierung (bei Banken) eignen sich, vor allem unter dem Aspekt der Steuerung und Kontrollierbarkeit der Einheiten, "(...) vorwiegend relativ gut strukturierte Aufgabenbereiche ohne zu große Veränderlichkeit und mit zugleich hohen Aufgabenvolumina (...)" (Picot, 1990b, S. 153). Es stellt sich also die Frage nach dem Merkmal der Spartenbildung, die so gewählt werden sollte, daß möglichst wenig Überschneidungen und Marktinterdependenzen mit anderen Sparten auftreten (vgl. Frese, 1988, S. 526). Grundsätzlich kommen für eine Bank Produkte, Kundengruppen und Regionen als Kriterien für Spartenbildung in Frage (vgl. Eilenberger, 1987a, S. 367 und Schmalenbach, 1910/1911, S. 365). Zusätzlich werden noch Prozesse als Strukturierungskriterium untersucht.

3.2.2.1. Regionalorientierung

Eine regionale Divisionalisierung erscheint dann sinnvoll, wenn die Märkte, auf denen eine Unternehmung vertreten ist, regional sehr heterogen sind (vgl. Wielens, 1977, S. 55). Diese regionale Verschiedenheit ist jedoch auf dem deutschen Bankenmarkt nicht in dem Maße gegeben, daß sie eine regionale Spartenbildung rechtfertigen würde. Auch aus Gründen des Geschäfts mit anderen Ländern vor allem außerhalb Europas läßt sich eine Gliederung nach Regionen als oberstes Prinzip der Divisionalisierung nicht rechtfertigen. Denn auf dem Bankenmarkt unterscheiden sich die Kundenbedürfnisse weniger regional als vielmehr bedürfnisgesteuert. Insofern sollten sich die Problemlösungen, die eine Bank anzubieten hat, nicht primär an Regionen ausrichten.

Davon unberührt besteht die Notwendigkeit für eine Bank, für einzelne Kundengruppen flächendeckend präsent zu sein. Bestimmte Bankgeschäfte erfordern es, wie die Erfahrung zeigt, daß der Kunde den direkten Kontakt zum Berater oder Betreuer hat. Dies gilt sicherlich vor allem für Teile des Privatkundengeschäfts und auch für das Firmenkundengeschäft. Die davon betroffenen Sparten müssen daher eine regionale Unterstruktur aufweisen. Dies trifft sich mit der Bemerkung von Hill et al. (1989, S. 187), daß eine regionale Gliederung auf der "zweiten" Ebene in der Sparte bei vielen Unternehmen anzutreffen ist. Der Grund hierfür ist weniger darin zu suchen, den Gegebenheiten regionaler Märkte Rechnung zu tragen, als vielmehr in der internen Führbarkeit der Sparten. Durch regionale Gliederung können die jeweiligen Vorgesetzten eher persönlichen Kontakt zu den ausführenden Mitarbeitern und Kunden halten.

Ein weiterer Punkt, der gegen eine regionale Gliederung auf der "obersten Ebene" spricht, ist, daß bei weitem nicht alle Rationalisierungs- und unter Umständen auch Expansionsmöglichkeiten genutzt werden können. Vorteile in der Risikosteuerung sowie bei Geld- und Kapitalmarktgeschäften können nicht ausgeschöpft werden (vgl. Wielens, 1977, S. 55).[22]

---

22) Als Beispiel für die fehlende Leistungsfähigkeit regional ausgerichteter Banken führt Wielens die Sparkassen an, die dieses Problem mit der Bildung von Zentralinstituten, die z.B. den Liquiditätsausgleich übernehmen, zu lösen versuchen (vgl. Wielens, 1977, S. 55f).

Aufgrund der regional eher homogenen Marktgegebenheiten im deutschen Bankenmarkt erscheint eine regionale Strukturierung auf der obersten Ebene nicht das geeignete Kriterium für die Divisionalisierung zu sein.

3.2.2.2. Produktorientierung

Der Gedanke, Produkte als Strukturierungskriterium zu verwenden, stammt aus der Industrie[23] und stellt die "klassische" Form der Spartenbildung dar (vgl. Frese, 1988, S. 522). Eine produktorientierte Divisionalisierung bei Banken verspricht dann besonders hohe Effizienz, wenn die jeweilige Division nicht nur Stabsfunktionen und Produktentwicklung wahrnimmt, sondern vor allem das Marketing (vgl. Wielens, 1977, S. 53), im Prinzip also Aufgaben des Produktmanagements. Nach Balderston (1968) läßt sich die Aufgabe eines Produktmanagers wie folgt beschreiben:

"His responsibility is planning, research and development of new services, revision of existing services and the development of the selling strategy for his services. He also has the responsibility for the implementation of his plans, once approved."

Produktorientierung bietet somit Ansatzpunkte für Marktnähe und Flexibilität. Beim Verkauf steht das Produkt im Vordergrund. Der klassische Produktberater versucht sein Produkt bzw. eines seiner Produkte dem Kunden "schmackhaft zu machen". Produktorientierung kann daher dem Anspruch, dem Kunden "Problemlösungen" (zumindest auf Verlangen) zu bieten, nicht gerecht werden, da immer nur ein bestimmtes Produkt im Fokus steht und nicht der Kunde mit allen seinen diversen Bedürfnissen.

Das Konzept kann für eine Bank nicht voll befriedigen, da es nur wenig kundenorientiert ist und damit eine wichtige Forderung weitgehend außer acht läßt. Wenn spezifisches Produktknow-how und Konzentration aller Aktivitäten, die mit dem Produkt zu tun haben, notwendig sind, ist Produktorientierung das beste Kriterium für Divisionenbildung. Für welche Bereiche dies im Einzelnen der Fall ist, soll bei den Anwendungskandidaten erörtert werden.

---

23) Laut Schigall (1981) wurde das Konzept des Produktmanagements von Procter & Gamble Anfang der 30er Jahre entwickelt.

3.2.2.3. Kundengruppenorientierung

Eine Divisionalisierung der Bank nach Kundengruppen kann nur dann als sinnvoll angesehen werden, wenn sich Kundengruppen deutlich voneinander abgrenzen lassen und innerhalb dieser Kundengruppen relativ homogene Dienstleistungen nachgefragt werden (vgl. Wielens, 1977, S. 49), so daß die Gefahr einer doppelten Vorhaltung oder Kannibalisierung nicht allzu groß ist. Bei einer solchen Strukturierung kann der Kunde bei einer Division alle von ihm üblicherweise gewünschten Bankdienstleistungen beziehen und wird zugleich mit höherer Fachkompetenz durch Spezialisten für diese Kundengruppe bedient.

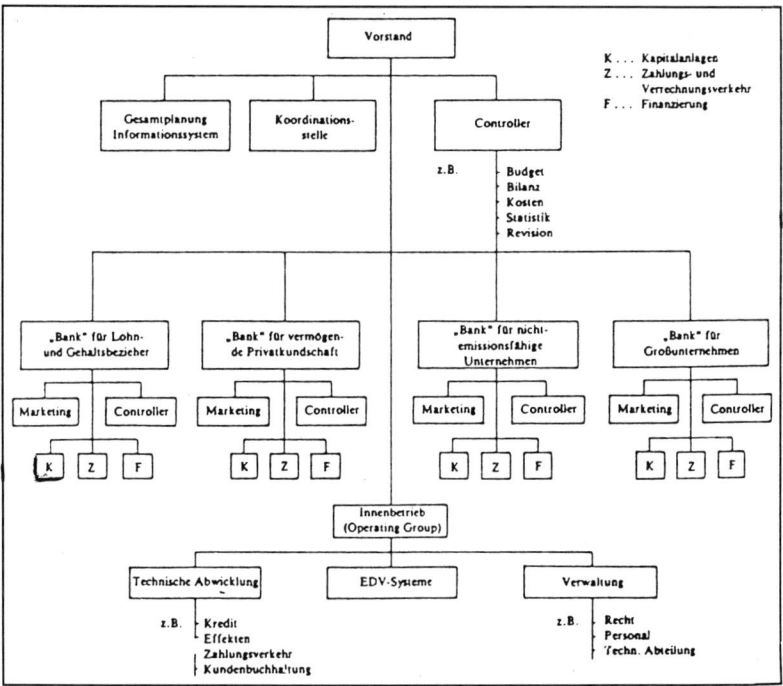

Abbildung 13: Kundengruppenorientierte Bankorganisation (Quelle: Wielens, 1987 S. 71 nach Penzkofer/Täube, 1972, S. 54)

Die Bank hat den Vorteil, innerhalb der Kundengruppen (relativ) standardisierte Produkte anbieten zu können, wobei der Grad der Standardisierung von der jeweiligen Kundengruppe abhängt. Zugleich kann das Problemlösungsdenken verankert werden, und es bieten sich Ansatzpunkte für Cross-selling.

Mit Kundengruppenorientierung ist eine weitgehende Reduzierung von Zielkonflikten verbunden, da die Betreuung des Kunden aus einer Hand erfolgt (vgl. Kluge, 1971, S. 139ff). Hierdurch kann eine bessere Qualität und Abdecken aller potentiellen Kundenbedürfnisse erreicht werden.

Im ersten Zugriff bietet sich eine Trennung in eine Privat- und Firmenkundensparte an (vgl. Subjetzki, 1991, S. 675 und die Abbildung von Penzkofer/Täube, 1972). Problematisch kann bei dieser Einteilung sein, daß die Kundengruppen in sich noch teilweise inhomogen sind. Daher soll ein detaillierter Vorschlag einer Strukturierung bei der Diskussion der Anwendungskandidaten gemacht werden.

3.2.2.4. Prozeßorientierung

Eine weiteres Kriterium für die Abgrenzung der Divisionen könnten Prozesse darstellen. Diese Abgrenzung liegt "quer" zu den eben beschriebenen Varianten und löst sich völlig von den bisher üblichen Strukturierungen. Der dahinter stehende Gedanke entspringt dem "business reengineering" (vgl. Hammer/Champy, 1994). Hammer/Champy argumentieren, daß Prozesse im Vordergrund der Betrachtung stehen müssen. Durch die Ausrichtung an Prozessen kann die alte funktions- oder spartenorientierte Organisationsstruktur abgeschafft werden (vgl. Hammer/Champy, 1994, S. 91). Allerdings ist auch denkbar, daß Sparten an Prozessen ausgerichtet werden. So könnten zum Beispiel alle Kreditgewährungsprozesse (Privat-, Firmenkunden- Immobilienkredite) in einer Sparte gebündelt werden. Denkbar wäre für Banken ebenso, daß der Vertriebskanal das Divisionalisierungskriterium stellt. Der Vertriebskanal "Telephonverkauf" kann gleichgesetzt werden mit dem Prozeß "Verkauf per Telephon". Auch bei dieser Strukturierung wäre also im Grunde eine Strukturierung nach Prozessen gegeben.

Durch die Gliederung der Sparten nach Prozessen statt nach anderen Kriterien können Verantwortlichkeiten für einen Prozeß, der sich durchaus quer durch das ganze Unternehmen ziehen kann, klar zugeordnet werden. Der Koordinations- und Kontrollaufwand über verschiedene Abteilungen läßt sich erheblich verringern, der Kundennutzen erhöht sich durch klar definierte Ansprechpartner und die Fehleranfälligkeit des Prozesses wird reduziert (vgl. Hammer/Champy, 1994, S. 96, 86, 78, 77). Durch eine derartige Strukturierung können potentiell Wettbewerbsvorteile aufgebaut werden.

3.2.3. Strukturvariante "Holding"

Eine Gefahr der Divisionalisierung besteht in potentiell auftretenden Ressortegoismen, unter Umständen verbunden mit Subkulturbildung (vgl. Schwarm, 1986, S. 31f). Spartenziele können zu Lasten der Gesamtziele der Bank verfolgt werden (vgl. Eilenberger, 1987a, S. 67). Zur Vermeidung solcher negativer Effekte muß zur geschäftlichen Lenkung eine Zentrale vorhanden sein (vgl. Eisenführ, 1980, S. 559), die über Stabsabteilungen verfügt, die ihre Leistungen den Divisionen zur Verfügung stellen (vgl. Wielens, 1977, S. 90). Die Aufgaben der Zentrale[24] sind weitgehend im strategischen Bereich angesiedelt, während die operativen Aufgaben den Sparten obliegen (vgl. Eisenführ, 1980, S. 559f). Die Zentrale sichert die Integration der Teilbanken zu einer Gesamtbank (Wielens, 1977, S. 90) über Steuerungs- und Kontrollsysteme sowie Zielvorgaben (vgl. Hill et al., 1989, S. 180). Die Zentrale weist dann die Struktur einer Holding auf.

Unter "shareholder value"-Aspekten etwa besteht die Aufgabe der Zentrale darin, einen "(...) maximalen Beitrag zum Wert des Gesamtunternehmens (...)" (Hungenberg, 1992, S. 348) zu erbringen. Hierzu zählt die Bestimmung einer strategischen Zielsetzung mit der Gestaltung der Geschäftsportfolii und die Koordination der Geschäftsfelder im Bankbereich über die Zuweisung von Eigenkapital (vgl. Bleicher, 1992, S. 74). Es ist jedoch auch denkbar, daß die Zentrale bestimmte operative Philosophien wie Total Quality Management festlegt, wenn sie unternehmenseinheitlich Gültigkeit haben sollen, oder die zentralen Ressourcen zuteilt, und als Finanzmanagementstelle fungiert (vgl. Bühner, 1993, S. 13).

Wie weit sich das Aufgabenspektrum erstreckt, das der Zentrale in der Holding obliegt, hängt davon ab, welcher Holdingtyp gewählt wird (vgl. z.B. Hungenberg, 1992, Gomez, 1992 und Norkus, 1992). Grundsätzlich können drei Typen von Holdings unterschieden werden:

---

24) Zu Aufgaben der Zentrale in der Bankholding siehe zum Beispiel Endres, 1994, S. 8.

- Finanzholding
- Managementholding und
- Operative Holding

Auf die Eigenheiten und die Rolle der Zentrale in den einzelnen Typen soll hier nur kurz eingegangen werden (ausführlich siehe z.b. Hungenberg, 1992 und Endres, 1994): Die Führung durch die Zentrale und damit auch die Stärke des Eingreifens ist am geringsten ausgeprägt in der Finanzholding, während in der operativen Holding die Zentrale das Gesamtunternehmen stark beeinflußt; die Managementholding stellt den "Mittelweg" dar (vgl. z.B. Maaßen, 1989, S. 435ff und Goold/Campell, 1987, S. 36).

Ein wichtiger Aspekt bleibt vorerst noch offen: Die Strukturierung der Zentrale in Anlehnung an einen oben genannten Holdingtyp hat direkte Auswirkungen auf die Gestaltung der Planungs- und Steuerungsprozesse und damit auch auf die Art der Zuteilung von Mitteln an die konkurrierenden Geschäftsbereiche. Wie sich diese Prozesse gestalten können, wird weiter unten (Punkt 3.3.3.) eingehender diskutiert.

3.3. Probleme der Divisionalisierung

Mit der Strukturierung nach Geschäftsbereichen sind einige Probleme verbunden, die im folgenden erläutert werden.

3.3.1. Sinnvolle Zuweisung von Verantwortung und Kompetenzen

Eine wichtige Rolle bei der Verwirklichung von mehr Marktnähe im Unternehmen spielt die Zuweisung von Verantwortung und die von Kompetenzen. Um tatsächlich Kundennähe, Rationalisierungs- und Flexibiliätsvorteile und bessere Komplexitätsverarbeitung zu erreichen, muß den Spartenleitern der Geschäfts- und Marktbereiche die Gewinn- und Ressourcenverantwortung übertragen werden, so daß sie tatsächlich das erwirtschaftete Ergebnis ihrer Sparte verantworten können (vgl. Eilenberger. 1987a, S. 366f).

3.3.1.1. Ausprägung der Verantwortung und Kompetenzen

(1) Profit Center

In der Literatur wird implizit davon ausgegangen, daß die Divisionen Profit Center sind (vgl. z.B. Eisenführ, 1980, S. 558 und Bühner, 1993, S. 9). Dann dürfen die als Profit Center geführten Divisionen nur Restriktionen unterliegen, die durch das Interesse des Gesamtsystems zu rechtfertigen sind (vgl. Hill et al., 1989, S. 180). Denn die Spartenleiter als "kleine Unternehmer"[25] tragen die Verantwortung für Gewinn- und Verlust der Division. Profit Center müssen daher in der Wahl ihrer Mittel zur Erreichung der gesetzten Ziele weitgehend autonom sein.

Sie haben meist jedoch keine Entscheidungskompetenz bezüglich ihrer Investitionen, weswegen meist nicht der absolute, sondern der relative Gewinn als Kriterium zur Beurteilung des Erfolges der Division herangezogen wird (vgl. Hill et al., 1989, S. 181). Daneben haben Divisionen üblicherweise auch keine Entscheidungsbefugnisse über die Zahl der Mitarbeiter, da auch Mitarbeiter - ähnlich wie Investitionen - das Unternehmen langfristig binden und langfristige Auswirkungen für das Unternehmen haben.

(2) Cost Center

Innerhalb der Bank existieren Zentral- und Stabsbereiche[26], die Unterstützungsaufgaben wahrnehmen.

Diese Bereiche können kaum als Profit Center geführt werden, da sie eine Monopolstellung im Unternehmen innehaben. Jeder Zentralbereich könnte Monopolgewinne abschöpfen, da alle anderen Unternehmensbereiche seine Leistungen kaufen müssen. Bei diesen Bereichen bietet sich daher eine Führung als Cost oder Service Center[27] an (vgl. Frese, 1988, S. 531 und Horvath, 1991, S. 531). Die

---

[25] Zum Intrapreneurship-Konzept siehe Pinchot (1985).

[26] Zu Aufgaben und Funktionen von Stäben und der Zentrale in der Bank siehe zum Beispiel Endres, 1994, S. 8 und ausführlich Höhn, 1978.

[27] Diejenigen Zentralbereiche, die interne Leistungen erbringen, die aber grundsätzlich auch am Markt angeboten werden können, sollten nach Hungenberg (1992) als Service Center geführt werden. Sie sollten aber so arbeiten, als würden sie ihre Leistungen am externen Markt anbieten und Marktpreise als Maßstab für ihre Leistungen nehmen. Dieser Unterscheidung zwischen Service und Cost Centern wird jedoch in der vorliegenden Arbeit nicht

Führung als Cost Center bedeutet, daß der Bereich quasi als "große Kostenstelle" (Hill et al., 1989, S. 180) geführt wird und nur die Verantwortung für seine Kosten trägt. Das Ziel eines als Cost Center geführten Bereichs kann z.b. darin bestehen, vorgegebene Budgets bei vorgegebenen Qualitäts- und Servicestandards einzuhalten.

3.3.1.2. Inhaltliche Funktionszuweisung

(1) Kriterien zur Auslagerung in die Stabsbereiche

Werden Bereiche eines Unternehmens als Divisionen - seien es Profit oder Cost Center - geführt, so stellt sich die Frage der Koordination verschiedener Aktivitäten. Zunächst ist daher abzuwägen, ob eine Division tatsächlich alle Kompetenzen und Verantwortungen umfassen soll oder ob gewisse Funktionen nicht vielmehr in Stabsbereichen gebündelt werden sollen (siehe oben Punkt 3.1.6.).

Eine Zusammenfassung in Stabsbereichen ist dann sinnvoll, wenn

- dadurch eine Komplexitätsreduktion durch Verminderung der vielfältigen divisionsübergreifenden Abstimmungsprozesse erreicht wird
- die Einheitlichkeit (z.B. des Auftretens der Unternehmung am externen Markt) gesichert wird
- die Standardisierung gewisser Prozesse als notwendig erachtet wird. Dies kann sich wiederum positiv auf die Schnelligkeit der Abläufe und Reaktionen auswirken.
- Economies of Scale realisiert werden können.

Aus eben diesen Überlegungen zur Standardisierung, zur Einheitlichkeit, zu Synergien und zu Economies of Scale heraus erscheint es sinnvoll, die "Produktion" von Leistungen nicht den Divisionen zu überlassen, sondern eine "Produktionsbank"[28] zu schaffen. Sie umfaßt alle Abwicklungs- und Erstellungsaktivitäten. Diese Aktivitäten sind in den Bereichen zu sehen, die für die technische Er-

---

gefolgt, da alle Bereiche, die nicht als Profit Center geführt werden, Unterstützungsaufgaben wahrnehmen und damit zugleich Service Center sind.

[28] Die Produktionsbank kann theoretisch Teil der Division "Bankbetrieb" sein oder ein selbständiger Bereich. Dies wird in Kapital 7 entschieden.

stellung der Bankleistungen verantwortlich sind. Beispiele sind Informatik, Geschäftsabwicklung, Rechenzentrum. Die Produktionsbank ist damit verantwortlich für alle Produktionsprozesse in der Bank, kann ohne lange Abstimmungsprozesse für Standardisierung und Einheitlichkeit zwischen allen Divisionen sorgen sowie Poolungseffekte realisieren (vgl. Frese, 1993, S. 1015).

(2) Kriterien zum "Einlagern" in Divisionen

Für eine Integration aller Funktionen in eine einzelne Division können ausschlaggebend sein

- die Größe der Division insofern als eine "unterkritische" Größe überschritten werden muß,

- die Wichtigkeit der relevanten Funktion oder Tätigkeit für eine bestimmte Division. Bei großer Wichtigkeit sollte die Division selbst die Verantwortung für die Ausführung übernehmen und nicht ein Zentralbereich[29].

Die Häufigkeit des Auftretens der Leistungen spielt bei der Auslagerung allgemeiner Funktionen eine wichtige Rolle. Kommt beispielsweise eine Leistung zu 90% für eine einzige Division vor, so spricht die Klarheit der Verantwortung dafür, diese Leistung in eben der Division anzusiedeln.[30] Diese Leistung müßte von anderen Divisionen dann "zugekauft" werden. Auf diese Art und Weise werden die Abstimmungsprozesse minimiert.

3.3.2. Unterstruktur in den Divisionen

Die grundsätzliche Ausrichtung der Gesamtbank ist eindimensional, nämlich spartenorientiert. Eine wichtige Frage ist aber, wie die Strukturierung innerhalb der Divisionen, also auf der zweiten Ebene aussieht.

---

[29] Es empfiehlt sich z.B. der Privatkundendivision ein eigenes Marketing zuzugestehen, da hier das Marketing eine entscheidende Rolle spielt und kundensegmentspezifisch ausgerichtet werden muß. Alle anderen Divisionen können sich von einem Zentralbereich, der unter anderem das Marketing zu seinen Aufgaben zählt, ihre Marketingleistungen zuliefern lassen.

[30] Es erscheint daher sinnvoll, die Produktion von Krediten aus der Produktionsbank herauszulösen und in die Firmenkundensparte zu integrieren. Alle anderen Divisionen können die Produktion von Krediten bei dieser Division zukaufen.

Jede Division sollte auf der zweiten Ebene mit einem oder mehreren Zentralbereiche ausgestattet sein, die als Stäbe für die Spartenleitung arbeiten und ein Regulativ, z.B. in Form von Zweitbearbeitung bei Krediten, zum Vertrieb darstellen. Daneben existieren Regionalbereiche, die "vor Ort" Geschäft machen und die örtlichen Besonderheiten berücksichtigen können sowie den Kontakt zum Kunden halten. Hier ist eine regionale Gliederung sinnvoll, da sonst der Kunde (und der Vorgesetzte) zu weit weg ist bzw. sind und eine Zentralabteilung die Betreuung aller Kunden nicht hinreichend sicherstellen kann.

Mit dieser Strukturierung auf der zweiten Ebene können, da sie eben nicht eindimensional ist, die typischen Konflikte einer Matrixorganisation in Form von Kompetenzkreuzungen und -unklarheiten zwischen Regional- und Zentralbereichen verbunden sein. Ist dies der Fall, kann die Divisionalisierung ihrer Aufgabe nicht gerecht werden. Andererseits sind sowohl die Zentral- als auch die Regionalbereiche notwendigerweise Bestandteile einer Division. Eine Lösung des potentiellen Matrixkonflikts auf der zweiten Ebene innerhalb der Division zwischen den Zentral- und Regionalbereichen kann nicht in der Unterstellung entweder der Regional- unter die Zentralbereichsleiter oder umgekehrt bestehen, da beide "Spezialisten" auf ihrem Gebiet sind. Über den Zentral- und Regionalbereichsleitungen muß daher eine Spartenleitung stehen, die letztlich die Verantwortung trägt und die Entscheidungen trifft. Diese muß - wenn nicht eine zusätzliche Führungsebene unter dem Vorstand eingezogen werden soll - aus einem Vorstand, eventuell zweien, bestehen.

3.3.3. Koordinations- und Steuerungsmechanismen

Generell stellt sich die Frage nach möglichen Steuerungs- und Koordinationsmechanismen in einer divisionalen Organisationsstruktur. Nachgeordnet ergibt sich daraus die Frage, wie die knappen Ressourcen, um die alle Einheiten, seien es Divisionen oder Zentralbereiche, konkurrieren, verteilt werden. Nach Röpke (1968, S. 51ff)[31] sind folgende Abstimmungssysteme bzw. -mechanismen denkbar: Das Queuesystem, das Rationierungssystem und das Preissystem.

---

31) Röpke weist noch auf ein viertes System hin, das eine Synthese aus Rationierung und Preisen darstellt (vgl. Röpke, 1968, S. 52ff). Dieses System soll jedoch hier nicht einge-

3.3.3.1. Queuesystem

Das Queuesystem oder Schlangestehen ist die primitivste Art der Verteilung von knappen Ressourcen. Sie entspricht in etwa dem, was Penzel als "Management by decibel" (Penzel, 1992, S. 23) beschreibt. Wer zuerst ansteht oder "am lautesten schreit" bekommt etwas, wer später kommt nichts. Es wird kein ökonomisches Kriterium zur Beurteilung angelegt. Das Problem dieses Prozesses liegt darin, daß kein klarer Vergleichsmaßstab existiert, der Auskunft darüber gibt, wie Ressourcen sinnvoll eingesetzt werden sollten. Vielmehr wird über kostenlos verfügbare (Ressourcen-)Mengen verhandelt (vgl. Penzel, 1992, S. 24).

"Diese Methode ist unbefriedigend und so wenig geeignet, dem dringenderen Bedürfnis den Vorrang zu sichern, daß es nur in Ausnahmefällen angewandt zu werden pflegt." Röpke (1968, S. 51).

Für Organisationen ist dieses System (oder Elemente daraus) jedoch recht häufig anzutreffen (vgl. Penzel, 1992, S. 23); wahrscheinlich, weil es sich automatisch ergibt, wenn kein anderes System explizit eingeführt ist.

3.3.3.2. Rationierungssystem

Das Rationierungssystem stellt eine gewissen Fortschritt gegenüber dem Queuesystem dar. Die Zuteilung der unentgeltlichen Ressourcen durch die Zentrale wird über planmäßige Verteilung, also über Pläne erreicht (vgl. Röpke, 1968, S. 51). Bei dieser Form der Zuteilung durch die Zentrale sind verschiedene Ausprägungen denkbar.

(1) Zuteilung anhand einer finanzwirtschaftlichen Zielgröße

Die einzelnen Einheiten können, wie oben bereits erwähnt, an finanzwirtschaftlichen Zielen ausgerichtet sein, deren Erreichung auch darüber bestimmen kann, wie viele der knappen Ressourcen des Gesamtunternehmens, um die die Einheiten konkurrieren, eine Einheit einsetzen kann. Eine solche Zielgröße könnte beispielsweise der Return on Investment sein. Bei Rationierung anhand des Return on Investment erhielte diejenige Einheit die meisten Ressourcen, die den höchsten

---

hender betrachtet werden, da für die vorliegende Arbeit keine zusätzlichen Erkenntnisse daraus abgeleitet werden können.

Return on Investment erwirtschaftet hat. "Belohnt" wird nur die Höhe des Return on Investment, keine sonstige Größe. Der Return on Investment kann aber auch durch Reduktion des Nenners gesteigert werden. Nachteilig ist, daß die kurzfristige Optimierung in den Vordergrund gestellt wird und die langfristigen Auswirkungen nicht beachtet werden, da dies nicht belohnt wird (vgl. Hentze/Brose, 1985, S. 76). Problematisch erscheint auch, daß in den Bereich, der den höchsten Return on Investment erwirtschaftet hat, wieder die meisten Ressourcen fließen, wodurch dieser Bereich immer mächtiger werden könnte und die anderen Bereiche immer weniger Chancen hätten, ihre Position zu verbessern.

Abhilfe könnte hier durch die Beurteilung anhand mehrerer oder alternativer Kennzahlen geschaffen werden, um die wirklich "beste" Verwendungsmöglichkeit im Sinne des Unternehmens zu finden.

(2) Prüfung in der Zentrale anhand mehrerer Beurteilungskriterien

Zur Erstellung der Pläne für die Rationierung könnte nicht nur der Erfolg einer Einheit herangezogen werden, sondern zusätzlich ein anderes Beurteilungskriterium. Anhand dieser Kriterien wird anschließend eine Priorisierung der Vorhaben für ihre Realisierung vorgenommen.

Jeder Bereich dürfte jedoch dazu tendieren, die Beurteilungskriterien zu "schönen", um seine Vorhaben realisieren zu können. Zusätzlich könnten die Prioritäten noch "nachzubessern" versucht werden, damit die eigenen Vorhaben weiter oben auf der Liste stehen. Nach Realisierung mangelt es meist an Erfolgskontrolle. Daher wird niemand gezwungen, über die anfänglich geschätzte Größe Rechenschaft abzulegen (vgl. Penzel, 1992, S. 23f).

Vorteil dieses Koordinationsmechanismus ist, daß über die Zuteilung von Ressourcen unter strategischen Aspekten Prioritäten durch die Zentrale gesetzt werden können. Wenn z.B. ein bestimmter Geschäftsbereich stark ausgebaut werden soll, können ausreichend Mittel bereitgestellt werden, ohne daß die Rentabilität im ersten Schritt eine Rolle spielt.

Im idealen Fall mit vollkommener Information und dem Fall, daß das Interesse der Planer kongruent mit dem Gesamtwohl ist und sich die Ideen der Planer einfach durchsetzen lassen, stellt diese Art der Planung die optimale Allokation[32] der Ressourcen sicher. Nachteil der Planung sind tendenzielle Starrheit und zu wenig Berücksichtigung der Bedürfnisse der dezentralen Einheiten. Hinzu kommt ein immenser Informationsaufwand. Die Durchsetzung der Pläne ist oft nur unter Einsatz von Zwangsmitteln möglich, der ein "Interessenkrieg" bei der Verteilung vorausgeht.

3.3.3.3. Preissystem

Das dritte Abstimmungssystem nach Röpke, das hier noch einmal unterteilt werden soll, ist der Preis.

(1) Preisbildung in volkswirtschaftlicher Sicht

Hier geht es um den Abstimmungsmechanismus, von dem Röpke eigentlich spricht. Dieser Mechanismus ist dadurch gekennzeichnet, "(...) daß die Abstimmung (Auswahl und Begrenzung) der freien Preisbildung überlassen wird, die durch Anpassung an die jeweilige Marktlage dafür sorgt, daß weder ein unbefriedigter Nachfragerest noch ein unbefriedigter Angebotsrest übrigbleiben (Gleichgewichtspreis)." (Röpke, 1968, S. 57). Dieses System der Preisbildung soll eingehend in Kapitel 5 diskutiert werden, da es in dieser Form in der Unternehmenspraxis bisher kaum verwirklicht ist.

(2) Preisbildung in organisatorischer Sicht (Verrechnungspreise)

Preisbildung innerorganisatorisch findet üblicherweise in Form von Verrechnungspreisen statt (vgl. Horvath, 1991, S. 537f).

"Unter Verrechnungspreisen werden Wertansätze verstanden, die in einer Unternehmung Zwischenprodukten, Ressourcen und Marktpreisen zugeordnet werden." (Frese, 1988, S. 283).

Verrechnungspreise können aus verschiedenen Gründen[33] gebildet werden, wobei hier nur ihre Koordinationsfunktion in der divisionalen Organisation unter dem

---

32) Dieses System impliziert, daß "schlaue" Planer in der Zentrale mehr wissen als die Einheiten, die von der Planung betroffen sind, und zugleich langfristig, uneigennützig und strategisch planen.

Aspekt der Erreichung übergeordneter Ziele betrachtet werden soll. Für die Koordination ist die Höhe der Verrechnungspreise[34] von entscheidender Bedeutung (vgl. Horvath, 1991, S. 531). Fraglich ist, wieweit Verrechnungspreise de facto eine Koordinationsaufgabe in der Spartenorganisation wahrnehmen können (vgl. Frese, 1988, S. 299). Durch Einführung von Verrechnungspreisen soll der gleiche Effekt erzielt werden wie durch Preise in gesamtwirtschaftlichen Marktmodellen, nämlich eine unbürokratische Lösung komplexer Koordinationsprobleme innerhalb von Organisationen (vgl. Frese, 1988, S. 299). Frese weist zu diesem Thema aber nach, daß für die Festlegung effizienter Verrechnungspreise der gleiche Informationsaufwand für die Zentrale nötig ist, wie für die direkte Zuweisung von Ressourcen über Pläne (vgl. Frese, 1988, S. 300ff). Daher bieten Verrechnungspreise keine wirklichen Vorteile gegenüber Plänen.

(3) Erfolgszurechnung

Mit dem System der Verrechnungspreise ist die Frage der Erfolgszurechnung eng verknüpft.

Jeder Mitarbeiter ist einer bestimmten Division zugeordnet und erwirtschaftet den Erfolg dieser Division. Seine Ziele werden ebenfalls mit dieser Division "vereinbart". Er wird nicht an dem Erfolg gemessen, den er für andere Divisionen erwirtschaftet (siehe Hill et al., 1989, S. 180 und Punkt 3.3.1.). Andererseits kann Cross-selling zwischen den Divisionen sinnvoll und erwünscht sein. So kann der Eigentümer eines Unternehmens bei einer Bank sowohl Kredite für sein Unternehmen nachfragen als auch Anlageberatung für sein Privatvermögen. Der Firmenkundenbetreuer, der für die Kredite zuständig ist, kann in diesem Falle entweder kategorisch auf die Privatkundendivision verweisen oder aber er versucht, den Kunden so gut es geht zu beraten und Auskünfte zu erteilen, z.B. bezüglich Konditionen, und nur bei schwierigeren Produkten den Spezialisten hinzuzuziehen.

---

33) Solche Gründe können nach Frese (1988) sein: Kontrolle der Wirtschaftlichkeit von Kostenstellen, Beeinflussung des ausgewiesenen Gewinns, Koordination von Bereichen, Erfolgsermittlung von Bereichen und Motivation der Verantwortlichen.

34) Zur Errechnung von Verrechnungspreisen finden sich in der Literatur zahlreiche Modelle mit teilweise grundlegend voneinander abweichenden Prämissen. Siehe z.B. Albach (1974), Coenenberg (1973) und Horvath (1991).

Wenn der Firmenkundenbetreuer aber seine Zeit auch für den Verkauf von Produkten der Privatkundensparte verwendet, muß ihm der Erfolg zugerechnet und auf seine Zielvereinbarung angerechnet werden, da er sonst noch für sein Engagement "bestraft" wird und es so aussieht, als ob er Zeit sinnlos verschwendet hat.

Die zweite Möglichkeit erscheint im Sinne der Gesamtbank die einzig vernünftige zu sein, kann aber nur gelingen, wenn eine tatsächlich verursachungsgerechte Erfolgszurechnung auf den einzelnen Mitarbeiter erfolgt. Hier liegt der konkrete Anwendungsbezug der Verrechnung und dem Errechnen von Verrechnungspreisen. Sie muß für alle Leistungen angewendet werden, die spartenübergreifend erbracht und ausgetauscht werden.

3.3.4. Mauern zwischen Divisionen

Die Kehrseite der Leistungsstimulation durch innerorganisatorischen Wettbewerb (vgl. Punkt 3.1.5.) kann in einer Verschärfung der Konkurrenzsituation zwischen den Divisionen und einem "Aufbau von Mauern" bestehen. Die Divisionen schotten sich gegenseitig ab und haben nur ihren eigenen Vorteil im Blick. Dieses Verhalten kann für das Gesamtunternehmen abträglich sein und vor allem kann das Bild des Kunden von der Unternehmung dadurch negativ beeinflußt werden, wenn die spartenübergreifende Kooperation nicht funktioniert.

Besonders heikel wird dieses Abschotten bei Aufgaben, die mehrere Divisionen gemeinsam betreffen oder bei denen divisionsübergreifende Probleme gelöst werden müssen. Eine intelligente Divisionenbildung kann divisionsübergreifende Aufgaben zwar weitgehend reduzieren und dafür sorgen, daß möglichst viele Prozesse innerhalb einer Divisionen bearbeitet werden können, wie es die Theorie fordert. Aber es kann wohl nie ganz verhindert werden, daß Kommunikation stattfinden muß und übergreifende Aufgaben entstehen. In der "reinen" Spartenorganisation mit Divisionen, die weitgehend unabhängig voneinander sind, würden diese Aufgaben und die Kommunikation über die Hierarchie abgewickelt werden und damit den Ablauf erschweren und verzögern. Daher muß ein Modus gefunden werden, wie bei solchen Aufgaben und Kommunikationsprozessen effizient und effektiv verfahren werden kann. Oder anders ausgedrückt: Wie dieser "Mangel" der Divisionalisierung behoben werden kann. Eine Antwort auf diese Frage zu geben, soll weiter unten gesucht werden.

3.4. Anwendbarkeit und Anwendungskandidaten

Hier soll ein Strukturierungsvorschlag mit Aufzeigen von Anwendungskandidaten im Anschluß an die Diskussion der Anwendbarkeit gemacht werden.

3.4.1. Anwendbarkeit der Divisionalisierung

"Mauerbildung" als Folge der Divisionalisierung wurde oben als wichtiges Problem angesprochen. Die Gefahr, die mit diesem Problem verbunden ist, besteht darin, daß mit der bewußten Reduzierung von Kommunikationsprozessen zwischen den Divisionen auch Kommunikation für bereichsübergreifende Aufgaben unterbleibt.

Dieser "Mangel" kann über "(...) grenzüberschreitende Neuverteilung der Arbeit (...)" (Hammer/Champy, 1994, S. 80) oder Divisionenbildung nach dem Kriterium der "Prozeßorientierung", wie oben angedeutet, aufgehoben werden. Dies könnte heißen, daß die gesamte Aufbauorganisation danach ausgerichtet wird, wie Prozesse oder Aufgaben im Unternehmen ablaufen. Unter Steuerungsaspekten erscheint eine reine Orientierung an Prozessen und Aufgaben schwer handhabbar, besonders, da sich hier häufig Veränderungen ergeben können. Zudem bedeutet eine solche Umstellung eine radikale Veränderung des gesamten Unternehmens, die schwer durchzusetzen sein dürfte.

Denkbar ist auch, daß Divisionen als flexible und nicht als starre Grundstruktur zu sehen sind. Flexibel insofern als Divisionen nicht als alleiniges Strukturierungsmerkmal gesehen werden und die Zuordnung zu Divisionen sinnvoll durchbrochen werden kann. Der aufbauorganisatorische Ansatz "Divisionenbildung" wird dann ergänzt um andere aufbau- oder ablauforganisatorische Konzepte, die die "Mängel" vor allem bei bereichsübergreifenden Aufgaben und Prozessen beseitigen können. Dieses Vorgehen ist beim jetzigen Status Quo praxisnäher. Es müssen dabei Aufgaben definiert werden, wie zum Beispiel Produktentwicklung, die grundsätzlich aus der Verantwortung einer Division gelöst und nach einem anderen aufbau- oder ablauforganisatorischen Konzept bearbeitet werden müssen. Die Aufbauorganisation nach "konventionellen" Sparten bleibt davon zunächst unberührt. In Frage kommt, für derartige Aufgaben Prozeßverantwortliche zu institutionalisieren (vgl. Hammer/Champy, 1994, S. 91f). Diese Prozeßverantwortliche (für einmalige Aufgaben und für ständig wiederkehrende, teilweise routinemäßig durchzuführende Aufgaben) übernehmen die Verantwortung für einen Prozeß oder eine Aufgabe als ganzes, unabhängig von den Divisionen. Sie bilden quasi eine Sekundärorganisation.

Der "Heimathafen" oder die organisatorische Zuordnung der Mitarbeiter kann in diesen Teams nach wie vor die Division bleiben. In diesem "Heimathafen" hat der Mitarbeiter die Möglichkeit, sich fachliche Qualifikationen anzueignen und weiterzubilden. Welche Probleme mit dem Herauslösen aus der Division verbunden sein können wird ausführlicher im folgenden Kapitel erörtert.

Da die Spartenorganisation offensichtlich Mängel aufweist, wird in den folgenden Kapiteln nach Möglichkeiten gesucht, diese Mängel durch "überlagernde" Konzepte zu überwinden. Als "überlagerndes" Konzept kommt primär "Projektorganisation" in Frage. Im Kapitel zu "Lean Management" wird der Gedanke der Prozeßgliederung und -verantwortung noch einmal aufgegriffen.

3.4.2. Kundengruppenorientierte Divisionen

Wie Eilenberger schreibt, ist "(...) eine exakte Isolierung der Kundengruppen in der Praxis nicht möglich (...), sondern wegen beispielsweise atypischen Kundenverhaltens (können, Anm. d. Verf.) Überschneidungen auftreten (...)" (Eilenberger, 1987a, S. 369). Bei einer Grobabgrenzung nach Firmen- und Privatkunden ist eine relativ gute Abgrenzung möglich. Innerhalb dieser Divisionen muß jedoch, um kundenspezifisch handeln zu können, weiter untergliedert werden.

Kundengruppe	Außen-handels-geschäft	Kredit-geschäft	Mengen-geschäft*)	Vermögens-anlage-geschäft	Immobilien-finanzierungs- und Vermitt-lungsgeschäft
1. Industrie, Großhandel und Groß-unternehmen des Einzelhandels	■	■	▦	▦	▦
2. Bauunternehmen, Bauträger, Wohnungsbaugesellschaften usw.			▦	☐	■
3. Handwerk und Einzelhandel		■	▦	▦	▦
4. Versicherungsgesellschaften, Pensionskassen	☐		☐	■	☐
5. Vermögende Privatkunden u. a. freiberuflich Tätige		▦	☐	■	▦
6. Lohn- und Gehaltsempfänger			■		▦

*) Unter Mengengeschäft werden alle programmierbaren Dienstleistungen verstanden; es handelt sich insbesondere um die Kontoführung, um die Abwicklung des Zahlungsverkehrs, um die programmierten Kredite und um die programmierten Angebote auf dem Anlagesektor.

■ = Primärnachfrage (diese Dienstleistung wird hauptsächlich nachgefragt)
▦ = Sekundärnachfrage (diese Dienstleistung wird relativ häufig nachgefragt)
☐ = Tertiärnachfrage (diese Dienstleistung wird weniger häufig nachgefragt)

Abbildung 14: Relevanz von Bankdienstleistungen für bestimmte Kundengruppen (Quelle: Wielens, 1977, S. 62)

Ein sinnvoller Ansatzpunkt ist die Abgrenzung nach typischen Bedürfnissen (vgl. Wielens, 1987, S. 69). Für diese Bedürfnisse werden dann Produkte entwickelt, die die Ansprüche der Kundengruppe erfüllen. Bei einem für eine Kundengruppe atypischen Bedürfnis eines Kunden, werden Produkte "zugekauft", die für andere Kundengruppen entwickelt wurden, und gegebenenfalls modifiziert. Dem Kunden werden entsprechend die Kosten in Rechnung gestellt.

Privatkunden können analog einer Bedürfnisanalyse[35], die die primäre Nachfrage einer jeden Kundengruppe nach abgegrenzten Produkt(gruppen) untersucht (vgl. Subjetzki, 1991, S. 676), in Basiskunden, gehobene Privatkunden und Top-Privat-

---

35) Eine Bedürfnisanalyse für Bankkunden wurde beispielsweise von McKinsey (1990) durchgeführt.

kunden[36] unterteilt werden. Die zweite große Division Firmenkunden kann unterteilt werden in die Bereiche Gewerbekunden, gehobene Firmenkunden und Großkunden sowie einen Bereich für Finanzinstitute. Diese "Unterkundengruppen" weisen jeweils relativ homogene Bedürfnisse auf und können daher sinnvoll mit standardisierten Produkten und speziell ausgebildeten Beratern und Betreuern, die Generalisten sind, bedient werden. Beide großen Divisionen nutzen heute den gleichen Vertriebskanal - die Filialen, wobei sich diese in Zukunft nicht mehr unbedingt an den gleichen Plätzen befinden müssen.

3.4.3. Produktorientierung statt Kundengruppenorientierung

Das Prinzip der Kundengruppenorientierung, nicht aber die Marktorientierung könnte in zwei Bereichen sinnvollerweise durchbrochen werden: Dem Immobiliengeschäft und dem Treasury.

(1) Immobiliengeschäft

Eine produktbezogene Division "Immobiliengeschäft" erscheint insofern sinnvoll, als es sich - vor allem bei den gemischten Hypothekenbanken - um einen nicht unwichtigen Pfeiler des gesamten Bankgeschäfts handelt, der große Volumina umsetzt, die relativ langfristig und gut gesichert gewährt werden (vgl. Grill/Percynski, 1989, S. 234). Außerdem sind Immobilienprodukte nicht klar einer Division zuzuordnen, da sowohl Privat- als auch Firmenkunden Immobilienprodukte nachfragen. Die Unterordnung der spezifischen Produkte unter den Privat- und Firmenkundenbereich erscheint aus Gründen der Ausnutzung von Economies of Scale wenig sinnvoll. Dies hieße auch, daß in allen Divisionen Produktknow-how vorgehalten werden müßte.

Die Produktdivision "Immobiliengeschäft" kann vom Makler über Eigenheimbau und Wohnungsbau und Gewerbebau sowie öffentliche Bauten und städtebauliche Sanierung und Entwicklung alle Leistungen anbieten, oder hat zumindest spezialisierte Partner oder Töchter an der Hand, z.B. für das Leasing von Immobilien, die sie dem Kunden vermitteln können.

---

36) Für Top-Privatkunden, soweit diese es wünschen, bietet sich die Einrichtung einer Vermögensbetreuung z.B. in Form einer Tochtergesellschaft oder eines zur Bank gehörenden Privatbankhauses an (vgl. Wielens, 1977, S. 72ff).

(2) Treasury

Der zweite Bereich, für den die Kundengruppenorientierung aufgrund des hohen durchbrochen wird, ist das Treasury. Diesen Bereich als eigene Division zu etablieren erscheint insofern sinnvoll, als "(...) eine Zersplitterung der Kräfte auf dem Geldmarkt (...)" (Wielens, 1977, S. 90) vermieden werden sollte[37]. Hier spielt der Aspekt der Synergienutzung und der Economies of Scale eine wichtige Rolle. Viele Produkte in diesem Bereich sind erst ab einer kritischen Größe sinnvoll einsetzbar, die nur durch zentrales Handling und zentrale Abwicklung erreicht werden kann. Auch das Aktiv-Passiv-Management, das dieser Division zugeordnet wird, sollte aus Gründen der Gesamtbankoptimierung und aus Gründen der Bankaufsicht zentral in einer Division gesteuert werden.

(3) Regionale Unterstruktur der Produktbereiche

Beide Produktbereiche sind zunächst Zentralbereiche ohne eigene Vertriebsstruktur mit Filialen, Niederlassungen und Regionalbereichen, für die sie Verantwortung und Kosten tragen müßten. Die einfacheren Produkte können über Privat- und Firmenkundenbetreuer verkauft werden, wobei eine Erfolgszurechnung stattfinden muß. Für die komplexeren Produkte übernehmen Immobilien- und Treasuryspezialisten den Verkauf und die Beratung. Dazu müssen diese Spezialisten in den Vertrieb integriert werden und die Produktdivision muß sich an den Kosten für das Vertriebsnetz beteiligen.

Die einfacheren Produkte der Division "Immobilien" können durch Privat- und Firmenkundenbetreuer mit abgedeckt werden. Bei komplizierteren Konstruktionen kann ein Immobilienspezialist hinzugezogen werden. Hier könnte eine zusätzliche Unterteilung in Spezialisten für den gewerblichen Bereich und Spezialisten für den privaten Bereich sinnvoll sein. Bei diesen Immobilienspezialisten ist es denkbar, daß sie, je nach Arbeitsgebiet, den Niederlassungen und Regionalbereichen zugeordnet sind, ohne jedoch fachlich den Leitern der jeweiligen Einheit unterstellt zu sein. Sie stellen auch keine eigene Leitung in der Niederlassung oder dem Regionalbereich. Für die Division "Treasury" gilt ähnliches wie für die Division "Immobilien". Die einfacheren Produkte werden über die Berater im Privat- und

---

37) Wielens (1977) spricht von einer zentralen Geldausgleichstelle, die in etwa die Funktionen des heutigen Treasury ausübt.

Firmenkundenbereich abgedeckt, die komplexeren Leistungen durch die Treasuryspezialisten. Dezentral Treasuryspezialisten einzusetzen, dürfte sich im Gegensatz zu Immobilienspezialisten nur an wenigen Stellen mit hohem Geschäftsvolumen rechnen. Für sie gilt wie für die Immobilienspezialisten, daß sie keine eigene Leitung im Regionalbereich stellen.

Geschäftsbereich Privatkunden				Geschäftsbereich Firmenkunden			Geschäftsbereich Immobilien	Geschäftsbereich Treasury
Filialen	Niederlassungen	Regionalbereiche	Zentralbereich Privatkunden	Niederlassungen	Regionalbereiche	Zentralbereich Firmenkunden		

Bankbetrieb (Rechenzentrum, Organisation, Bau- und Gebäudewesen)
Konzernsteuerung (Rechnungswesen, Planung und Steuerung)
Konzern-Services (Personal, Volkswirtschaft, Public Relations, Recht, Revision)

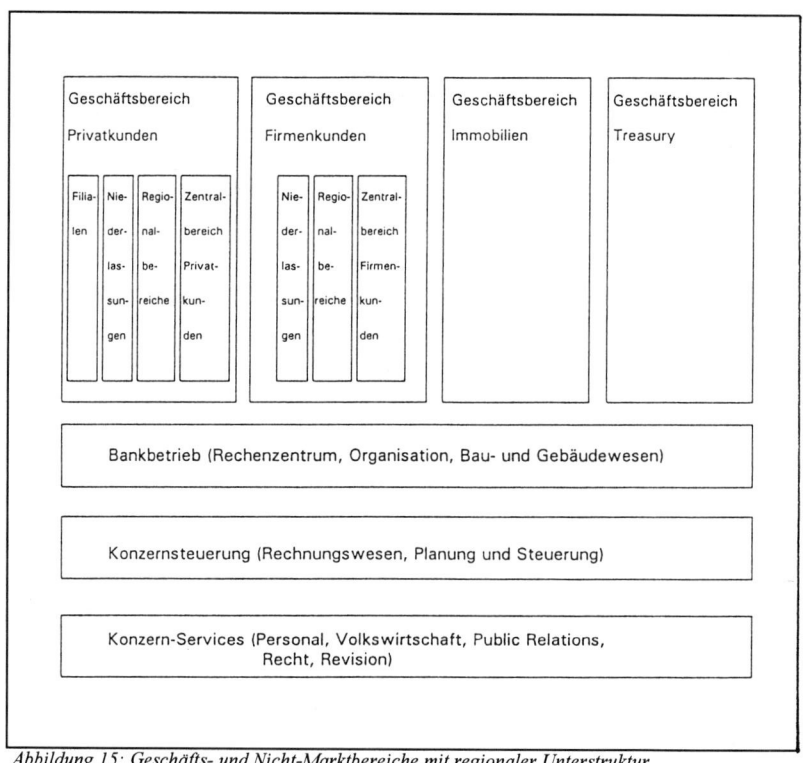

Abbildung 15: Geschäfts- und Nicht-Marktbereiche mit regionaler Unterstruktur

3.4.4. Profit Center und Nichtmarktbereiche

Die Privat-, Firmenkunden-, Immobiliensparte und das Treasury sollten, unabhängig davon, ob sie nach Kundengruppen oder Produkten ausgerichtet sind, als Profit Center geführt werden. Sie sind von ihrer Struktur her dazu geeignet, volle

Ergebnisverantwortung zu übernehmen, da sie als Anbieter auf dem externen (und internen) Markt auftreten können.

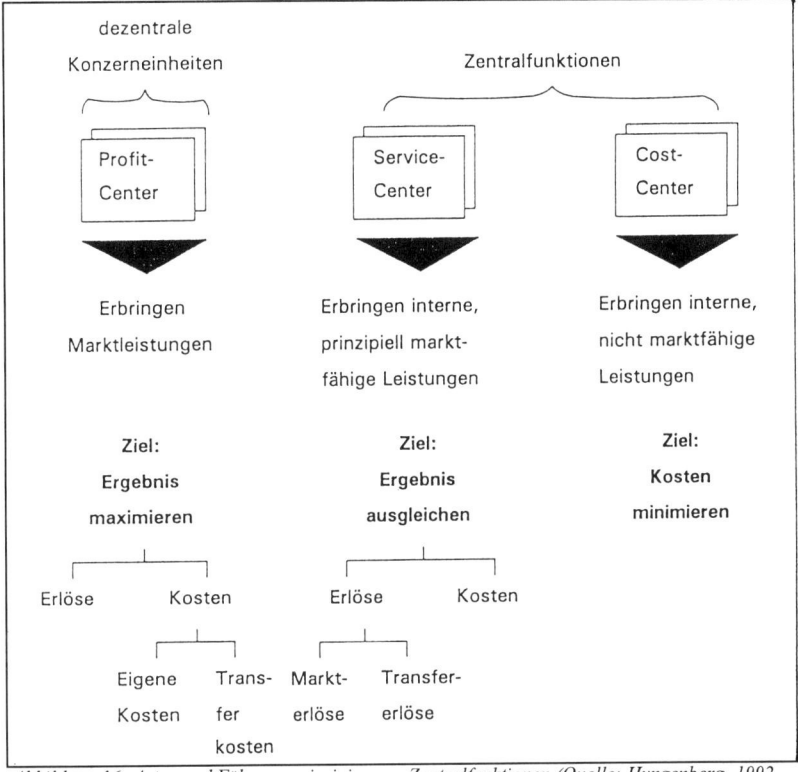

```
┌─────────────────────────────────────────────────────────────────────┐
│        dezentrale                                                    │
│     Konzerneinheiten            Zentralfunktionen                    │
│      ⌢‿‿‿‿‿⌢             ⌢‿‿‿‿‿‿‿‿‿‿‿‿‿‿‿‿‿⌢                        │
│                                                                      │
│     ┌─────────┐          ┌─────────┐         ┌─────────┐             │
│     │ Profit- │          │ Service-│         │  Cost-  │             │
│     │ Center  │          │ Center  │         │ Center  │             │
│     └─────────┘          └─────────┘         └─────────┘             │
│         ▼                    ▼                   ▼                   │
│                                                                      │
│     Erbringen           Erbringen interne,    Erbringen interne,     │
│     Marktleistungen     prinzipiell markt-    nicht marktfähige      │
│                         fähige Leistungen     Leistungen             │
│                                                                      │
│       Ziel:                  Ziel:                Ziel:              │
│     Ergebnis               Ergebnis             Kosten               │
│     maximieren             ausgleichen          minimieren           │
│                                                                      │
│     ┌─────┴─────┐         ┌─────┴─────┐                              │
│   Erlöse     Kosten     Erlöse      Kosten                           │
│              ┌───┴───┐  ┌───┴───┐                                    │
│            Eigene  Trans- Markt- Transfer-                           │
│            Kosten   fer   erlöse  erlöse                             │
│                    kosten                                            │
└─────────────────────────────────────────────────────────────────────┘
```

Abbildung 16: Arten und Führungsprinzipien von Zentralfunktionen (Quelle: Hungenberg, 1992, S. 352)

Neben den Bereichen, die als Profit Center geführt werden, existieren Bereiche, die bereichsübergreifende Dienstleistungen erbringen, z.B. Personalabteilung, Controlling und Organisation. Diese Bereiche bilden Zentralfunktionen (vgl. Hungenberg, 1992, S. 352). Sie stellen ihre Leistungen den Marktbereichen zur Verfügung, wobei eine Zusammenfassung zu drei Divisionen sinnvoll erscheint. Für diese Divisionen kommt eine Führung als Profit Center kaum in Frage, da sie interne Leistungen erbringen, die teilweise marktfähig sind. Sie alle werden daher als Cost Center geführt.

Eine Division könnte sich mit operativem und strategischem Controlling sowie mit Rechnungswesen beschäftigen. Eine weitere Division könnte Geschäftsabwicklung, Betrieb, Organisation und Informatik sowie eventuell das Rechenzentrum aus Gründen der Nutzung von Verbundvorteilen umfassen (siehe Wielens, 1977, S. 87). Dieser Bereich kann als "Bankbetrieb" oder "Produktionsbank" bezeichnet werden. Die dritte Division schließlich könnte aus allen anderen internen Services wie Personal, Recht, Revision und Public Relations bestehen. Diejenigen, die grundsätzlich marktfähige Leistungen produzieren, müssen sich an Preisen des externen Marktes orientieren. Ziel dabei ist es, daß sie fähig werden, zu Marktpreisen anzubieten. Interne Voraussetzung ist die Möglichkeit einer marktpreisorientierten Verrechnung (vgl. Hungenberg, 1992, S. 353).[38]

---

[38] Ist die Konkurrenzfähigkeit erreicht, können diese Leistungen auf dem externen Markt anderen Unternehmen angeboten werden. Dann muß die Umstellung auf Profit Center erfolgen, um Subventionieren der Markt- und Nichtmarkt-Leistungen auszuschließen. Der Kontrahierungszwang mit den Cost Centern muß für die Marktbereiche entfallen (vgl. Penzel, 1992, S. 25f).

3.5. Kongruenz von Anforderungen und Divisionalisierung

Im folgenden soll erläutert werden, inwieweit Spartenorganisation den in Kapitel 2 erörterten Anforderungen genügen kann.

3.5.1. Erörterung der organisatorischen Möglichkeiten

(1) Kundengruppenorientierte Aufbauorganisation

Durch und mit Divisionalisierung findet eine Kundensegmentierung und die Einrichtung einer kundengruppenorientierten (und produktorientierten) Aufbauorganisation statt. Innerhalb der Sparten und der "Unterkundengruppen" wird Expertenwissen vorgehalten und weiterentwickelt.

(2) Produktbereinigung- und Standardisierung

Spartenbildung ist für Produktbereinigung und Standardisierung kaum hilfreich. Zwar kann dieser Gedanke innerhalb einer Sparte verwirklicht werden. Allerdings dürfte ein "Wildwuchs" von Produkten im Vergleich zwischen den Sparten entstehen, da keine oder nur geringe Koordination spartenübergreifend erfolgt. Insofern ist Spartenbildung aus Sicht des Gesamtunternehmens wenig hilfreich bei diesen Problemen, es sei denn, daß eine übergeordnete Instanz die spartenübergreifende Koordination übernimmt.

(3) Standardisierung und Automation der Abläufe

Für Standardisierung gilt weitgehend das für Punkt (2) Gesagte. Es dürfte zwar im Interesse der Sparten liegen, "intern" Abläufe zu standardisieren und automatisieren, aber spartenübergreifend muß eine Koordination durch eine spartenexterne Instanz geleistet werden, wenn Standardisierung und Automation aus Gesamtunternehmenssicht erfolgreich sein sollen.

(4) Erhöhung der Flexibilität und Geschwindigkeit

Divisionalisierung wirkt sich günstig auf Flexibilität und Geschwindigkeit aus. Marktnahe Strukturen, wie Sparten, können hier einen wesentlichen Fortschritt bringen, da durch die Konzentration der Entscheidungsbefugnisse in den Sparten weniger Kommunikation mit anderen Bereichen nötig ist und zugleich auch intern aufgrund der geringeren Größe der Sparten eine höhere Geschwindigkeit erreicht werden kann. Durch klare Verantwortungszuweisung an die Divisionen kann ebenfalls die Geschwindigkeit erhöht werden.

(5) Restrukturierung des Vertriebs

Durch Divisionalisierung kann für die Restrukturierung des Vertriebs zweierlei geleistet werden: Zum einen kann der "große Wurf" in der Restrukturierung und damit die einmalige Aktivität der großen Umstrukturierung und Bereinigung initiiert werden. Zum anderen kann durch die Profit Center-Konzeption eine fortwährende Verbesserung und Umstrukturierung erzielt werden, wenn nämlich die Divisionen merken, daß der jeweils aktuelle Stand des Vertriebs nicht gewinnoptimal ist. Dann stoßen sie erneut Restrukturierungen des Vertriebs an.

(6) Handlungsspielraum und Partiziptaion

Durch Divisionalisierung wird die Hauptverantwortung für ein Geschäft auf den jeweiligen Spartenleiter übertragen, sei es bei Profit Centern die volle Gewinn- und Verlustverantwortung, sei es bei Cost Centern die Kostenverantwortung. Mit der Delegation der Verantwortung wird zumeist auch der Handlungsspielraum erweitert. Dies wiederum kann sich positiv auf die Motivation der direkt betroffenen Führungskräfte auswirken, wie Forschungen zum Wertewandel andeuten.

Für die Nichtführungskräfte, die keine direkten Auswirkungen der Verlagerung von Verantwortung auf niedrigere Ebenen "zu spüren bekommen", kann Divisionalisierung sich positiv durch eine Erhöhung des Zusammengehörigkeitsgefühls auswirken.

3.5.2. Gesamtwürdigung der marktnahen Organisation

Die Einführung marktnaher Strukturen, also einer Spartenorganisation in Kombination mit Profit und Cost Centern, kann für einige der in Kapitel 2 definierten Anforderungen Lösungen anbieten. Divisionalisierung allein ist jedoch zu wenig. Sie ist geeignet als Grundstruktur für eine Bank, die durch andere Organisationskonzepte ergänzt werden muß, wenn alle Anforderungen erfüllt werden sollen. Insofern ist Spartenbildung zwar alter Wein in neuen Schläuchen, aber als Grundstruktur dennoch hochinteressant, wenn sie unter Beachtung ihrer Grenzen flexibel und nicht starr gesehen wird.

Anforderungen an die Organisation	Divisiona-lisierung			
Kundengruppenorientierte Aufbauorganisation	●			
Produktbereinigung und Produktstandardisierung				
Standardisierung und Automation der Abläufe				
Erhöhung der Flexibilität und Geschwindigkeit	●			
Restrukturierung des Vertriebs	O			
Handlungsspielräume und Partizipationsmöglichkeiten	O			
Anforderung wird durch Organisationskonzept...●: gut erfüllt, O: ansatzweise erfüllt.				

Abbildung 17: Anforderungen und ihre mögliche Erfüllung durch Divisionalisierung

Für interdisziplinäre oder bereichsübergreifende Aufgaben erscheint Spartenorganisation eher ungeeignet. Außerdem ist auch eine Spartenorganisation zwar marktnäher und flexibler als viele andere Strukturformen, aber sie geht in vielen Bereichen noch nicht weit genug, vor allem in Fragen der Verrechnung von Leistungen. Antworten auf Fragen, die vor allem den Themenkreis der "Auslagerung" von Aufgaben aus Divisionen berühren, sollen im folgenden Kapitel behandelt werden. Antworten auf die anderen Anforderungen in Kapitel 2 sollen, soweit dies noch nicht geschehen ist, in den Kapiteln 4, 5 und 6 gesucht werden.

4. PROJEKTORGANISATION ALS ÜBERLAGERNDES KONZEPT

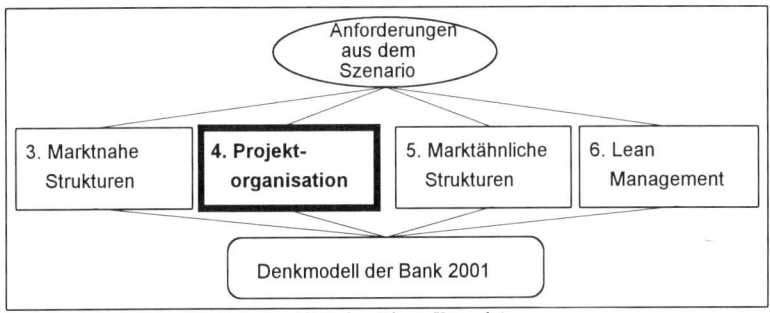

```
                    ┌─────────────────┐
                    │  Anforderungen  │
                    │     aus dem     │
                    │    Szenario     │
                    └─────────────────┘

┌──────────────┐  ┌──────────────┐  ┌──────────────┐  ┌──────────────┐
│ 3. Marktnahe │  │ 4. Projekt-  │  │5. Marktähnliche│ │  6. Lean     │
│  Strukturen  │  │ organisation │  │  Strukturen   │  │  Management  │
└──────────────┘  └──────────────┘  └──────────────┘  └──────────────┘

              ┌───────────────────────────┐
              │  Denkmodell der Bank 2001 │
              └───────────────────────────┘
```

Abbildung 18: Aktueller Stand im Aufbau der Arbeit: Kapitel 4

Projektorganisation ist eine zusätzliche oder auch (teilweise) substituierende Organisationsform, die zunächst nur temporär existiert. Projektorganisation kann daher zum einen die Linienorganisation überlagern. Zum anderen ist auch vorstellbar, daß Teile der traditionellen Organisation durch die Installation von Projekten, auf die wieder neue Projekte folgen, substituiert werden. Welche Aufgaben als Projekte organisiert werden können, wird in Punkt 4.4. dargestellt. Projektorganisation ist vorwiegend als ablauforganisatorisches Organisationskonzept anzusehen, auch wenn sie einige aufbauorganisatorische Elemente aufweist (siehe Punkt 4.2.).

Punkt 4.1. befaßt sich mit der Frage, warum Projektorganisation überhaupt sinnvoll ist. Anschließend werden Projektorganisationsformen (4.2.) und Probleme erörtert, die mit der Einführung von Projektorganisation verbunden sind (4.3.). Im Punkt 4.4. werden Anwendungskandidaten in der Bank und im Punkt 4.5. wird die Frage der Kongruenz von Anforderungen an Banken und Projektorganisation untersucht.

4.1. Vorteile von Projektorganisation

4.1.1. Selbstorganisation zulassen - Kreativität nutzen

Fremdorganisation war und ist häufig die Sollvorstellung der Unternehmensorganisation. Unternehmen werden in isolierte Teile aufgespalten, die Ergebnisse willkürlicher, meist am grünen Tisch geplanter Eingriffe sind. Es ist jedoch fraglich, ob Unternehmen als soziale Systeme wie Maschinen entworfen, geplant und konstruiert werden können, oder ob sich Unternehmen als soziale Systeme nicht vielmehr wie nicht-triviale Maschinen verhalten und damit Transformationsprozesse nicht eindeutig bestimmbar sind (vgl. Probst, 1986, S. 396). Ordnung in sozialen Systemen oder "nicht-trivialen Maschinen" stellt das Resultat vernetzter, interaktiver Prozesse dar. Der außenstehende Organisator und Regler, der soziale Systeme nach seinen Vorstellungen ordnet und lenkt, wird damit ein Produkt der Illusion der Machbarkeit und kann nicht aufrecht erhalten werden (vgl. Kirsch, 1992, S. 270).[39]

Probst spricht davon, daß Selbstorganisationsideen schon in verschiedene Modelle oder Konzepte in der Unternehmung Eingang gefunden haben. Als Beispiele nennt er u.a. Organisationsentwicklung, autonome Arbeitsgruppen und Partizipation (vgl. Probst, 1987, S. 89). Probst geht jedoch in diesem Zusammenhang nicht auf Projektorganisation ein, die ebenfalls die Möglichkeit der Selbstorganisation bietet und die Chance, bewußt Selbstorganisation zuzulassen. So schreiben Hörrman/Tiby (1989, S. 82):

"Der immer stärker propagierte Führungsstil, der die Mitarbeiter zur "Selbstorganisation" befähigen soll, entspricht auch dem Anforderungsprofil der Projektorganisation."

Projekte können als Keimzellen und Pilot-Arenen (im Sinne von Kirsch 1988, S. 159) von Selbstorganisation verwendet werden. Aus diesen Keimzellen heraus können dann schrittweise weitere selbstorganisierende Prozesse angestoßen werden. Projekte wirken daher entlastend und komplexitätsreduzierend für die Führungsspitze. Entscheidungen werden auf eine niedrigere Stufe verlagert und die Kontrollspanne kann erhöht werden. Dies kann wiederum dazu führen, daß Hierarchieebenen abgebaut werden. Dadurch kann Wissen ins Projekt einfließen oder dem Projektteam zugänglich gemacht werden, das in starren fremdbestimmten Systemen aufgrund hierarchischer Barrieren nie verfügbar würde.[40] Zugleich kann in

---

39) Dieser Gedanke, daß nicht alle Prozesse lenkbar sind, sondern eine Eigendynamik aufweisen, ist die Basis des Konzepts des "gemäßigten Voluntarismus" von Kirsch (1990b, S. 273), das eine Synthese aus Kollektivismus und Voluntarismus darstellt.

40) Allerdings kann auch in der Projektorganisation keine totale Selbstorganisation verwirklicht werden. Teile, vor allem in der Projekt-Initiierung, unterliegen auch hier der Fremd-

selbstorganisierenden Prozessen Kreativität der Mitarbeiter freigesetzt und damit für das Unternehmen nutzbar gemacht werden.

4.1.2. Zelte statt Paläste: Dem Wandel begegnen

Die meisten Unternehmen im deutschsprachigen Raum weisen heute Strukturen auf, die auf effiziente Ausnutzung vorhandener Ressourcen, Vervollkommnung, Kapitalzuwachs, Verteidigung und Lernen ausgerichtet sind (vgl. Hedberg, 1984, S. 27). Diese "Palaststrukturen", wie Hedberg sie nennt, sind auf Dauer angelegt und die Strukturierung erfolgt nach routine- und aufgabenbezogenen Effizienzaspekten (vgl. Schmidt, 1991, S. 17)[41]. Sie konnten sich in Zeiten stetigen Wachstums und relativer Umweltstabilität entwickeln. Die Umweltbedingungen haben sich allerdings verändert, so daß diese Strukturen nicht mehr adäquat erscheinen.

"In constant surroundings, one could confidently assemble an intricate, ridgid structure combining elegant and refined components - an organizational palace." (Hedberg et al., 1976, S. 44).

In dynamischen Umwelten und unter hohem Zeitdruck sind andere Organisationsstrukturen gefragt, die Hedberg (1984) als Zeltstrukturen bezeichnet. Diese Zeltstrukturen weisen "(...) eine Tendenz zur *Unterorganisation*, verbunden mit einer *Effektivitätsorientierung* der strategischen Organisationsaktivitäten (...)" (Gomez/Zimmermann, 1992, S. 71, Hervorhebungen im Text) auf. Sie sind auf Überlebensfähigkeit in einer sich schnell wandelnden, feindseligen Umwelt ausgerichtet. Die "Bewohner" der Zelte reagieren schnell und unbürokratisch auf Signale. Sie sind aufgeschlossen gegenüber Beweglichkeit und bereit, umzudenken und umzulernen (vgl. Hedberg, 1984, S. 27).

Projektorganisationen sind eine Art Zeltorganisation. Projektorganisationen sind auf Zeit und für hohe Reaktionsgeschwindigkeiten ausgelegt. Sie ermöglichen Flexibilität und fördern Innovationsfreudigkeit, was wiederum durch ihre Struktur bedingt ist, die vergleichsweise unbürokratisch ist. Die Projektorganisation als

---

organisation, die sich z.B. in Vorstandsrichtlinien oder der externen Gesetzgebung manifestiert. Auch die Einbindung der Projekte in die Gesamtheit der Unternehmung dürfte teilweise durch Fremdorganisation geregelt werden müssen.

41) Gomez/Zimmermann äußern allerdings Zweifel, ob es Palaststrukturen in Reinform überhaupt gibt (vgl. Gomez/Zimmermann, 1992, S. 69).

Ganzes bzw. einzelne Projekte können als Zelte bezeichnet werden. Sie werden dort aufgeschlagen, wo sie benötigt werden und nach Erreichung des Zieles wieder abgebaut, um an anderer Stelle wieder aufgeschlagen zu werden.

ORGANISATION AUF DAUER	ORGANISATION AUF ZEIT
Präsituativ gestaltete Organisationstrukturen ohne zeitliche Befristung	*Strukturen zur Erfüllung von Aufgaben, deren zeitliches Ende absehbar ist*
• Strukturen und Prozesse stellen auf absehbare Zeit ähnliche, sich kaum ändernde Anforderungen. • Bei der Verabschiedung organisatorischer Regelungen gibt es keine Zeitbeschränkungen, sie gelten "auf ewig". • Zuständigkeiten werden pauschal den dafür geeigneten und spezialisierten Organisationseinheiten zugeordnet. • Nach grösseren Fristen werden grössere Restrukturierungen und andere organisationsanpassende Massnahmen durchgeführt. Die Organisationsgestalt ändert sich durch relativ seltene (episodische) und tiefgreifende Wandelprozesse ("unfreeze, move, refreeze")	• Strukturen und Prozesse unterliegen einem schnellen Wandel und müssen laufend überdacht und angepasst werden. • Organisatorische Regelungen werden zeitlich befristet: Sie gelten nur bis zu einem festgelegten Zeitpunkt, z.B. der Erreichung eines Zieles. • Zuständigkeiten werden Mitarbeitern zur Erledigung eines zeitlich begrenzten Auftrages oder Projektes zugewiesen. Nach dessen Erledigung erlischt die Beauftragung und die damit verbundene Autoritätszuweisung. • Durch die zeitliche Befristung von Organisationsstrukturen ergibt sich automatisch ein fortlaufender Anpassungsprozess der Strukturen an sich wandelnde Bedingungen. Die Organisationsgestalt befindet sich in einem ständigen Fliessgeleichgewicht.

Abbildung 19: Palaststruktur versus Zeltstruktur (Quelle: Gomez/Zimmermann, 1992, S. 65)

4.1.3. Projektorganisation als Grundlage für die Umstellung auf Prozeßorganisation

Umstellung auf Prozeßorganisation (vgl. Österle, 1993) ist eines der Schlagworte der neueren betriebswirtschaftlichen Literatur. Weiterhin ist Prozeßorientierung ein wichtiger Bestandteil des Lean Management-Konzepts, da Organisationen marktgerechter und kundenfreundlicher sowie ablauforganisatorisch effizienter gestaltet werden können, dadurch daß durch Prozeßorganisation eine Rückführung der hohen Arbeitsteilung und eine Orientierung an zusammenhängenden Prozessen möglich wird. Die Optimierung eines abgeschlossenen Prozesses wird in den Vordergrund der Betrachtung gerückt, nicht die einzelnen Bereiche, wie Vertrieb und Abwicklung. Dadurch werden Zusammenhänge und Probleme aufgedeckt, und die Arbeitsteilung kann zurückgeführt werden.

Die Ganzheitlichkeit und Rückführung der Arbeitszerlegung ist ein Element, das auch in der Projektorganisation eine wichtige Rolle spielt. Projektorganisation kann quasi als Grundlage oder ein Element der Prozeßorganisation angesehen werden (vgl. Bullinger et al., 1994, S. 20). Sie bedeutet nichts anderes, als die Aufteilung der gesamten Abläufe in einer Unternehmung und Bündeln von abgeschlossenen Abläufen als Prozesse, die sich durch die gesamte Unternehmung ziehen können. Diese Prozesse stellen im Grunde nichts anderes dar als kleine Projekte. Sie sind abgeschlossen, zeitlich begrenzt und "einzigartig". Die Prozesse können daher wie Projekte gehandhabt werden. Hammer/Champy unterscheiden im Zuge der Ausrichtung von Unternehmen an Prozessen Prozeßteams, die immer wieder anfallende Aufgaben in fest zusammengestellten Teams erledigen, und virtuelle Teams, die gleichzusetzen sind mit Projektteams im engeren Sinne (vgl. Hammer/Champy, 1994, S. 91f). Beiden ist gemeinsam, daß sie "(...) lediglich eine Gruppe von Mitarbeitern wieder zusammen (führen, Anm. d, Verf.), die durch die Organisationsstruktur künstlich zerrissen wurde." (Hammer/Champy, 1994, S. 91). Damit können Projekte (und Prozesse) Mängel heilen, die durch aufbauorganisatorische Grundstrukturen, wie Divisionalisierung, entstehen.

Erfahrungen eines Unternehmens im Projektmanagement und in der -organisation können eine wichtige Hilfe in der Durchsetzung und Aufrechterhaltung der Prozeßorganisation sein. Es ist denkbar, daß aufgrund positiver Erfahrungen mit der Projektorganisation die gesamte Aufbauorganisation auf Prozesse aufgebaut und damit nach Prozessen strukturiert wird (vgl. Kapitel 3).

4.1.4. Menschengerechte Arbeitsgestaltung durch Ganzheitlichkeit

Durch die Hawthorne-Experimente (vgl. Roetlisberger/Dickson, 1939) wurden die sozialen Bedürfnisse der Menschen in Organisationen erkannt. Durch Arbeiten in der Gruppe - und damit auch im Projektteam - können die Nachteile der Arbeitsteilung überwunden werden, die durch Taylor (1911) perfektioniert wurde und zur Entfremdung von der Arbeit führt(e) (vgl. von Rosenstiel, 1992, S. 259).

Diese Möglichkeit wird dadurch eröffnet, daß in Projekten eine überschaubare, geistig verarbeitbare Aufgabe erfüllt oder ein Prozeß "abgearbeitet" wird (vgl. Ulich, 1991). Der ausführend Tätige erfüllt nicht nur eine Aktivität, sondern hat eine Aufgabe, die nicht nur eine unvollendete Handlung ist, und ein Ziel. Die Indifferenz, die ein "Teilarbeiter"[42] wegen des fehlenden Sinnzusammenhangs an den Tag legt, kann vermieden werden(vgl. Hill et al., 1989, S. 301). Außerdem sieht jedes Teammitglied am Ende des Projektes das Ergebnis. Aufgrund der eben beschriebenen Ganzheitlichkeit der Aufgabe, geht von Projekten eine relativ hohe Motivationswirkung aus.

4.1.5. Flexibilität statt Scheuklappendenken

Flexibilität und Institutionalisierung erscheint als ein Widerspruch in sich: Organisationsstrukturen, die institutionalisiert sind, können nicht mehr flexibel sein und umgekehrt. Projektorganisation kann bis zu einem gewissen Grad gerade beides leisten. Sie ist institutionalisiert, da es für sie feste Regeln und Regelungen im Unternehmen gibt, und das grundsätzliche Bekenntnis zur Projektorganisation vorhanden sein muß. Sie ist aber insofern flexibel, als sie überall im Unternehmen ad hoc institutionalisiert werden kann und nach Ende des Projektes wieder "verschwindet". Sie bietet daher eine gute Möglichkeit, Probleme vergleichsweise schnell und unbürokratisch zu lösen. Der Projektleiter verfügt über Entscheidungskompetenz für ein Projekt, in dem Ausmaß wie sie ihm vom Lenkungsausschuß delegiert worden ist. Der langwierige Abstimmungsprozeß über Hierarchien und Abteilungen hinweg wird abgekürzt und zielführender.

Wenn Flexibilität und Schnelligkeit (bei Sonderaufgaben) gefordert sind, bieten funktionale oder divisionale Organisationen nur ungenügende Voraussetzungen (vgl. Hörrmann/Tiby, 1989, S. 75). Die Entscheidungprozesse innerhalb eines Bereiches und vor allem über die Bereiche hinweg gestalten sich schwerfällig und langsam. Der Erfolg von Sonderaufgaben oder Projekten (sowie die kreative Leistung, die diese Sonderaufgaben erfordern) ist aber ein entscheidender Faktor für den Erfolg oder Mißerfolg der Unternehmung am Markt und nach innen (vgl. Hörrmann/Tiby, 1989, S. 75). Hierfür ist der Aufbau eines innovationsfreundli-

---

42) Der Begriff des Teilarbeiters wurde von Karl Marx geprägt. Vgl. König, 1976, S. 33.

chen Klimas durch Abbau eines "Scheuklappendenkens" in Abteilungsgrenzen und des "NIH-Syndrom" (NIH= not invented here) (vgl. von Eiff, 1991, S. 253) nötig.

Nach Untersuchungen im F+E-Bereich steigt die Leistung, wenn Kommunikation über Abteilungsgrenzen hinaus stattfindet, was in interdisziplinären Teams erfolgen kann (siehe Meissner, 1971). Das Fachwissen diverser Spezialisten wird gebündelt und zielorientiert, auf eine Problemlösung oder auf die Abwicklung eines Prozesses vom Anfang bis zum Ende gerichtet, eingesetzt. Für jeden Einzelnen ergibt sich die Chance, sein Fachwissen in ein innovatives Vorhaben einzubringen und gleichzeitig neues Spezialwissen aufzubauen. Diese Vorteile müssen nicht auf den F+E-Bereich beschränkt bleiben.

4.1.6. Interdisziplinarität und Wissensnutzung

Durch Organisationsformen, die auf fachliche Abgrenzung und Spezialistentum ausgerichtet sind (und die heute in den meisten Unternehmen zu finden sind), können Wettbewerbsvorteile nicht mehr erreicht werden (vgl. Wheelwright/Hayes, 1985 und Stalk, 1988). "Herkömmliche" Organisationen weisen in dieser Hinsicht Mängel auf, die durch Einsatz von Projektorganisation überwunden werden können.

In "herkömmlich" gegliederten Organisationen treten Kommunikationsprobleme unter Mitarbeitern aus verschiedenen Abteilungen auf, da sie häufig abteilungs- oder fachspezifische Interessen verfolgen. Im Vordergrund steht meist nicht, gemeinsam an einer Lösung auf ein Ziel hin zu arbeiten, sondern die Position der Abteilung oder des Bereichs zu optimieren (vgl. Hörrmann/Tiby, 1989, S. 76).

Durch diese Einstellung geht wertvolle Kraft und Wissen verloren. Durch Institutionalisieren von Projektorganisation als Sekundärorganisation kann eine Umorientierung weg von Bereichsegoismen hin zu teamorientiertem bereichsübergreifendem Denken ohne Filtern durch Hierarchien gefördert werden (vgl. Hörrmann/Tiby, 1989, S. 76). Durch Projektorganisation können folglich nicht nur individuelle Fähigkeiten und kreative Potentiale durch das Zusammenführen von

Mitarbeitern aus verschiedenen Abteilungen und Bereichen freigesetzt werden, sondern auch interdisziplinäres Denken und Handeln.[43]

Für das Zusammenführen möglichst vieler Betroffener und Wissensträger aus verschiedenen Bereichen des Unternehmens in Projekten spricht die sich daraus ergebende Möglichkeit der Wissensnutzung. Alle Projektteilnehmer verfügen über Fachwissen aus ihren "Heimathäfen" und aus dem täglichen Geschäft. Dieses Wissen kann durch Zusammenführen in Projekten für des Unternehmen erschlossen und produktiv umgesetzt werden (vgl. Buttler, 1992, S. 436). Wertvolles Wissen, das sonst ungenutzt bliebe, weil keine Verwendungsmöglichkeit in der täglichen Routinearbeit existiert, kann in Projekten der Unternehmung zugänglich gemacht werden. Durch ein solches Vorgehen lassen sich Fehler vermeiden und die Akzeptanz der Ergebnisse auf allen Ebenen der Unternehmung kann erhöht werden. Hinzu kommt, daß durch Einbindung vieler Fachleute mögliche Konsequenzen in der Umsetzung eher abgeschätzt werden können. Zugleich können auch die Werte der Mitarbeiter Eingang finden, was indirekt zu einer Beeinflussung des Gesamtunternehmens führen kann.[44] Aufgrund dieser Merkmale sind Projekte geeignet, den neuen Werthaltungen und Ansprüchen der Mitarbeiter in verstärktem Maße Rechnung zu tragen (vgl. Volk, 1992, S. 515).

4.1.7. Vorteile der strategischen Mobilisierung

Ein Vorteil, den die Projektorganisation zu leisten im Stande ist, kann in der "strategischen Mobilisierung" (Kirsch/Maaßen, 1989b, S. 13) der (operativen) Führungskräfte bestehen[45]. Nach Kirsch/Maaßen stellt die strategische Mobilisierung der (operativen) Führungskräfte den Versuch dar, in der Linie strategisches Denken zu verankern und eine möglichst hohe Akzeptanz des strategisch Gewollten zu schaffen. Die strategische Mobilisierung kann über die Teilnahme mög-

---

43) Allerdings erscheint es fraglich, ob in interdisziplinären Teams auch die schnelle Aufnahme neuartiger Informationen im Sinne einer Frühaufklärung, die auf schwache Signale reagiert (vgl. Kirsch, 1990b, S. 333), erfolgen kann.

44) Zu Fragen des Einbringens von Mitarbeiterwerten in die Unternehmung siehe ausführlich Kirsch/Maaßen, 1989b, S. 13 und 141ff.

45) Die strategische Mobilisierung kann, sofern dies sinnvoll und wünschenswert erscheint, auch auf die Mitarbeiter ausgedehnt werden, um strategiekonformes Handeln im operativen Bereich zu sichern.

lichst vieler Führungskräfte am Strategiefindungs- und (Strategie-) Planungsprozeß erreicht werden.[46]

Als eine mögliche Arena (im Sinne von Kirsch, 1988, S. 159) für die strategische Mobilisierung können Projekte angesehen werden. Sie stellen eine Arena dar, in der zumindest Teile der unteren und mittleren Führungsebenen am Strategiebildungs- und Planungsprozeß teilnehmen können, und die auch auf Fachleute aus verschiedenen Unternehmensbereichen, die nicht in der Führungslaufbahn sind, ausgedehnt werden kann. Durch die Beteiligung möglichst vieler Leute wird sehr wahrscheinlich ein hohes Commitment erreicht, d.h. die Fachkräfte und operativen Führungskräfte werden strategisch mobilisiert und zugleich wird die Qualität des Ergebnisses erhöht (vgl. Punkt 4.1.6.).

Der grundlegende Gedanke könnte auch auf Nicht-Führungskräfte angewendet werden. Partizipationsmöglichkeiten und strategische Mobilisierung können durch Konzepte wie Lernstatt und Qualitätszirkel erreicht werden (vgl. Hentze, 1989, S. 325ff). Während Qualitätszirkel den Charakter von dauerhaften Kollegien aufweisen, ist die Lernstatt von der Konzeption her ein Pendant zur Projektorganisation, da sie eher auf Zeit angelegt ist (vgl. von Rosenstiel, 1992, S. 113).

4.1.8. Alternative Karriere

In Zeiten, in denen Hierarchiestrukturen flacher werden und Fachlaufbahnen gleichwertig neben Führungslaufbahnen aufgebaut werden, stellen Projekte und Projektaufgaben ein wichtiges Anreiz- und Motivationsinstrument dar (vgl. Klee, 1991, S. 390). Zum einen bieten sie Mitarbeitern der Fachlaufbahn immer wieder neue reizvolle und anspruchsvolle Aufgaben. Zum anderen kann über Projektmanagement auch eine Art Hierarchieklettern über die Leitung immer größerer Projekte stattfinden.

---

46) Als Beispiel für Partizipation möglichst vieler Führungskräfte am Strategiefindungsprozeß soll der Reorganisationsprozeß der Bayerischen Vereinsbank 1993 genannt werden. In diesem Reorganisationsprozeß waren über 200 der besten Fach- und Führungskräfte beteiligt. Dies wurde möglich durch Bilden eines Projektteams mit diversen Teilprojektteams.

4.1.9 Zusammenfassung: Erzielbare Vorteile der Projektorganisation

Hier sollen noch einmal die oben ausführlich diskutierten Vorteile der Projektorganisation in kurzer Form zusammengefaßt werden:

- Projekte bieten Arenen für selbstorganisierende Prozesse und damit eine Möglichkeit, Kreativität und Spontaneität der Mitarbeiter für das Unternehmen nutzbar zu machen. Daneben kann durch Zulassen von Selbstorganisation in Projekten die Leitungsspitze entlastet und Verantwortung auf eine niedrigere Ebene verlagert werden.

- Projektorganisation bietet hohe Flexibilität im Einsatz und in der Reaktionsgeschwindigkeit. Daher eignet sie sich vor allem bei innovativen Vorhaben mit hohem Neuigkeitswert, bei denen Geschwindigkeit und Innovation eine große Rolle spielen.

- Als Grundlage der Prozeßorganisation leistet Projektorganisation "Starthilfe" auf dem Weg zum Lean Management, das sich an Prozessen statt an Abteilungen ausrichtet.

- Menschengerechte Arbeitsplatzgestaltung kann durch Projektorganisation und in Projekten zumindest ein Stück weit verwirklicht werden. In Projekten werden zusammenhängende, abgrenzbare und überschaubare Aufgaben gelöst.

- Projektorganisation bietet Flexibilität für ein Unternehmen ebenso wie flexiblen Einsatz der Mitarbeiter. Zugleich kann durch flexiblen Einsatz auch in fachfremden Bereichen eine Reduzierung des Scheuklappendenkens erreicht werden.

- Durch Projektorganisation wird bereichsübergreifendes Denken und Handeln gefördert. Der Mitarbeiter bekommt einen Einblick in verschiedene Bereiche des Unternehmens, wodurch das Verständnis für Zusammenhänge und Abhängigkeiten ausgeweitet wird. Projektorganisation ermöglicht Wissensnutzung diverser Spezialisten, die in Projekten zusammengeführt werden.

- Strategische Mobilisierung, eng verknüpft mit Fragen der Sinnorientierung, kann unter anderem in und durch Projektorganisation gefördert werden.

- Projektorganisation bietet die Möglichkeit alternativer Karrieren in Zeiten, in denen Hierarchien flacher werden.

4.2. Definition und Strukturvarianten der Projektorganisation

Im folgenden werden Strukturvarianten der Projektorganisation aufgezeigt nachdem eine kurze Definition von Projekten erfolgt ist.

4.2.1. Definition und Abgrenzung "Projekt" und "Kollegien/Prozeßteams"

4.2.1.1. Allgemeine Kennzeichen: Projekte

Projekte sind gekennzeichnet durch Einmaligkeit und Neuartigkeit der Aufgabe, fest vorgegebenen Zeit- und Ressourcenrahmen und hohen Koordinationsaufwand sowie klare Abgrenzung gegenüber dem Tagesgeschäft (vgl. Maaßen, 1989, S. 196; Kappler/Wegmann, 1985, S. 118 oder Chmelik/Kappler, 1985, S. 118). Die Einmaligkeit und die begrenzte Dauer sind die entscheidenden Merkmale eines Projektes, die Projektaufgaben von den anderen, dauernd zu erfüllenden Aufgaben abgrenzen.

Projektorganisation kann als zusätzliche Organisationsschicht oder als Querschnittsorganisation zusätzlich zu der sonstigen Aufbauorganisation angesehen werden. Sie wird vor allem dort eingesetzt, wo aufbauorganisatorische (Grund-)Strukturen zu kurz greifen (zum Beispiel die Divisionalisierung). Die ursprüngliche Aufbauorganisation bleibt von der Projektorganisation weitgehend unberührt. Der Linienmitarbeiter wird gegebenenfalls Projektteammitglied. Er kann zu 100% für Projektarbeit freigestellt sein oder aber zu einem gewissen Prozentsatz seiner Arbeitskapazität weiterhin Linientätigkeit wahrnehmen. Dann bringt er nur den Rest seiner verfügbaren Arbeitszeit in ein Projekt ein. Als Strukturalternativen bieten sich generell drei Institutionalisierungsmöglichkeiten an, die unten eingehender erörtert werden.

4.2.1.2. Allgemeine Kennzeichen: Kollegien/Prozeßteams

Kollegien bestehen aus mehreren Mitgliedern, die in der Gruppe verschiedene Aufgaben lösen und sich in bestimmten Abständen treffen. Es sind Kollegien gemeint, die nicht nur Abstimmungen vornehmen, sondern wie Projektgruppen arbeiten, und daher auch mit eigenen Befugnissen und Budgets ausgestattet sein müssen. Als Hauptvorteil gilt auch hier die "(...) Pluralität der Willensbildung, die Erleichterung der Koordination, die Verkürzung der Informationswege und die Verbesserung der menschlichen Beziehungen (...)" (Kappler/Wegmann, 1985, S.117). Der wesentliche Unterschied zwischen beiden besteht in der zeitlichen Komponente. Während Projekte ein klar definiertes Ende aufweisen, sind Kollegien auf unbegrenzte Zeit angelegt. Hammer/Champy verwenden statt des Ausdrucks "Kollegium" den Begriff "Prozeßteam". Prozeßteams haben ungefähr die gleiche Funktion, die gleichen Merkmale und die gleiche Zusammensetzung wie ein Kollegium (vgl. Hammer/Champy, 1994, S. 91). Prozeßteams werden für immer wieder auftretende Aufgaben zusammengestellt und bearbeiten diese Aufgaben üblicherweise auch immer in der gleichen Zusammensetzung. Die Mitarbeiter, die in das Team entsandt werden, kommen aus verschiedenen Abteilungen, haben verschiedene Spezialgebiete und werden meist zu 100% ihrer Zeit in Prozeßteams eingesetzt. Prozeßteams weisen daher in der Regel die gleichen Vorteile wie Projekte auf und können in den gleichen Organisationsformen auftreten.

4.2.2. Strukturvarianten von Projektorganisation

Die im folgenden beschriebenen aufbauorganisatorischen Formen von Projekten werden mit den in der Literatur üblichen Begriffen überschrieben. Allerdings sind alle vorgestellten Formen der Projektorganisation im Grunde eine Art Matrixorganisation nur mit unterschiedlich stark ausgeprägten Weisungsrechten und verschiedenem Kapazitätsverbrauch.

4.2.2.1. Task Force

In der reinen Projektorganisation[47] (task force) werden autonome Projekteinheiten gegründet, die über alle zur Realisierung des Projektes notwendigen Kompetenzen verfügen. Der Projektmitarbeiter wird hier völlig aus der Linie herausgelöst. Der Projektleiter übernimmt die Rolle des Linienvorgesetzten. Es entsteht eine Parallelorganisation (vgl. Hill et al., 1989, S. 203). Sie wird bei sehr großen Projekten angewendet, da sonst der hohe Aufwand, der mit einer Task Force verbunden ist, nicht zu rechtfertigen wäre (vgl. Hentze/Brose, 1985, S. 70).

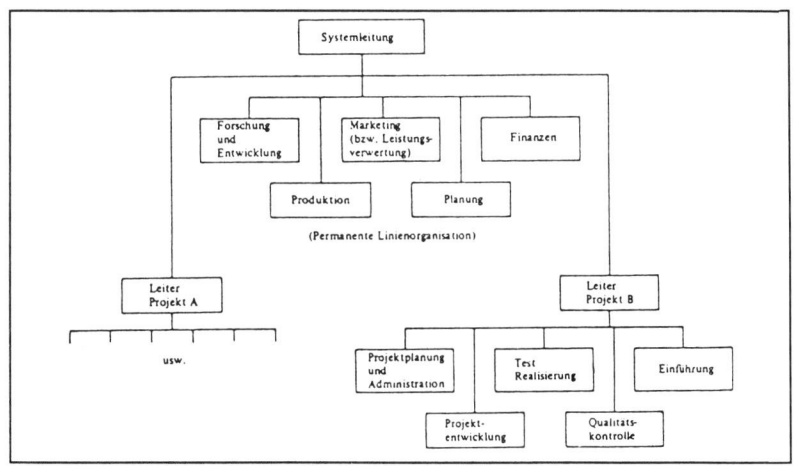

Abbildung 20: Task Force Struktur (Quelle: Hill et al., 1989, S. 204)

Der Vorteil einer Task Force besteht in der Unabhängigkeit und den Entscheidungsbefugnissen, über die der Projektleiter verfügt. Der Projektleiter kann sich voll und ganz auf die Erreichung der Ziele konzentrieren, was die Chancen eines erfolgreichen Abschlusses des Projektes erhöht. Er muß keine konfliktären Ziele anderer Manager berücksichtigen (vgl. Kieser/Kubicek, 1983, S. 148).

Als nachteilig kann bei dieser Form angesehen werden, daß die Mitarbeiter vollständig aus der Linie ausgegliedert werden und unter Umständen Probleme beim

---

47) Alle Projektorganisationsformen werden ausführlich zum Beispiel bei Bühner (1985, S. 220ff) behandelt.

Wiedereintritt in die Linie auftreten. Außerdem können die Spezialisten, oder die für das Projekt abgezogenen Mitarbeiter und Ressourcen unter Umständen nur teilweise ausgelastet sein, was eine Verschwendung von Kapazitäten bedeutet (vgl. Kieser/Kubicek, 1983, S. 148).

4.2.2.2. Stabs-Projektorganisation

In der Stabs-Projektorganisation hat der Projektleiter keine Entscheidungskompetenz, sondern sorgt für Koordination (vgl. Hentze/Brose, 1985, S. 69). Er muß sich dabei mit den für permanente Aufgaben zuständigen organisatorischen Einheiten, also der Linie, einigen. Das disziplinarische Weisungsrecht für die Mitarbeiter behält weiterhin der Linienvorgesetzte. Er entscheidet auch, inwieweit ein Mitarbeiter für Projektarbeit freigestellt wird. Die Verantwortung für das Gelingen des Projektes kann der Projektleiter bei dieser Konstellation nicht übernehmen (vgl. Hill et al., 1989, S. 203).

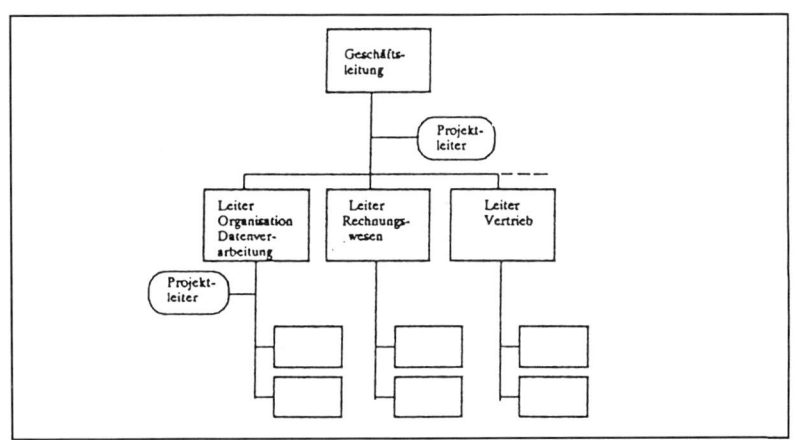

Abbildung 21: Stabs-Projektorganisation (Quelle: Schmidt, 1991, S. 103)

Als Vorteil dieser Strukturvariante kann angesehen werden, daß nur wenige organisatorische Veränderungen nötig sind. Als Nachteil kann die schwache Position des Projektmanagers angesehen werden. Er kann zwar höhere Instanzen anrufen, aber dieser Prozeß ist zeitintensiv und führt zu Überlastungen höherer Hierarchieebenen (vgl. Kieser/Kubicek, 1983, S. 148).

4.2.2.3. Matrix-Projektorganisation

Die dritte Strukturvariante stellt die Matrix-Projektorganisation dar. In ihr treffen zwei Entscheidungslinien aufeinander. Zum einen die "Linienentscheidungslinie" zum anderen die mit Entscheidungsbefugnissen ausgestattete Projektmanagementlinie. Durch Institutionalisierung beider Entscheidungslinien entsteht eine Matrixorganisation (vgl. Weidner, 1990, S. 110). Dem Konflikt der Matrixorganisation versucht man durch exakte Stellenbeschreibung, langfristige Rahmenplanung und klare Zuteilung von Ressourcen und Kapazitäten entgegenzuwirken. (vgl. Kieser/Kubicek, 1983, S. 151).

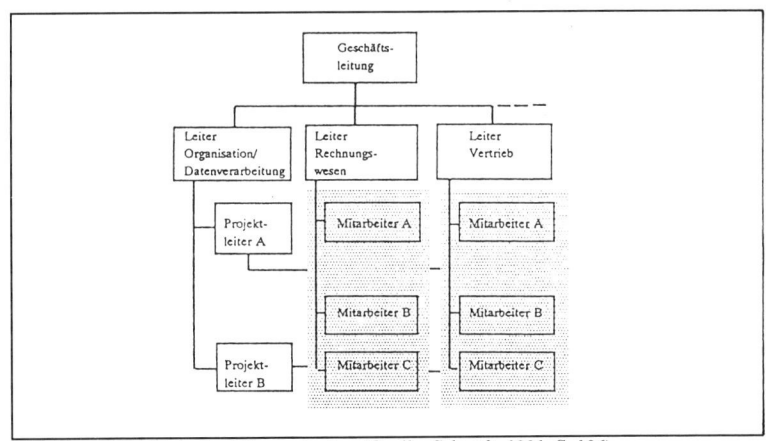

Abbildung 22: Matrix-Projektorganisation (Quelle: Schmidt, 1991, S. 106)

Die Aufgaben des Projektleiters bestehen in der Koordination aller Belange, die sein Projekt betreffen, vor allem unter zeitlichem Aspekt. Der Projektleiter verfügt über echte Entscheidungsbefugnisse genauso wie ein Linienvorgesetzter, um sich durchsetzen zu können (vgl. Hill et al., 1989, S. 207).

Der Vorteil dieses Mehrliniensystems besteht darin, daß die Instanzen der funktionalen Abteilung auf die Effizienz des Ressourceneinsatzes des Projektes achten und der Projektleiter auf den Fortschritt und die Erreichung der Projektziele.

Als nachteilig kann sich in dieser Strukturvariante der der Matrixorganisation immanente Konflikt auswirken, der durch die Koordination zweier Kompetenzsysteme auftreten kann (vgl. Hill et al. 1989, S. 207). Dieser Konflikt dürfte vor allem bei knappen Ressourcen virulent werden. Wenn eine exakte Regelung der Aufgaben und Kompetenzen erfolgt, können sich diese systembedingten Konflikte durchaus positiv und produktiv auswirken (vgl. Grochla, 1983, S. 211).

4.3. Probleme bei der Institutionalisierung von Projekten

Projektorganisation erscheint einerseits als eine fast perfekte Lösung, wenn es darum geht, Mängel der Divisionalisierung zu heilen. Zugleich weist sie einige wichtige Vorteile an sich auf. Andererseits ergeben sich aus der Institutionalisierung auch einige Probleme, die hier erörtert werden.

4.3.1. Kapazitätsmäßige Zuordnung der Mitarbeiter

Mitarbeiter können Vollzeit oder zu einem Teil ihrer verfügbaren Kapazität in Projekten eingesetzt werden.

1) Der Fall, daß Mitarbeiter 100 % ihrer Zeit in Projekten verbringen, ist für Banken nur temporär und in Ausnahmefällen vorstellbar. Nach Abschluß eines solchen Projektes kehren die Mitarbeiter in ihre Linienfunktionen zurück. Im Falle der 100%-Mitarbeit in Projekten muß der Mitarbeiter komplett aus der Linie herausgelöst werden und sowohl fachlich als auch disziplinarisch einem Projektleiter unterstellt werden, der dem Mitarbeiter gegenüber weisungsbefugt ist.

2) Der häufigere oder Normalfall bei Banken ist der, daß der Mitarbeiter einen Teil seiner Kapazität in eines oder mehrere Projekte investiert und den Rest seiner Kapazität in seine Linienaufgaben. Diese "Teilzeitvariante" hat diverse Vorteile. Erstens behält der Mitarbeiter den Kontakt zur Linie und damit auch zu seiner Wissensbasis. Zweitens kann der Mitarbeiter durch den Kontakt zu seinen Linienkollegen helfen, Synergien zu realisieren. Dies geschieht, indem er sein Projektwissen der Linienabteilung und über Kollegen auch anderen Projekten zugänglich macht, so daß inkonsistente Entwicklungen in diversen Projekten und Abteilungen aufgrund von Unwissenheit weitgehend vermieden werden können (vgl. Womack et al., 1991, S. 110). Drittens kann durch Anbinden an die Linie und damit indirekt an andere Projekte auch eine Koordination knapper Ressourcen besser erreicht werden,

so daß diese nicht von mehreren Projekten gleichzeitig in Anspruch genommen werden (vgl. Womack et al., 1991, S. 110).

Für die Einbindung von Führungskräften gilt das eben Diskutierte gleichermaßen. Auch für sie empfiehlt sich ein Teilzeiteinsatz in Projekten bei gleichzeitiger Einbindung in die Linie.

4.3.2. Weisungsbefugnis

Wenn ein Mitarbeiter zu einem gewissen Prozentsatz seiner Kapazität in Projekten eingesetzt wird und Linienaufgaben wahrnimmt, dann stellt sich die Frage der Zuordnung. Ein Mitarbeiter kann sowohl fachlich als auch disziplinarisch dem Linienvorgesetzten unterstellt bleiben und fachlich zugleich dem Projektleiter unterstellt werden. Diese Art der Zuordnung zu mehreren Vorgesetzten dürfte jedoch auf Dauer zu Problemen und Unklarheiten bei Kompetenzen aus Sicht des Mitarbeiters und der Vorgesetzten führen. Als Lösung dieses Problems schlagen Womack et al. vor, das fachliche und disziplinarische Weisungsrecht des Linienvorgesetzten aufrecht zu erhalten und den Projektleiter zugleich mit disziplinarischem Weisungsrecht auszustatten (vgl. Womack et al., 1991, S. 114f). Das disziplinarische Weisungsrecht eines Projektleiters geht überall dort dem des Linienvorgesetzten vor, wo es die Ressourcen und den Fortgang des Projektes betrifft. Daher kann der Erfolg von Projekten durch klare Weisungsbefugnisse gesichert werden. Ohne eine solche Regelung erscheint es fraglich, ob sich vor allem Prozeßverantwortliche gegenüber den Divisionen und deren Interesse behaupten können, da Prozesse zwar für das Unternehmen und seinen Erfolg sehr wichtig sein können, aber im Vergleich zu einer Division eher wenig "Gewicht" haben dürften.

4.3.3. Karriereleiter der Mitarbeiter

Es stellt sich die Frage, inwieweit das Engagement in einem Projektteam wichtig für den weiteren Berufsweg des Mitarbeiters ist. Die Mitarbeit könnte sowohl förderlich als auch hinderlich sein, je nachdem ob der Linienvorgesetzte die Mitarbeit im Prozeßteam begrüßt oder als störend und überflüssig empfindet, wenn er derjenige ist, der die Beurteilung des Mitarbeiters vornimmt. Dies kann soweit gehen, daß Konflikte darüber entstehen, ob der Vorgesetzte in der "Linie" das Recht hat, über Vorgänge im Prozeßteam unterrichtet zu werden.

Der "übliche" Karriereweg führt über Aufstieg in der Linie. Wenn Projekte und Projektarbeit institutionalisiert werden, muß die Mitarbeit in Projekten auch eine Rolle für den Aufstieg in der Hierarchie oder für den Aufstieg in der Fachlaufbahn spielen. Beim Aufstieg in der Linie sollte das Fokus eher auf das Verhalten des Mitarbeiters in Projekten als auf die Linientätigkeit gelegt werden, um Projektmitarbeit attraktiv zu machen (vgl. Womack et al., 1991, S. 120). Durch die Kopplung von Aufstieg in der Hierarchie und erfolgreicher Projektmitarbeit kann zugleich ein Beitrag zur Sicherung des Erfolges des Projektes geleistet werden.

4.3.4. Konfliktmanagement

Bei Einführen von Projektorganisation in einem Unternehmen muß damit gerechnet werden, daß Interessenskonflikte zwischen Linie und Projekt(en) auftreten. Für diesen Fall der Interessenskollision müssen "Vorfahrtsregeln" definiert werden, um die Konflikte positiv zu nutzen und zu lösen. Hierfür gibt es zwei Prinzipien (vgl. Womack et al., 1991, S. 121):

1) Wichtig für den Erfolg von Projekten ist, daß die Konflikte nicht umgangen werden, sondern daß möglichst früh versucht wird, die potentiellen Konflikte zu lösen.

2) Zur Lösung des Konfliktes ist es Voraussetzung, daß jedes einzelne Teammitglied einem Teamcommitment zustimmen und es unterschreiben muß. Damit sind die Teammitglieder daran gebunden, Projektinteressen auch gegen Linieninteressen durchzusetzen.

Diese Art der Konflikthandhabung oder besser -vermeidung hat den Vorteil, daß sie dezentral ablaufen kann anstatt über die Vorgesetzten, was zusätzlich Zeit und Kapazität kostet.

4.3.5. Qualifikationserwerb

In Zeiten, in denen Wissen schnell veraltet, ist die Weiterqualifizierung oder auch nur das Aufrechterhalten einmal erworbener Qualifikationen eine wichtige Aufgabe für Mitarbeiter und Unternehmen gleichermaßen. Durch Mitarbeit in Projekten wird die Qualifizierung des Mitarbeiters je nach Einsetzungsgrad in Projekten erschwert oder quasi unmöglich soweit es seine in der Linie benötigten Qualifikationen betrifft (vgl. Womack et al., 1991, S. 110). Damit kann einem Mitarbeiter ein gravierender Nachteil durch Mitarbeit in Projekten entstehen und die Bereitschaft sinken, in Projekten mitzuwirken. Andererseits kann ein Mitarbeiter durch die Projektarbeit zusätzliches Fachwissen und fachübergreifende Qualifikationen erwerben. Das entscheidende an diesen Qualifikationen ist, daß sie für den Mitarbeiter einen konkreten Anwendungsnutzen haben, sei es für seine Linienaufgaben oder für seinen weiteren Aufstieg. Dieser Anwendungsnutzen kann nicht immer gewährleistet werden und damit ist fraglich, inwieweit Projektarbeit auch seitens des Unternehmens honoriert wird.

Die Schwierigkeit besteht darin, den richtigen Ausgleich zwischen Aufrechterhalten und Weiterentwicklung des in der Linie geforderten Wissens und des Erwerbs von Projektwissen (und damit Zusatzwissen), das sehr stark in die Tiefe oder auch in die Breite gehen kann, zu erreichen. Dieser Ausgleich und die Weiterentwicklung des Fach- und Allgemeinwissens kann von Mitarbeitern allein nicht sichergestellt werden. Die Steuerung muß weitgehend durch das Unternehmen mit Unterstützung und Förderung sowohl durch den Linien- als auch durch den Projektvorgesetzten erfolgen. Voraussetzung ist, daß beide bereit sind, zum Wohle des Mitarbeiters zu kooperieren, und unter Umständen zu Gunsten des jeweils anderen den Mitarbeiter zu fördern.

4.3.6. Auslagerung ganzer Aufgabenkomplexe

Häufig werden ganze Aufgabenkomplexe oder komplexe Aufgaben aus der Grundstruktur ausgelagert und in Projekten abgewickelt. Als Beispiel für Banken seien der Ablauf der Neueinführung eines Produktes und die Sicherstellung der technischen Ausstattung pro Arbeitsplatz genannt. Dabei spielt es zunächst keine Rolle, ob es sich um Auslagerung in Prozeß- oder Projektteams handelt.

Typischerweise handelt es sich dabei um Aufgaben, die die Mitarbeit mehrerer Abteilungen, Bereiche oder Divisionen erfordern. Die Aufgaben werden ausgelagert und einem oder unter Umständen auch mehreren Verantwortlichen unterstellt. Damit ist aber die Frage noch nicht geklärt, wie der Aufgabenkomplex in die Gesamtorganisation eingebunden ist, und wer der oder die Auftraggeber ist bzw. sind. Bei einem Projektleiter ist die Frage noch vergleichsweise einfach zu lösen. Er ist seinen Auftraggebern oder dem Hauptauftraggeber verantwortlich, der die Kosten übernimmt, oder dem Bereich/der Division, aus der er kommt. Schwieriger ist diese Frage für den Prozeßverantwortlichen zu beantworten, da der Prozeß aus der Aufbauorganisation herausgelöst ist. Dennoch muß der Prozeß und der Prozeßverantwortliche einer Stelle der Aufbauorganisation zugeordnet werden. Da der Prozeß sich aber häufig über verschiedene Bereiche und/oder Divisionen erstreckt, ist diese Zuordnung schwierig. Es muß daher ein Kriterium gefunden werden, anhand dessen eine Zuordnung zur und Einbindung in die Grundstruktur gefunden werden kann. Denkbar wäre, eine Zuordnung nach der zu erledigenden Hauptaufgabe vorzunehmen. Zum Beispiel für den Prozeß der Warenwirtschaftsabwicklung das Bestellwesen und für den Prozeß der Ausstattung mit technischen Geräten die Organisation als Zuordnung in der Aufbauorganisation zu definieren.

Wichtig bei den Entscheidungen, einen Prozeß zu verselbständigen oder ein Projekt zu initiieren, ist, die Eindeutigkeit der Struktur so weit wie möglich aufrecht zu erhalten. Tritt der Fall häufiger auf, daß bereichs- und/oder divisionsübergreifende Prozesse ausgelagert und Projekte durchgeführt werden, sollte die Grundstruktur geändert werden, da das Durchführen zu vieler Projekte (in Form von Prozessen oder Projekten) auf eine falsche Aufbauorganisation hindeutet. Wenn zu häufig eine offensichtlich unzureichende Primärorganisation durch eine Sekundärorganisation ergänzt werden muß, um funktionsfähig zu bleiben, kann es sinnvoller sein, die Divisionen (wie in Kapitel 3 bereits erwähnt) neu und unter Umständen nach Prozessen zu strukturieren.

4.4. Anwendungen für die Bank

In diesem Punkt sollen Anwendungskandidaten in der Bank erörtert werden, oder anders ausgedrückt: Für welche Tätigkeiten oder Bereiche ist Projektorganisation vorstellbar und sinnvoll. Zunächst sollen allgemeine Anwendungsbedingungen für Projektorganisation gesucht werden. Anhand dieser Bedingungen werden dann Anwendungskandidaten vorgestellt.

4.4.1. Allgemeine Anwendungsbedingungen

Es werden im folgenden bestimmte Merkmale als Anwendungsbedingungen definiert (soweit dies allgemein möglich ist), bei deren Vorliegen es sinnvoll erscheint, ein Projekt zu installieren oder einen Prozeß zu verselbständigen. Allerdings können im Einzelfall auch Sonderfaktoren eine Rolle spielen:

- Die Konzeption als Projekt erscheint dann sinnvoll, wenn ein klarer Anfang und ein klares Ende gegeben sind und gleichzeitig die Aufgabe von hinreichender Wichtigkeit ist (vgl. Kieser/Kubicek, 1983, S. 146). Weniger wichtige Aufgaben dagegen dürften, auch wenn sie zeitlich befristet sind, kaum den Aufwand der Projektorganisation rechtfertigen.

- Die Einmaligkeit oder Neuartigkeit kann die Abwicklung als Projekt rechtfertigen, wenn eine komplexe neue Aufgabe nur durch verschiedene Spezialisten über Abteilungsgrenzen hinweg mit hohem Koordinationsaufwand gelöst werden kann (vgl. Kieser/Kubicek, 1983, S. 146).

- Projekte sind auch dann sinnvoll, wenn die Aufgabe so umfangreich ist, daß sie die Kapazität einer Abteilung und das in einer Abteilung vorhandene Wissen übersteigen würde.

Die gleichen Anwendungsbedingungen gelten übertragen für Prozesse.

4.4.2. Anwendungskandidaten

4.4.2.1. Strategieentwicklung

Durch Projektorganisation können am Strategiefindungsprozeß viele Mitarbeiter partizipieren. Es kann sich dabei sowohl um Führungskräfte der oberen als auch der mittleren und unteren Ebene handeln, aber auch um Fachspezialisten aus Vertrieb und Zentrale. Daneben besteht die Möglichkeit, Planungsspezialisten und/oder Strategiespezialisten einzubinden. Sie alle stellen im Strategiefindungsprozeß ihr Fachwissen zur Verfügung. Damit ist die Chance auf höhere Akzeptanz bei den "Praktikern" bzw. den umsetzenden Mitarbeitern gegeben. Krasse fachliche Fehlentscheidungen können so eher vermieden werden.

Die Anwendung der Projektorganisation auf Strategiefindung (und Umsetzung) ist dabei in verschiedenen Ausprägungen denkbar. Es bietet sich z.B. die Möglichkeit an, überlappende Projektteams einzusetzen. Mehrere Projektteams werden aus Mitgliedern verschiedener Abteilungen zusammengestellt. Die verschiedenen Projektteams werden gleichzeitig eingesetzt und arbeiten an Teilprojekten, die dann in einem übergeordneten Team "zusammengeführt werden". Dieses übergeordnete Projektteam setzt sich aus den Leitern der Einzelteams und Führungskräften einer höheren Führungsebene zusammen, die die Koordination leisten und eine Gesamtausrichtung sicherstellen. Insofern wird ein Filter eingebaut, der die Ergebnisse aus der Sicht der Unternehmensleitung selektiert. Der Vorteil dieser Lösung besteht darin, daß viele Betroffene zu Beteiligten gemacht werden können, ohne daß der Strategiefindungsprozeß diffus wird und nicht-kompatible Teilergebnisse produziert, die keine geschlossene Linie haben.[48]

Strategiefindung als Projekt zu gestalten, bietet sich an, weil diese Aufgabe keine permanente Tätigkeit erfordert. Eine Bankstrategie wird nicht laufend revidiert, sie kann zwar in turbulenten Umwelten nicht statisch sein, sondern muß immer wieder angepaßt werden. Aber diese Anpassungen stellen im Normalfall keine grundlegende Revision der Strategie an sich dar. Außerdem weist Strategieentwicklung eine hohe Neuartigkeit und Einzigartigkeit auf. Sie hat einen klar definierten Anfang, nämlich dann, wenn der Anpassungsdruck oder Neuausrichtungsdruck aufgrund von Umweltveränderungen extrem hoch geworden ist und eine neue Strategie erzwingt. Das Ende ist mit Verabschiedung der neuen Strategie durch den Vorstand oder die Geschäftsleitung erreicht.

4.4.2.2. Strategieumsetzung (Begleitung der Umsetzung)

Für die Umsetzung der Strategie und die notwendigen Anpassungsprozesse kann ein Projektteam eingesetzt werden. Seine Aufgabe besteht darin, die Anpassungen innerhalb der Bank zu konzipieren und durchzusetzen, die für einen Erfolg der neuen Strategie notwendig sind. Unter Umständen sind tiefgreifende Veränderungen, vor allem in der Aufbauorganisation der Bank, notwendig. Daher ist durchaus mit Widerständen bei der Umsetzung zu rechnen. Dies wiederum erfordert eine Besetzung des Teams mit hierarchisch hoch angesiedelten Führungskräften.

---

48) Strategieprojekte können auch so organisiert sein, daß es ein großes Projektteam gibt, das aus Fachleuten und Führungskräften verschiedener Ebenen besteht. Die gesamte Strategiefindung wird von diesem Projektteam durchgeführt. Unter Umständen teilt es sich in Einzelteams und führt in zweiten Schritt die Teilergebnisse zusammen. Die Mitglieder des Gesamtteams sind identisch mit den Einzelteams. Vorteil dieser Lösung ist die Überschaubarkeit, Nachteil der kleinere Kreis derjenigen, die am Strategiebildungsprozeß teilnehmen können. Diese Form der Strategiefindung dürfte aber auf Unternehmen beschränkt bleiben, die eine bestimmte Größe nicht überschreiten, da sonst entweder das Team zu groß werden, oder die Strategieentwicklung die Kapazitäten der Teammitglieder überlasten würde.

4.4.2.3. Produktentwicklung

In Organigrammen von Banken finden sich heute Abteilungen, deren (einzige) Aufgabe darin besteht, Produkte zu entwickeln. Dies bedeutet zum einen Vorhalten von Mitarbeiterkapazität, die wahrscheinlich mit dieser Aufgabe nicht voll ausgelastet werden kann. Zum anderen hat diese Lösung den Nachteil der Einseitigkeit. Zentralbereichsangehörige konzipieren Produkte für den Kunden, weitab vom Kunden. Diejenigen, die das Produkt verkaufen oder dem Kunden erklären, wirken nicht mit. Die Gefahr ist groß, daß an den Bedürfnissen des Kunden und des Vertriebs vorbei entwickelt wird.

Durch Konzeption als Projekt kann die Entwicklung von verschiedenen Spezialisten aus verschiedenen Bereichen durchgeführt werden. Produktspezialisten aus den Produktfachabteilungen können ebenso einbezogen werden wie Vertriebs- und Abwicklungs- oder Organisationsspezialisten. Durch dieses Vorgehen kann bessere Qualität und ein bedürfnisadäquateres Produkt eher gewährleistet werden. Die Produktspezialisten aus den ehemaligen Produktabteilungen können entweder in einer Abteilung Linienaufgaben wahrnehmen und arbeiten im Sinne von Projektteammitgliedern in Projekten mit oder sie werden laufend zu 100% ihrer Zeit in verschiedenen Prozeßteams eingesetzt werden, deren Aufgabe z.B. in der Entwicklung eines neuen Sparproduktes und nach Abschluß dieses Projektes in der Konzeption eines neuen Fonds liegt.

Produktentwicklung als Projekt zu gestalten, bietet sich an, weil Produktentwicklung keine Daueraufgabe ist. Das Ziel, ein Produkt zu entwickeln, hat einen klaren Anfang und ein klares Ende. Die Aufgabe ist zwar wiederkehrend und unter Umständen ähnlich, aber jedesmal auch in gewissem Sinne einzigartig. Produktentwicklung ist ein typisches Beispiel dafür, daß ein Prozeß als Projekt gestaltet werden kann

4.4.2.4. Organisationsprojekte

Organisationsprojekte beschäftigen sich mit der Reorganisation von Abläufen, Rationalisierung, Veränderung der Aufbauorganisation und Implementierung von Informationstechnologien. Alle diese Typen von Aufgaben haben eines gemeinsam: Sie werden durch die betroffenen Mitarbeiter zunächst skeptisch betrachtet, da sie

Eingriffe in bestehende Strukturen bedeuten. Widerstände gegen die geplanten Maßnahmen sind durchaus nicht unüblich (vgl. von Eiff, 1991, S. 253). Schmidt (1991, S. 25) führt als wichtigste Ursache für Widerstände bei Organisationsprojekten eine "allgemeine Neuerungsfeindlichkeit" an. Widerstände entstehen aber auch, da in einer Neuordnung Kritik an den bisherigen Umständen mitschwingt, an Umständen, die sich nach Meinung der Betroffenen jahrelang bewährt haben (vgl. von Eiff, 1991, S. 250). Hinzu kommt, daß die Betroffenen eher die Fehler und Inkonsistenzen in anderen Bereichen sehen und/oder sehen wollen als die Probleme im eigenen Bereich (vgl. Schmidt, 1991, S. 25). Der Erfolg von Organisationsprojekten hängt daher in entscheidendem Umfang von psychologischen Faktoren ab.

Projektorganisation bietet sich an, da diese Aufgaben eine klare Zielsetzung mit Anfang und Ende aufweisen. Außerdem sind hier mindestens zwei Bereiche beteiligt: Der Organisations- und ein Fachbereich. Dadurch wird bereichsübergreifende Koordination nötig.

Vor allem aber bietet sich Projektorganisation an, um die oben genannten Widerstände abzubauen.[49] Durch Institutionalisierung eines Projektteams oder wiederum eines Prozeßteams, das Expertenwissen für den Prozeß "Reorganisation" aufbaut und jeweils um Fachbereichsmitarbeiter ergänzt wird, können sowohl Organisatoren als auch Mitarbeiter aus der Fachabteilung einbezogen werden. Dieses Vorgehen stellt sicher, daß keine praxisfernen Lösungen erarbeitet und nicht die falschen Probleme durch die Organisatoren gelöst werden (vgl. Schmidt, 1991, S. 26f). Auf das Fachwissen, das in dem Bereich vorhanden ist zu verzichten, führt im Zweifel zu praxisfernen Lösungen. Lösungen aber, an denen die Betroffenen beteiligt waren, können von ihnen kaum als realitätsfremd bezeichnet oder abgelehnt werden. Die Betroffenen sollten sowohl in der Planung als auch bei Realisation eingeschaltet werden (vgl. Schmidt, 1991, S. 27). Die Einbindung kann in einzelnen Phasen oder während der gesamten Projektlaufzeit durch mehrere Betroffene oder einen erfolgen.

---

49) Allerdings ist Projektorganisation nur eine mögliche Lösung, um Widerstände abzubauen. Schmidt (1991, S. 26) schlägt auch vor, Betroffene als Träger der Umstrukturierung einzusetzen oder Betroffene einzuschalten, ohne ein Projekt zu installieren.

Die Projektteams, die Reorganisationsprozesse[50] initiieren, können aus dem Unternehmen kommen. Sie können relativ klein sein, wenn sie sich Unterstützung aus den jeweiligen Bereichen holen. Diese Reorganisationsteams können nach und nach das ganze Unternehmen durchlaufen und die angesprochenen Wandlungsprozesse und Problemlösungsfähigkeiten im Gesamtunternehmen verankern. Damit nehmen sie eindeutig den Charakter von Prozeßteams an.

4.4.2.5. Softwareentwicklung

Für Softwareentwicklung oder Modellentwicklung in den verschiedenen Bereichen gilt weitgehend dasselbe wie für Organisationsprojekte.

Softwareentwicklung hat Projektcharakter, da sie einen klaren Anfang und ein klar definiertes Ende der Entwicklung hat. Die Entwicklung von Software baut zwar meist auf anderer Software auf und kann daher nicht völlig isoliert betrachtet werden. Dennoch ist die (Weiter)Entwicklung neuartig. Wie auch bei Organisationsprojekten können Widerstände gegen die neue Software in den Bereichen auftreten, für die sie entwickelt worden ist oder entwickelt wird. Dieses Problem dürfte vor allem virulent werden, wenn alte, nach Ansicht der Benutzer eigentlich gut funktionierende und akzeptierte Software durch neue abgelöst wird.

Im Softwarebereich sollte Projektorganisation vor allem angewendet werden, um das Fachwissen des Bereichs nutzen zu können, in dem die Software letztlich eingesetzt werden soll. Geschieht keine Einbindung der Betroffenen treten die gleichen Probleme wie bei Organisationsprojekten auf. Vor allem besteht die Gefahr, an den Anforderungen, Notwendigkeiten und der Praxis vorbei zu entwickeln, ganz zu schweigen von der Benutzerfreundlichkeit. Softwareentwicklungen sind im Prinzip vergleichbar mit F+E-Projekten. Programmierer und EDV-Spezialisten sitzen in ihrem Elfenbeinturm und wollen aus ihrer Sicht optimale Lösungen, ungeachtet der Kosten und Wünsche der Kunden, produzieren (siehe Hörrmann/Tiby, 1989, S. 83). Produktion am Bedarf vorbei kann durch Bilden interdisziplinärer Teams und Einsetzen von Mitarbeitern aus den "Kundenbereichen"

---

50) Reorganisationsprozesse als Projekte zu gestalten erscheint deswegen vielversprechend, da Kirsch et al. (1979) herausgefunden haben, daß 30% der von ihnen befragten Unternehmen bei Reorganisationsprozessen gescheitert sind. Die Gestaltung als Projekt bietet die Möglichkeit, diese Quote zu verbessern.

weitgehend verhindert werden. Durch Mitwirkung an der Lösung wird auch die Kritik reduziert, die nach Abschluß des Projektes aus dem "Kundenbereich" kommen kann (siehe oben).

4.4.2.6. Kundenaufträge

Im Investmentbankingbereich kommt es verstärkt, teils auf Kundenwunsch hin, teils auf Bankenwunsch hin, zur Abwicklung eines Kundenauftrages als Projekt (vgl. Interviewergebnisse). Hierbei handelt es sich um große "Aufträge", z.B. Finanzierung und Bau eines Windparks. Ein solcher Auftrag kann auch als Prozeß definiert werden.

Auch hier sind wieder Anfang und Ende klar definiert. Die Einzigartigkeit bzw. Neuartigkeit der Aufgabe bedarf keiner weiteren Erläuterung.

Die Abwicklung als Projekt ist aus Gründen der Komplexitätshandhabung und des Koordinationsaufwand in diesem Falle geboten. Kundenaufträge dieser Qualität erfordern zunächst das Zusammenziehen von Spezialisten aus verschiedenen Bereichen der Bank, z.B. aus dem Kredit- und dem Investmentbankingbereich. Daneben muß auf jeden Fall der Kunde in das Projektteam eingebunden werden. Dies vor allem, weil er die Marktgegebenheiten besser kennt als die Bankmitarbeiter, weil er die Bedürfnisse seiner Kunden wiederum besser einschätzen kann und nur so eine Ausrichtung auf die oft schwer zu erfassenden Bedarfe des Zielmarktes gewährleistet werden kann (vgl. Hörrmann/Tiby, 1989, S. 83). Daneben kann es auch nötig sein, Steuerberater, Wirtschaftsprüfer oder Unternehmensberater in das Projektteam aufzunehmen, um eine optimale Lösung für den Kunden zu erarbeiten. Aufgaben dieser Art können praktisch nur als Projekte geführt werden, da sie aus der Linie nicht steuerbar sind.

4.4.2.7. Kredit- und Immobiliendarlehn

Die Kredit- und Immobiliendarlehnsgewährung vom Antrag bis zur Auszahlung kann zwar nicht im üblichen Sinne einmaliges als Projekt, aber als Prozeß organisiert werden.[51] Dann wird jede einzelne Kreditgewährung wie ein kleines Projekt durchgeführt.

Der Prozeß des Kreditantragstellens bis zur Ausreichung und der dann notwendigen Schritte bis zur vollständigen Rückzahlung hat einen klaren Anfang und ein klar definiertes Ende. Er ist einzigartig und von hinreichender Wichtigkeit, so daß eine Auslagerung auf einen Prozeßverantwortlichen gerechtfertigt ist. Außerdem kann auf diese Weise viel Koordinationsaufwand eingespart werden. In der heute bei Banken üblichen Form wird der Prozeß der Gewährung eines Kredits von verschiedenen Abteilungen und/oder Bereichen im Vertrieb und in der Zentrale bearbeitet und mit unterschiedlichen Verantwortlichen für jeweils einige Teile des Prozesses, zum Beispiel einer Vertriebsabteilung, einer Kreditabteilung und einer Zentralabteilung für die Zweitbearbeitung. Denkbar wäre, diesen Prozeß komplett neu auszurichten und die Gesamtverantwortung an einen Prozeßverantwortlichen oder ein Prozeßteam bei großen Krediten zu delegieren, der bzw. das dann die Zuständigkeit für alle Aktivitäten hat. Die Verantwortung bezieht sich auf die eigentliche Gewährung und Betreuung, z. B. Konditionenanpassung (siehe das Beispiel von Hammer/Champy (1994, S. 53ff) zur Kreditgewährung bei IBM). Dieser Prozeßverantwortliche (oder bei großen Kreditengagements das Prozeßteam) ist dann gegenüber seinen Kunden der einzige Ansprechpartner, der alles koordiniert und sich um alle Probleme des Kunden kümmert.

Durch diese Umgestaltung können Liegezeiten zwischen Vertrieb und Backoffice-Einheiten im Vertrieb und der Zentrale minimiert und weitgehend ganz vermieden werden. Mit einer derartigen Strukturierung kann auf eine Zweitbearbeitung verzichtet werden, da die dort ausgeführten Aufgaben auf den Prozeßverantwortlichen oder das Prozeßteam übertragen worden sind, und damit verringert sich auch der Koordinationsaufwand. Zugleich kann die abteilungs- und bereichsübergreifende Koordination durch Verlagerung auf den Prozeßverantwortlichen optimiert werden. Die Schnelligkeit der Abwicklung dürfte bei gleichzeitiger Erhöhung der Qualität gesteigert werden können.

---

51) Es wird im folgenden keine Unterscheidung zwischen Krediten und Immobiliendarlehn gemacht. Das Gesagte gilt für beide "Arten" des Prozesses gleichermaßen.

4.5. Kongruenz von Anforderungen und Projektorganisation

Im folgenden soll erläutert werden, inwieweit Projektorganisation den in Kapitel 2 erörterten Anforderungen genügen kann.

4.5.1. Erörterung der organisatorischen Möglichkeiten

(1) Kundengruppenorientierte Aufbauorganisation

Projektorganisation ist für die "Umstellung" einer nichtkundengruppenorientierten Aufbauorganisation auf eine kundengruppenorientierte geeignet. Hier bietet sich der Einsatz eines Projektteams an, das sich mit den relevanten Fragen der Umstellung beschäftigt und aus Mitgliedern der bestehenden Abteilungen besteht. Der Einsatz eines Projektteams erlaubt einen kundengruppenspezifischen Zuschnitt mit Nutzung des Wissens der "Experten" in der Organisation, die mit Kundengruppen direkt zu tun haben, sowie der Experten für Strategie, der Experten für Umsetzung etc..

(2) Produktbereinigung und Standardisierung

Die Durchführung bzw. Umsetzung der Bereinigung des Produktspektrums und die Standardisierung der Produkte kann vorteilhaft in Form eines interdisziplinären Teams durchgeführt werden. Bei der unter Umständen notwendigen Kreation von neuen Produkten kann Projektorganisation ebenfalls vorteilhaft sein.

Die Überwachung nach der Bereinigung und Standardisierung könnte von einem Kollegium wahrgenommen werden, in dem mehrere verschiedene betroffene Abteilungen und Bereiche vertreten sein sollten, ohne daß das Kollegium zu groß wird, und das flexibel und schnell agieren kann. Die Aufgabe dieses Kollegiums bestünde darin, "Wildwuchs" zu vermeiden und einheitliche Standards zu gewährleisten. Andererseits muß dieses Kollegium auch den laufenden "Update" garantieren.

Zur Realisierung der Rationalisierungseffekte, die durch die Standardisierung erzielt werden sollen, kann ein Projektteam eingesetzt werden. Das Team begleitet in diesem Sinne die Durchführung vor Ort, um Einheitlichkeit und damit in gewisser Weise "Standardisierung der Standardisierung" und Durchsetzung auch gegen erhebliche Widerstände zu gewährleisten.

(3) Standardisierung und Automation der Abläufe

Hier ist Projektorganisation hauptsächlich in der Implementierungsphase interessant, wie bei der Standardisierung der Produkte. Nach Einführung oder Durchsetzung werden die standardisierten Abläufe in der Basisorganisation und dem Tagesgeschäft eingesetzt.

Standardisierung kann noch in einem weiteren Sinne verstanden werden: Die Projekte, die die Standardisierung in verschiedenen Bereichen durchführen, können bis zu einem gewissen Grade selbst standardisiert werden, z.B. dadurch, daß sie nach einem bestimmten Schema ablaufen und immer mit einem Team arbeiten, das nach einem festen Grundschema zusammengesetzt und individuellen Bedürfnissen angepaßt wird (Prozeßteam).

(4) Erhöhung der Flexibilität und Reaktionsgeschwindigkeit

Die Delegation der Entscheidungsbefugnis auf interdisziplinäre Projekt- oder Prozeßteams ermöglicht allgemein flexiblere und schnellere Entscheidungen. Die Information und Kommunikation läuft reibungsloser zwischen Teammitgliedern als zwischen Abteilungen oder Bereichen. Außerdem werden lngwierige Abstimmungsprozesse über Abteilungs- und Bereichsgrenzen hinweg überflüssig. (Allerdings erscheint es fraglich, ob in interdisziplinären Teams auch die schnelle Aufnahme neuartiger Informationen im Sinne einer Frühaufklärung erfolgen kann, die auf schwache Signale reagiert (vgl. Kirsch, 1990b, S. 333). Auch der Prozeß der Realisierung dürfte leichter vonstatten gehen. Die Ergebnisse eines Teams, in dem jeder an der Entscheidung beteiligt ist, sind leichter durchzusetzen als Anordnungen "von oben", zumal die Teammitglieder zugestimmt haben.

(5) Restrukturierung des Vertriebs

Die Restrukturierung des existierenden Vertriebs und Einführen neuer Vertriebswege sollte als Projekt durchgeführt werden. Zum einen um möglichst vielen Beteiligten die Mitarbeit zu ermöglichen. Zum anderen ist die Restrukturierung von den Aufgabenmerkmalen her so beschaffen, daß sie als Projekt durchgeführt werden kann. Es ist eine einmalige große Anstrengung nötig, um die verhältnismäßig große Umstellung "auf die Schiene" setzen zu können, ähnlich der oben erwähnten Reorganisation.

(6) Handlungsspielraum und Partizipation

Projektorganisation trägt durch ihre Struktur besser als "klassische" Organisationsformen den geänderten Werthaltungen Rechnung. Sie bietet mehr Handlungsspielraum, Autonomie, interessante ganzheitliche Aufgaben und die Möglichkeit, schon früh Verantwortung zu übernehmen. Projektorganisation bietet "job enrichment" durch Partizipation an Projekten, die zusätzlich zu den Linienaufgaben anfallen. Hinzu kommt die Möglichkeit des alternativen Aufstiegs über Projektleitungen. Damit eng verbunden ist die Chance, sich in Projekten für spätere Führungsaufgaben zu bewähren und Übung in diesem Aufgabenfeld zu erlangen. Projektarbeit qualifiziert Mitarbeiter für verschiedene Dinge, sei es fachlich oder im sozialen Bereich.

Projektarbeit sollte (und wird wahrscheinlich) auch bei Banken nicht nur auf temporäre Zusatz- oder Sonderaufgaben beschränkt bleiben, die neben dem normalen Tagesgeschäft in der Linie anfallen. Es wird wahrscheinlich immer mehr Aufgaben geben, die eine Organisation als Projekt oder Prozeß erfordern, und abteilungsübergreifend organisiert werden müssen. Es ist positiv zu werten, daß in Projekten Handlungsspielraum, Partizipation und ganzheitliche Aufgaben eine wichtige Rolle spielen.

4.5.2. Gesamtwürdigung der Projektorganisation

Projektorganisation kann teilweise befriedigende, teilweise nur wenig befriedigende oder gar keine Antworten auf die in Kapitel 2 definierten Anforderungen geben. Besonders geeignet erscheint Projektorganisation für Aufgaben, die einen hohen Neuigkeitsgrad aufweisen und mit "Wandel" verknüpft sind, z.B. "Update" von Strukturkonzepten. Vorteilhaft ist Projektorganisation auch für Sonderaufgaben.

Eine zu breite Anwendung von Projektorganisation oder Prozessen in der Bank (auch wenn es heute sicherlich noch viele Aufgaben des Tagesgeschäfts gibt, die in Form von Projekten oder Prozessen abgewickelt werden könnten) würde die Standardisierung und reibungslose Abläufe gefährden. Insofern ist Projektorganisation für eine Bank als eine Art überlagernde Organisationsform sinnvoll. Projektorganisation eignet sich allerdings gut dafür, den Prozeß der Standardisierung selbst (ein das Tagesgeschehen überlagernder Prozeß) zu gestalten.

Anforderungen an die Organisation	Divisionalisierung	Projektorganisation		
Kundengruppenorientierte Aufbauorganisation	●			
Produktbereinigung und Produktstandardisierung		○		
Standardisierung und Automation der Abläufe		○		
Erhöhung der Flexibilität und Geschwindigkeit	●	●		
Restrukturierung des Vertriebs	○			
Handlungsspielräume und Partizipationsmöglichkeiten	○	●		
Anforderung wird durch Organisationskonzept... ●: gut erfüllt, ○: ansatzweise erfüllt.				

Abbildung 23: Anforderungen und ihre mögliche Erfüllung durch Projektorganisation

Zum Grundkonzept der divisionalisierten Bank ergänzt eine überlagernde Projektorganisation vor allem Elemente, die zu einer weiteren Flexibilisierung beitragen und Möglichkeiten, Mitarbeitern über ihre feste Linienaufgabe hinaus zusätzliche Verantwortung zu übertragen und immer wieder neue Herausforderungen in ganzheitlichen Aufgaben zu bieten. Für die offen gebliebenen Punkte, vor allem für das Standardisierungsproblem sollen in den folgenden Kapiteln 5 und 6 Antworten gesucht werden.

5. MARKTÄHNLICHE STRUKTUREN ZUR INTERNEN KOORDINATION

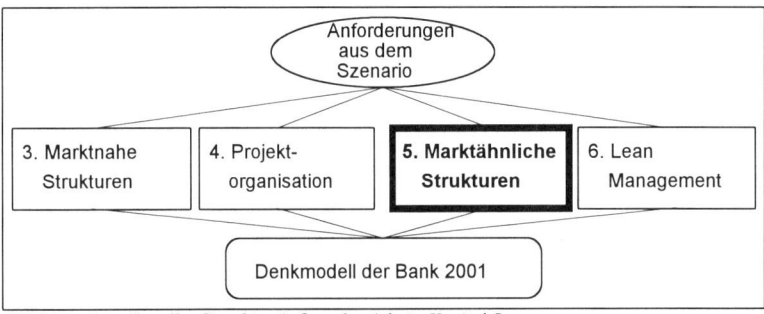

Abbildung 24: Aktueller Stand im Aufbau der Arbeit: Kapitel 5

Banken dürfen in ihrer bisherigen Form durchaus als vergleichsweise "bürokratische" Institutionen gelten, die nur schwerfällig reagieren und umfangreiche Planungs- und Verwaltungsapparate aufbauen. Wenn die Mitarbeiter die Auflagen des Verwaltungsapparates erfüllen müssen, kommen Kundenwünsche leicht zu kurz. In diesem Kapitel soll es darum gehen, zu ergründen ob marktähnliche Strukturen die Bank dynamischer gestalten können, und wie solche Strukturen aussehen könnten. Dafür soll versucht werden, Konzepte aus der volkswirtschaftlichen Theorie auf Organisationen zu übertragen, ohne aber die spezifischen Vorteile von Großorganisationen aufzugeben.

Der Zusammenbruch der zentral verwalteten Wirtschaftssysteme in Osteuropa hat den Befürwortern einer liberalistischen Wirtschaftsverfassung neue Argumente geliefert, wobei allerdings zwischen theoretischen Konzeptionen und empirisch vorfindbaren Systemen unterschieden werden muß, aus dem Zusammenbruch also nicht notwendigerweise eine theoretische "Unterlegenheit" der Planwirtschaft abgeleitet werden kann. Wenn eine marktwirtschaftliche Verfassung Vorteile für eine Gesellschaft bringt, erscheint die Frage sinnvoll, ob eine ähnliche Verfassung nicht auch Vorteile für eine einzelwirtschaftliche Organisation haben könnte.

Wenn es um marktähnliche Strukturen[52] in der Bankorganisation geht, soll jedoch nicht vorschnell definitorisch festgelegt werden, wie genau solche marktähnlichen Strukturen aussehen. Vielmehr erscheint es sinnvoll zu fragen, was von marktähnlichen Strukturen zu erwarten ist, um dann herauszufinden, welche Strukturoptionen diese Erwartungen erfüllen könnten. Ausgangspunkt für dieses Kapitel soll deshalb sein, in Anlehnung an die volkswirtschaftliche Diskussion darüber nachzudenken, welche Vorteile von einer "Markt-" gegenüber einer "Zentralverwaltungswirtschaft" in der Bankorganisation erwartet werden können. Die zugehörigen Fragen lauten dann: Wie gestalten sich die Vorteile der Marktwirtschaft für die Volkswirtschaft, und wie müßte man die Organisation gestalten, um in ihr ähnliche Vorteile zu erzielen.

Das Kapitel ist deshalb folgendermaßen strukturiert: Zunächst werden wichtige potentielle Vorteile von marktwirtschaftlichen Strukturen gesammelt (5.1.). Sie bilden gleichsam einen Anforderungsrahmen für die theoretische Diskussion der möglichen Gestaltung marktwirtschaftlicher Strukturen in Organisationen. Diese beginnt mit einer allgemeinen Analyse der Effizienz verschiedener marktähnlicher Koordinationsformen (5.2.) und geht dann auf die Bedingungen für das Funktionieren dieser Koordinationsformen ein (5.3.). Dazu kann auf eine breite volkswirtschaftliche Diskussion über Marktversagen und Staatsversagen zurückgegriffen werden. Auf dieser Basis kann über eine sinnvolle Aufgabenteilung von "Staat" und "Markt" in der Organisation gesprochen werden und konkrete Modellansätze für eine "marktwirtschaftlich" verfaßte Organisation erarbeitet werden (5.4.). Schließlich sollen diese Überlegungen noch weiter in Praxisempfehlungen konkretisiert werden, indem Anwendungsfelder für marktähnliche Organisationsstrukturen in Banken aufgezeigt werden (5.5.). Das Kapitel endet mit einem Vergleich der "Leistungen" marktähnlicher Strukturen mit den Anforderungen aus Kapitel 2 (5.6.).

---

52) Wenn in dieser Arbeit von marktähnlichen Strukturen die Rede ist, so kommt dies am ehesten dem "Servicemodell" von Frese (1993) nahe. In einigen Punkten geht jedoch die vorliegende Arbeit über das Modell von Frese hinaus. Zur näheren Erläuterung des Servicemodells siehe Frese, 1993.

5.1. Potentielle Vorteile marktähnlicher Strukturen im Unternehmen

Hier soll es darum gehen, einen Erwartungshorizont zu bilden, was marktähnliche Strukturen für die Effizienz von Organisationen leisten könnten. Dabei wird an vielen Stellen auf Argumente aus der allgemeinen Gleichgewichtstheorie der Mikroökonomie zurückgegriffen. Hierbei handelt es sich um eine abstrakte Modellwelt, die auf Annahmen beruht, die in dieser Form nicht realisierbar sind. Das bedeutet allerdings nicht, daß dieses Modell nicht eine Art Leitbild für die praktische Gestaltung einer Wirtschaftsverfassung einer Gesellschaft abgeben kann.

Aus den Erkenntnissen über die Vorteile der Marktwirtschaft für die Gesellschaft (in der Modellwelt) sollen dann probeweise Analogien über potentielle Vorteile einer ähnlichen Struktur innerhalb von Organisationen gebildet werden. Dabei muß berücksichtigt werden, daß die hier gemachten Analogieschlüsse keineswegs zwingend sind. Die Überlegungen sollen einen Erwartungshorizont aufspannen, der angibt, was marktähnliche Strukturen leisten könnten. Ausgehend von diesen Erwartungen soll untersucht werden, wie marktähnliche Strukturen im Unternehmen aussehen könnten, die einige dieser Erwartungen ansatzweise erfüllen können.

5.1.1. Effiziente Allokation der Ressourcen

In der abstrakten Modellwelt der Mikroökonomie kann unter bestimmten (nicht realistischen) Annahmen bewiesen werden, daß ein allgemeines Gleichgewicht auf allen Märkten existiert und dieses Gleichgewicht auch stabil ist (Arrow/Debreu, 1954). Gleichgewicht bedeutet, daß auf keinem Markt Überangebot oder Überschußnachfrage existiert. Das marktwirtschaftliche System verhindert also unter anderem, daß Ressourcen verschwendet werden. Marktähnliche Strukturen im Unternehmen sollten demnach bewirken, daß alle Ressourcen des Unternehmens einer sinnvollen Verwertung zugeführt werden (vgl. für die Organisation Kosmider, 1991, S. 636). Was unter "sinnvoll" verstanden könnte, soll im folgenden Punkt beleuchtet werden.

5.1.2. Pareto-optimale Verteilung

"Sinnvolle" Verwertung der Ressourcen in dem Sinne, daß ein wie auch immer zu messender Gesamtnutzen einer Gesellschaft maximal ist, kann das oben angesprochene marktwirtschaftliche Modell allein nicht leisten. Man kann analog für eine marktwirtschaftlich verfaßte Organisation nicht erwarten, daß ein Gesamtoptimum für die Organisation automatisch erreicht wird. Man könnte allerdings erwarten, daß ein pareto-optimaler Zustand erreicht wird: Pareto-optimal bedeutet verkürzt gesagt, daß eine Verbesserung des Nutzens eines Marktteilnehmers nur noch möglich ist, wenn gleichzeitig der Nutzen eines anderen Teilnehmers verringert wird (vgl. von Böventer, 1982, S. 276f).

In der allgemeinen Gleichgewichtstheorie kann gezeigt werden, daß die Güterverteilung im totalen Gleichgewicht pareto-effizient ist. Analog könnte man dann für eine Organisation erwarten, daß die Teilnehmer am innerorganisatorischen Markt so lange tauschen, bis sich kein Teilnehmer mehr verbessern könnte, ohne daß sich ein anderer Teilnehmer verschlechtert. Dies wäre durchaus eine in bestimmtem Sinne (eben im Sinne des Pareto-Kriteriums) effiziente Nutzung der Unternehmensressourcen, allerdings kein für das Gesamtunternehmen optimaler Zustand. Den Unterschied zwischen einem Pareto-Optimum und einem Gesamtoptimum zeigt Abbildung 25.

5.1.3. Stabilität ohne externe Kontrolle

Für das allgemeine Gleichgewicht kann nicht nur seine Existenz bewiesen werden, sondern auch seine Stabilität. Stabilität bedeutet, daß die Markträumung gleichsam "automatisch" erreicht wird und die Wirtschaft bei Schwankungen selbst in einen (dann evtl. neuen) Gleichgewichtszustand zurückfindet. Keine externe Instanz muß die Einhaltung des Gleichgewichts durch irgendwelche Eingriffe sicherstellen.

Wichtig in diesem Zusammenhang ist, wie der Anpassungsprozeß selbst abläuft. Bei einem "Tatonnement", d.h. wenn Transaktionen erst stattfinden, nachdem alle Gleichgewichtspreise ermittelt sind, ist eine schnelle Anpassung an einen neuen Gleichgewichtszustand zu erwarten. Ein solches Verfahren ist vergleichbar mit einer Auktion. Finden dagegen auch im Ungleichgewicht Transaktionen statt, kann

```
                U2
        ▲
(Nutzen des
Marktteilneh-
mers 2)              ● PW


                         ● MW
                    ● [RMW]
              ●
           A   [RPW]
                              ──▶ U1
        (Nutzen des Marktteilnehmers 1)
```

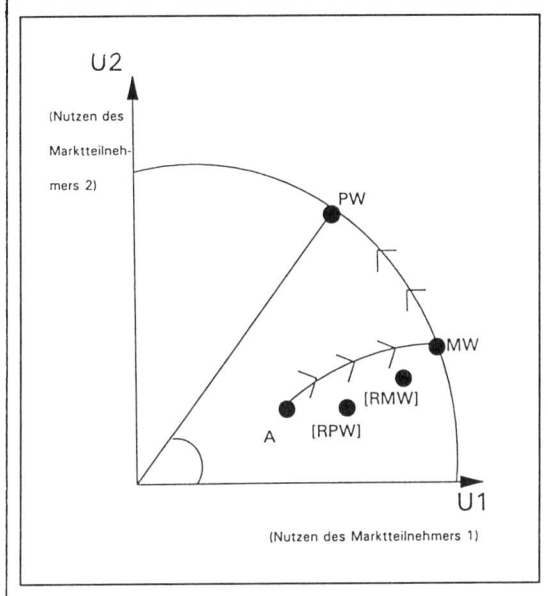

In dieser schematischen Darstellung wird eine Nutzenmöglichkeitenkurve zwischen zwei Marktteilnehmern gezeigt. Die Nutzenmöglichkeitenkurve ergibt sich aus der Überlegung, daß zu jeder möglichen Güterallokation jeweils ein (kardinal gemessenes) Nutzenniveau für jeden der zwei Marktteilnehmer bestimmt werden kann. Die Nutzenkurve gibt die Menge der pareto-effizienten Allokation an.

Ausgehend von einer Ausgangsallokation (Punkt A) wird im theoretischen Marktmodell eine pareto-effiziente Verteilung durch Tausch erzielt (Punkt MW). Dieses Tauschergebnis ist jedoch nicht notwendigerweise der Punkt mit dem absolut höchsten Nutzenniveau (Summe der Einzelnutzen). Dieser Punkt PW kann in einer theoretischen Planwirtschaft erreicht werden.

In der Realität sind allerdings weder Marktwirtschaft (Punkt RMW) noch Planwirtschaft (Punkt RPW) wegen Markt- und Planwirtschaftsunvollkommenheiten effizient.

Abbildung 25: Vergleich von Marktwirtschaft und Planwirtschaft

es zu größeren Schwankungen kommen, bevor das Gleichgewicht wieder erreicht wird (vgl. hierzu und zum folgenden z.B. Richter et al., 1978, S. 34ff.). Aber auch in diesem Fall ist unter bestimmten Annahmen eine relativ große Stabilität der Marktwirtschaft nachweisbar.

Für eine marktähnlich strukturierte Organisation wäre bei Einhaltung bestimmter Bedingungen zu erwarten, daß sie von außen bewirkte Veränderungen, also vor allem Veränderungen der externen Märkte, absorbieren kann und zu einem neuen inneren Gleichgewicht findet, ohne daß eine externe Planungsinstanz die Einhaltung des pareto-optimalen Zustandes kontrollieren oder bewußt sicherstellen muß.

5.1.4. Anonymer Preismechanismus statt bewußter Planung

Wenn keine übergeordnete Instanz den Gütertausch steuert, liegt zunächst die Vermutung, daß zwischen den jeweils nur eigenverantwortlichen Wirtschaftssubjekten eine Art "Chaos" ausbricht, erheblich näher, als daß ein effizientes Gleichgewicht erzielt wird, in dem alle Marktteilnehmer ihre Pläne realisieren. Daß letzteres doch geschieht, ist dem Regulativ der Marktwirtschaft zu "verdanken", dem Preis. Interessanterweise ist es keine bewußte Steuerungsinstanz, sondern ein anonymer Mechanismus, der bewirkt, daß alle Pläne in Übereinstimmung gebracht werden.

Gelingt eine marktähnliche Verfassung innerhalb von Organisationen, ist als besonderer Vorteil zu erwarten, daß sich die verschiedenen Einheiten innerhalb der Organisation über einen Mechanismus koordinieren. Ein relativ einfacher Mechanismus würde dann die üblichen zentralen Gremien ersetzen, die zur Koordination der Organisationseinheiten große Mengen von Information sammeln und auswerten müssen sowie in relativ aufwendiger Weise Entscheidungen treffen und mit Machtmitteln durchsetzen müssen (siehe Frese, 1993, S. 1003).

Wichtig hierbei ist der Mechanismus, denn mit "Verrechnungspreisen" ist nicht notwendigerweise Marktwirtschaft verbunden. Die Existenz numerisch meßbarer Preise bedeutet nämlich nicht unbedingt, daß auf zentralen Planungsaufwand verzichtet werden kann. In Punkt 3.3. wird gezeigt, daß ein zentrales Vorgeben ("administrieren") von Preisen die Vorteile der Marktwirtschaft gerade nicht zur Geltung kommen läßt, weil die Planungsinstanz für die Bestimmung der Preise genauso viel Information verarbeiten muß, wie bei einer zentralen Mengenplanung.

Der Verzicht auf zentrale Planung bedeutet übrigens nicht, daß auf Planung gänzlich verzichtet wird. Im Gegenteil, marktähnliche Strukturen in der Organisation dürften nur funktionieren, wenn die Organisationseinheiten eigenverantwortlich handeln und eben auch (dezentral) planen und damit den Mechanismus "spielen" lassen, denn nur dann kann sich aus ihren Angebots- und Nachfragesignalen ein funktionierendes Preissystem bilden.

5.1.5. Innovationsanreize durch Profitmöglichkeiten

Noch nicht gesprochen wurde bisher über den dynamischen Aspekt der Marktwirtschaft. Gelingt es einem Wirtschaftssubjekt, durch Rationalisierung oder durch die Umsetzung einer neuen Idee, seine eigene Marktleistung zu verbessern, kann es damit rechnen, daß der Markt ihm diesen Vorteil durch Profit honoriert. Der erzielbare Profit ist allerdings in der Regel temporär, da andere Marktteilnehmer die Position des Innovators aufheben können, etwa durch Imitation oder eine andere (evtl. sogar weitergehende) Innovation. Dennoch ist dadurch ein beständiger Anreiz gegeben, über Verbesserungen nachzudenken und diese möglichst schnell umzusetzen. Erfolgskriterium ist dabei die Bereitschaft der anderen Marktseite, die Verbesserung zu honorieren. Der Innovationsanreiz wird also zusätzlich in Richtung auf den Nutzen für den jeweiligen Kunden kanalisiert.

Auf der anderen Seite bedeutet das Honorieren von kundenorientierten Innovationen auch, daß bewährte Leistungen obsolet werden (im Sinne etwa einer "schöpferischen Zerstörung", Schumpeter, 1908) und Fehleinschätzungen der Marktanforderungen zu empfindlichen Einbußen führen können. Deshalb haben alle Marktteilnehmer ein (unterschiedlich hohes) Risiko zu tragen, sobald sie an Markttransaktionen teilnehmen.

Marktähnlich strukturierte Organisationen müßten demnach gleichsam automatisch Innovationsanreize für ihre Einheiten schaffen, die zudem hinsichtlich ihrer Verwendbarkeit kanalisiert werden. Auf der anderen Seite wird den Einheiten auch das Risiko zugemutet, ohne Vorwarnung Einbußen hinzunehmen oder vom Markt zu verschwinden. Stellt man sich die Mitarbeiter einer solchen Organisation als "Quasi-Unternehmer" (Eisenführ, 1980, S. 567) vor, dann bekommen diese Mitarbeiter zwar unternehmerische Chancen geboten, aber müssen auch ein unternehmerisches Risiko tragen.

5.1.6. Mitarbeitermotivation durch Eigenverantwortung

Mit einer marktwirtschaftlichen Verfassung verbunden ist der Aspekt der Eigenverantwortung der dezentralen Wirtschaftssubjekte. Für eine marktähnlich strukturierte Organisation bedeutet dies, daß sie relativ kleine Einheiten bildet, die mit genügend Kompetenzen ausgestattet sind, um eigenverantwortlich am Marktmechanismus teilnehmen zu können. Dies kann auch unter dem Aspekt der Mitarbeitermotivation gesehen werden (vgl. Frese, 1993, S. 1004).

Mitarbeiter fordern mehr Verantwortung, wenn man sich die Ergebnisse der Wertewandelsforschung ansieht (vgl. Szenario und von Rosenstiel/Stengel, 1987, S.

55). Diese Verantwortung wird durch Zurechnung der Ergebnisse auf die Mitarbeiter übertragen. Jeder arbeitet direkt am Erfolg der eigenen Einheit mit und ist für diesen Erfolg auch verantwortlich. Leistung wird transparenter und damit erhöhen sich die Chancen für einen Mitarbeiter, die "Früchte seiner Arbeit auch tatsächlich ernten zu können".

Andererseits ist es ausgesprochen fraglich, ob die angestellten Mitarbeiter auch bereit wären, ein umfangreiches unternehmerisches Risiko zu tragen. Gelingt es der Organisation nicht, das individuelle Risiko ihrer Mitarbeiter zu begrenzen, dürfte sie sehr wahrscheinlich Schwierigkeiten bekommen, Mitarbeiter zu rekrutieren.

5.1.7. Zusammenfassung

Zusammenfassend läßt sich feststellen, daß eine Reihe wichtiger Vorteile mit der Verwirklichung marktähnlicher Strukturen verbunden sein können. Im Rückgriff auf die Leistungslücke erscheint es insbesondere interessant, daß durch Marktstrukturen Dynamik und Kundenorientierung in die Unternehmung hineingetragen werden bei gleichzeitig effizienter Ressourcennutzung und -verteilung. Aber auch die zweite Seite der Leistungslücke bleibt nicht unberücksichtigt. Durch mehr Verantwortungsübertragung "nach unten" kann denjenigen Mitarbeitern entsprochen werden, die genau dies von ihrer Arbeit erwarten und fordern. Hinzu kommt als weiterer Vorteil, daß die Koordination über einen Mechanismus erfolgt und dadurch in einem Planungsprozeß gebundene Manpower freigesetzt werden könnte.

5.2. Überlegungen zu einer Grundkonzeption von marktlichen Elementen in einem hierarchischen Rahmen

5.2.1. Koordination in Organisationen kann nicht gleich marktlicher Koordination sein

Die Idee, die Probleme hierarchischer Koordination durch die Einführung eines innerorganisatorischen Marktes zu lösen, dürfte sicherlich zu kurz greifen, wenn man nur versuchen würde, das volkswirtschaftliche Modell der Marktwirtschaft im Maßstab "eins zu eins" auf die Organisation zu übertragen. Dann würden gleichsam in der Organisation die Verhältnisse genauso aussehen wie außerhalb der Organisation. Die Organisationsmitglieder würden untereinander in gleicher Weise in Beziehung treten wie zu externen Marktteilnehmern. Wäre diese Lösung tatsächlich effizient, könnte allerdings gleich auf die Bildung der Organisation verzichtet werden. Die Existenz und Stabilität von hierarchisch strukturierten Organisationen innerhalb marktwirtschaftlich verfaßter Gesellschaftssysteme wäre in diesem Falle kaum zu erklären.

Offenbar können Hierarchien bestimmte Transaktionen besser koordinieren als es ein Markt könnte. Coase sieht die Entstehung von hierarchischen Unternehmen besonders dort als wahrscheinlich an, wo kurzfristige Verträge keine befriedigenden Ergebnisse zeigen (siehe z.B. Coase, 1937, S. 392). Im Anschluß an Coase hat sich die Transaktionskostentheorie als ein wichtiger Bezugsrahmen für Erklärung, aber auch für die Gestaltung von Koordinationsformen entwickelt (vgl. Williamson, 1975, Picot, 1990b und 1991).

Der Transaktionskostenansatz nimmt das Coase-Theorem auf und untersucht, welche Koordinationsform für welche Arten von ausgetauschten Leistungen effizient ist. Als Effizienzmaß werden "Transaktionskosten" eingeführt, die sich aus den Kosten für Anbahnung, Vereinbarung, Kontrolle und Anpassungen eines Leistungsaustausches zusammensetzen. Eine interne hierarchische Koordination ist nach dieser Theorie - verkürzt gesprochen - dann die effizienteste Koordinationsform, wenn die Leistung spezifisch, für das Unternehmen strategisch bedeutend, mit Unsicherheit behaftet und/oder häufig zu erstellen ist (vgl. auch Abbildung 26).

Eigenschaften	Beispiele
Spezifität	Fertigungsverfahren, Design, Know-how, Qualität, Logistik
Strategische Bedeutung	Besonderes wettbewerbsrelevantes Wissen und Können
Unsicherheit	Änderungen bezügl. Qualität, Mengen, Termine, Spezifikationen
Häufigkeit	Produktionsmenge

Abbildung 26: Eigenschaften von Leistungen im Transaktionskostenansatz (vgl. Picot, 1991, S. 346.)

Sicherlich nicht alle Bankleistungen sind so beschaffen, daß sie aus spezifischen, unsicheren, strategisch bedeutenden und häufigen Einzelleistungen zusammengesetzt sind.[53] Für viele Bankleistungen dürften diese Bedingungen jedoch gelten. Hier wäre es ineffizient, wenn sie über einen traditionellen Marktmechanismus koordiniert würden.

Da also für bestimmte Leistungen eine traditionelle marktliche Koordination nicht sinnvoll ist, muß versucht werden, marktliche Elemente in einem hierarchischen Rahmen so zu verwirklichen, daß auch spezifische, strategisch bedeutende, häufige und unsichere Leistungen effizient koordiniert werden können. Im folgenden wird deshalb nicht nur untersucht, welche Elemente für eine Marktähnlichkeit konstitutiv sind, sondern auch, welche Stärken der Hierarchie zu erhalten sind, bevor Anwendungsmöglichkeiten für marktähnliche Organisationsstrukturen konzipiert werden können.

5.2.2. Für Marktähnlichkeit konstitutive Elemente

5.2.2.1. Dezentrale Preisbildung oder vergleichbarer Mechanismus

In Kapitel 3 wurde unter anderem gezeigt, daß die Einführung administrierter Verrechnungspreise eine vollständige zentrale Planung erfordert. Dies kann also nicht der Weg zu marktähnlichen Strukturen sein. Die planungsentlastende Funktion des Preises liegt ja gerade darin, daß er aus dezentralen Angebots- und Nachfragesignalen gebildet wird, ohne daß eine zentrale Instanz irgend etwas ausrechnen muß (vgl. von Böventer, 1982, S. 8f). Ziel bei der Entwicklung marktähnlicher Strukturen in Organisationen soll in dieser Arbeit deshalb sein, einen Mechanismus zu installieren, der die dezentralen Pläne der Organisationsmitglieder koordiniert. Die Steuerung des Mechanismus soll nicht zentral vorgenommen werden, sondern durch dezentrale Signale der Organisationsmitglieder.

5.2.2.2. Informationskomprimierung

Wenn sich nun die Marktteilnehmer dezentral koordinieren sollen, erscheint es nicht gerade praktikabel, wenn dazu "jeder mit jedem" verhandeln muß. Die An-

---

53) Gemäß des Transaktionskostenansatzes wäre für unspzifische etc. Leistungen zu prüfen, ob sie, anstatt sie innerhalb der Bank zu erstellen, nicht günstiger extern marktlich bezogen werden können (vgl. Picot 1991).

zahl der notwendigen Kontakte würde in diesem Falle exponentiell mit der Anzahl der Marktteilnehmer und der Anzahl der gehandelten Güter ansteigen. Der Preis dagegen ist in der Lage, die ungeheure Vielzahl der Informationen, die in die jeweiligen individuellen Pläne eingehen, in nur einer Information, nämlich der Höhe des Preises zu bündeln (vgl. Ahrns/Feser, 1986, S. 38). Damit diese Bündelung funktioniert, sind vor allem zwei Voraussetzungen nötig: Erstens muß der aktuelle Marktpreis für jeden Marktteilnehmer leicht erkennbar sein. Dazu sollte die Preisinformation öffentlich zugänglich sein, bei sensiblen Märkten, wie den Kapitalmärkten werden sogar spezielle Institutionen zur Feststellung des Marktpreises bestellt ("Kursmakler"). Zweitens ist es für die Übersichtlichkeit äußerst hilfreich, für jedes Gut statt eines komplizierten Vektors aller relativen Preise einen numerisch meßbaren Preis zu haben. Das bedeutet die Einführung (oder Anwendung) eines allgemein anerkannten Wertmaßstabes (vgl. Neumann, 1987, S. 178f).

5.2.2.3. Flexibler Koordinationsmechanismus

Eine dauerhafte Markträumung ist nur möglich, wenn der Preis flexibel genug ist, sich den jeweiligen Angebots- und Nachfragebedingungen anzupassen (vgl. Ahrns/Feser, 1986, S. 38f). Dies gilt vor allem auch in dynamischer Sicht. Durch Rationalisierungen, Innovationen oder Präferenzänderungen ändern sich die Nachfrage- und Angebotssignale. Dann muß jeweils ein neues Gleichgewicht gefunden werden. Werden Preise dagegen künstlich starr gehalten, ist zu erwarten, daß sich Ersatzmechanismen bilden oder bewußt eingeführt werden, die überschüssiges Angebot oder überschüssige Kaufkraft "abschöpfen". Beispiele hierfür sind etwa Schlangestehen, Schwarzmärkte oder Vernichtung von Überschußmengen (vgl. Roepke, 1968, S. 50ff). Diese Ersatzmechanismen ziehen jedoch eine ineffiziente Ressourcenallokation nach sich. Auf der anderen Seite könnten sich aus zu flexiblen Preisen möglicherweise auch Gefahren ergeben. Darauf wird im nächsten Punkt ("Gegen Marktversagen") noch einzugehen sein.

5.2.2.4. Entscheidungsfreiräume der Wirtschaftssubjekte

Dezentrale Koordination ist nicht vorstellbar, wenn die dezentralen Marktteilnehmer nicht in der Lage sind, ihre individuellen Pläne zu bilden und diese Pläne durch Angebots- und Nachfragesignale in den Preismechanismus einzuspeisen (vgl. Neumann, 1987, S. 193f und 5f). Das bedeutet für eine marktähnlich strukturierte Organisation die Zuweisung weitgehender Entscheidungsfreiräume an die jeweiligen Einheiten.

5.2.2.5. Gewinn- und Verlustzurechnung

Unterstellt man plausiblerweise, daß der eigene Nutzen für die Wirtschaftssubjekte eine wichtige Grundlage ihrer Entscheidungen darstellt, so muß eine Organisation, die ihren Einheiten Entscheidungsfreiräume überläßt, davon ausgehen, daß die Verantwortlichen der Einheiten diesen Entscheidungsfreiraum vor allem im Sinne ihres persönlichen Nutzens verwenden (zum Problem der Nutzenmaximierung siehe von Böventer, 1982, S. 12). Sollen diese Verantwortlichen gleichzeitig für das effiziente Funktionieren ihrer Einheit sorgen, so ist das in diesem System nur vorstellbar, wenn die Verantwortlichen die Auswirkungen von Mißwirtschaft oder gutem Wirtschaften selbst "zu spüren" bekommen. Dazu muß ihnen also der Gewinn oder Verlust ihrer Einheit zumindest zum Teil zugerechnet werden. Diese Zurechnung kann prinzipiell auch indirekt geschehen, wie dies in hierarchischen Organisationen durch "Sanktionen" wie Gehaltserhöhungen oder Beförderungen geschieht. Wichtig hierfür ist jedoch, daß eine feste Verbindung zwischen Marktleistung und Sanktion besteht. Diese Verbindung ist in bürokratischen Organisationen oft genug unterbrochen (Beförderung nach Betriebszugehörigkeit oder Ähnliches). Bei einer direkten Gewinn- und Verlustzurechnung ist die Gefahr der Unterbrechung nicht gegeben.

5.2.2.6. Verursachungsgerechte Kosten- und Nutzenzurechnung

Bei der direkten Gewinn- und Verlustzurechnung ist vielmehr ein anderes Problem gegeben, das zu großen Fehlsteuerungen führen kann: Das sanktionsorientierte Verhalten des verantwortlichen Managers orientiert sich an dem ihm zugerechneten Gewinn, nicht am "echten" Erfolg (siehe auch Kapitel 3). Worin aber der "echte" Erfolg einer Periode besteht, ist nicht einmal theoretisch eindeutig geklärt. Zwar läßt sich der Totalerfolg einer Unternehmung nach der Liquidation finanzwirtschaftlich angeben, aber eine eindeutige Zurechnung auf Perioden gelingt nicht. Dies gelingt schon gar nicht, wenn das Unternehmen weitergeführt wird, der Totalerfolg also noch nicht feststeht (vgl. Wöhe, 1984, S. 1097).

Dennoch lassen sich praxisorientiert einige Gefahren angeben, die sicherlich zu Fehlsteuerungen führen:

(1) Kurzfristige Orientierung

Bei nur kurzfristiger Erfolgszurechnung besteht ein gewisser Anreiz, auf Kosten zukünftiger, nicht zugerechneter Erfolge, die gegenwärtige Gewinnsituation zu verbessern. Ein Manager, der nur noch wenige Jahre Zeithorizont in seiner Einheit hat, könnte dazu neigen, z.B. mittelfristig notwendige Ersatzinvestitionen zu unterlassen, um den kurzfristigen Gewinn zu erhöhen (vgl. Wöhe, 1984, S. 687).

(2) Relative Erfolgsermittlung

Relativzahlen zur Ermittlung des Erfolges haben das Problem, daß sie an Zähler und Nenner manipuliert werden können. Relativer Gewinn ist nicht gleich Gesamtgewinn (vgl. etwa Hanssmann, 1987, S. 57f). Wird Erfolg etwa am Return on Investment gemessen, ist es möglich, den "Erfolg" zu erhöhen, ohne die "returns" zu steigern. Stattdessen kann nämlich die Investitionssumme verringert werden (vgl. Perridon/Steiner, 1980, S. 288). Im Extremfall wird von allen möglichen gewinnträchtigen Geschäften nur noch dasjenige durchgeführt, das die größte Rentabilität hat. Dann aber bleibt Kapital ungenutzt übrig, das mit geringerer, aber trotzdem positiver Rentabilität eingesetzt werden könnte. Der Return on Investment, der ja nur auf das verwendete Kapital bezogen ist, ist maximiert, aber das gesamte Gewinnpotential, das bei Einsatz allen verfügbaren Kapitals möglich wäre, ist nicht einmal ansatzweise ausgeschöpft.

(3) Externe Effekte

Ein besonderes Problem stellen Externalitäten in der Marktwirtschaft dar. In diesem Falle treten bei einer Handlung innerhalb einer Einheit Konsequenzen nicht nur in der Einheit selbst auf, sondern auch in anderen Einheiten. Diese externen Effekte werden aber in der Regel nicht der verursachenden Einheit zugerechnet. Ein Beispiel für externe Effekte in dezentralen Organisationen ist etwa der "Produktkannibalismus", bei dem der Absatzerfolg eines Produktes auf Kosten des Absatzes eines anderen Produktes derselben Organisation erhöht wird. Es läßt sich zeigen, daß sowohl positive als auch negative externe Effekte zu suboptimalen Zuständen im Sinne des Gesamtsystems führen (vgl. wohlfahrtstheoretisch z.B.

von Böventer 1982, S. 313ff, organisationstheoretisch z.B. Hanssmann, 1987, S. 54f).

5.2.2.7. Wettbewerb

Zentral für das Funktionieren von Märkten ist schließlich der Wettbewerb. Stehen die Marktteilnehmer nicht in Wettbewerb zueinander, wird es für die jeweils mächtigeren Marktteilnehmer möglich, individuelle Vorteile zu erzielen, die zu gesamtökonomisch suboptimalen Ergebnissen führen. Als Leitbild für einen internen Markt erscheint die Konzeption einer vollständigen Konkurrenz eher unrealistisch, zumal diese Vorstellung auch für die staatliche Wirtschaftspolitik als wenig brauchbar erachtet wird (vgl. dazu ausführlich z.b. Ahrns/Feser, 1986, S. 41ff). Es geht vielmehr darum, durch Rahmenpolitik und geeignete Eingriffe in pragmatischer Weise einen "funktionsfähigen Wettbewerb"[54] sicherzustellen.

Gerade in Organisationen sind allerdings viele Funktionen sinnvollerweise nicht mehrfach vorgehalten, und es ist in vielen Fällen auch nicht sinnvoll, diese Funktionen mehrfach auszuführen. Die Anbieter solcher Funktionen wären auf dem internen Markt also "Monopolisten" (zum Monopolisten siehe von Böventer, 1982, S. 31ff). Hier muß eine Kontrolle der Anbieter erfolgen, da sie sonst dazu tendieren, zu hohe Preise für ihre Leistungen zu verlangen.

5.2.2.8. Zusammenfassung: Verfügungsrechte und flexibler Koordinationsmechanismus in fairem Wettbewerb

Zusammenfassend läßt sich sagen, daß aus dem soeben Diskutierten für marktwirtschaftliche Verhältnisse drei "große" Gruppen von Voraussetzungen konstitutiv sind. Zum einen müssen die Wirtschaftssubjekte bestimmte Verfügungsrechte und bestimmte Pflichten für die Gegenstände erhalten, die sie im Marktprozeß vertreten. Dafür müssen die Verantwortlichen nicht unbedingt das Eigentum an diesen Gegenständen erhalten (vgl. Ahrns/Feser, 1986, S. 159), aber die Verfügungsrechte müssen doch weiter gehen, als dies in traditionellen Organisationen üblich ist. Zum zweiten muß die zentrale Planung und Koordination durch dezen-

---

[54] Zum theoretisch nicht geschlossenen Konzept einer "workable competition" siehe Ahrns/Feser, 1986, S. 43ff oder ausführlicher Poeche, 1979.

trale Planbildung und Koordination über einen Mechanismus substituiert werden (siehe Ahrns/Feser, 1986, Kapitel zur Wettbewerbspolitik). Zum dritten muß für einen funktionsfähigen Wettbewerb unter den Marktteilnehmern gesorgt werden. Ist dies nicht möglich, müssen die jeweils mächtigen Marktteilnehmer kontrolliert werden.

5.2.3. Konzeption einer marktähnlich strukturierten Organisation

Um die Stärken der marktlichen und der hierarchischen Koordination zu verbinden, soll hier ein Modellansatz eines organisationsinternen Marktes, der von einer Zentralen Einheit überwacht wird, versucht werden. Anders als in der Organisationstheorie üblich, soll hier probeweise davon ausgegangen werden, daß zunächst jede intern erbrachte Leistung grundsätzlich handelbar ist, nicht handelbare Leistungen die Ausnahmen sind. Ökonomisch gesprochen heißt dies, daß jede Leistung, die als "privates Gut" gehandhabt werden kann, im organisationsinternen Markt gehandelt werden soll und nur echte "öffentliche Güter" (vgl. von Böventer, 1982, S. 5f) auf andere Weise bereitgestellt werden.

5.2.3.1. Grundkonzeption

Die zentrale Einheit hat dabei ähnliche, aber, wie sich unten zeigen wird, erheblich weitergehende Funktionen als der Staat in liberalistischen Konzeptionen für die Volkswirtschaft. Die Zentrale ist dafür zuständig, die Organisation gegenüber der Umwelt abzugrenzen und die potentiellen und aktuellen Stärken zu bündeln, die in der Organisation stecken. Konkret bedeutet dies, daß sie die Marktprozesse in der Organisation initiiert, erleichtert und überwacht. Dazu muß sie einen relativ festen Rahmen schaffen, der die Marktprozesse reguliert.

Die dezentralen Einheiten sind die eigentlichen Marktteilnehmer im internen Markt. Aufgrund der grundsätzlichen "Privatisierung" aller Leistungen werden also auch klassische Zentralbereichsfunktionen von selbständigen Einheiten ausgeführt und an die anderen Einheiten verkauft. Durchaus denkbar ist, daß innerhalb der Einheiten wiederum kleine Märkte geschaffen werden, auf denen dann noch kleinere Einheiten, also z.B. die Mitarbeiter untereinander, ihre Leistungen marktlich austauschen.

5.2.3.2. Das Modell von Penzel

Einen Modellansatz, der in diese Richtung weist (und in gewisser Weise "Initialzündung" für diese Überlegungen war), skizziert Penzel für die Informatik-Organisation für Banken (vgl. hierzu und zum folgenden: Penzel 1992, S. 24ff)[55]. Dazu grenzt er "marktfähige" von "nicht-marktfähigen" Aufgaben ab. Nicht marktfähig sind dabei die öffentlichen Güter für die Organisation. Er grenzt sie danach ab, ob sie unternehmenseinheitlich bereitgestellt werden müssen. Dazu müssen sie zentral geplant und erstellt werden. Als Beispiel für nicht-marktfähige Aufgaben nennt Penzel die Anwendungsarchitektur. Zum Marktbereich gehören für Penzel die spezifische Anwendungssoftware und die Hardware der Anwender. Hier werden nur zentrale Rahmenrichtlinien gegeben, die im Beispiel darin bestehen, daß der unternehmensweite Systemstandard einzuhalten ist. Ansonsten werden in diesem Marktbereich Nachfrage (Divisionen der Bank) und Angebot (Informatik-Organisationsabteilung) so organisiert, daß sie grundsätzlich autonom entscheiden können. Dabei werden auch externe Anbieter neben der internen EDV-Abteilung zugelassen.

5.2.3.3. Offene Fragen

Penzel umreißt sein Modell nur sehr kurz. Ob diese Konzeption in der Praxis tatsächlich funktioniert, wird davon abhängen, ob es gelingt, die grundsätzlichen Unterschiede zwischen organisationsinternen Märkten und volkswirtschaftlichen Märkten erfolgreich zu bearbeiten. Dazu gibt es grundsätzlich zwei Wege, die gleichzeitig beschritten werden können:

(1) Der Markt kann für Externe geöffnet werden, bzw. Anschluß an einen bestehenden externen Markt erfolgen. Das heißt, es treten externe Anbieter und Nachfrager zu den internen hinzu.

(2) In Bereichen, die nicht Externen geöffnet werden können, sind möglichst marktähnliche Strukturen zu schaffen, die die spezifischen Probleme inter-

---

[55] Kosmider (1991) skizziert in Teilbereichen ein übereinstimmendes Modell. Da das Modell von Penzel (1991 und 1992) ausführlicher dargestellt ist, lehnt sich der folgende Text stärker an dieses Modell an.

ner Märkte berücksichtigen. Der zweite Weg erfordert also eine gewisse Neukonzeption dessen, was in der Volkswirtschaft unter Markt verstanden wird.

Es ist also zu erwarten, daß durch diese Konzeption eine Vielzahl neuer Probleme, die aus der Volkswirtschaft nicht unbedingt bekannt sind, auftauchen, da sich in der Organisation nicht immer die gleichen Strukturen bilden lassen wie in einer großen Volkswirtschaft.

5.3. Potentielle Probleme eines Marktes im hierarchischen Rahmen

Wenn marktliche Elemente in die Organisation eingeführt werden, um das "Staatsversagen" der zentral geplanten Hierarchie zu bekämpfen, muß verhindert werden, daß neue Ineffizienzen auftreten, weil nun der Markt versagt. Deshalb werden zunächst, unter Rückgriff auf die volkswirtschaftliche Diskussion, Probleme des Marktversagens diskutiert und Ansätze zur Handhabung gesucht.

Zwischen Einzelorganisationen und einer Volkswirtschaft bestehen strukturelle Unterschiede, so daß nicht analog, gleichsam "eins zu eins", von wirtschaftspolitischen Konzeptionen auf unternehmenspolitische Konzeptionen geschlossen werden kann. Im Gegenteil, die spezifische Struktur der zugrundeliegenden Leistungen scheint eine nicht marktliche Struktur zu erfordern (vgl. die Überlegungen auf Basis des Coase-Theorems im Punkt 5.2.1.). Deshalb wird in einem zweiten Schritt festgehalten, worin die spezifischen Stärken der Hierarchie liegen, denn diese Stärken sollten so weit wie möglich bewahrt werden.

5.3.1. Probleme des Marktversagens

Die in der volkswirtschaftlichen Diskussion identifizierten Probleme des Marktversagens dürften, wie sich zeigen wird, in den kleineren internen Märkten in verschärfter Form auftreten. Deshalb sind Eingriffe einer zentralen Einheit in diesem Falle noch weitergehend nötig als in einer Volkswirtschaft. Dieser Punkt wird an die Gliederung der Marktunvollkommenheiten bei Ahrns/Feser (1986, S. 14ff.) angelehnt.

5.3.1.1. Öffentliche Güter

Öffentliche Güter sind nach Samuelson durch zwei Merkmale gekennzeichnet:

(1) Es ist nicht möglich (oder mit unverhältnismäßig hohen Kosten verbunden), Konsumenten vom Konsum des Gutes auszuschließen (Nicht-Ausschließbarkeit).

(2) Durch den Konsum eines Konsumenten wird der gleichzeitige Konsum anderer Konsumenten nicht beeinflußt (Nichtrivalität) (vgl. Samuelson, 1954).

Als Beispiele für öffentliche Güter werden etwa Landesverteidigung oder Infrastruktureinrichtungen wie Bürgersteige genannt. Penzel spricht auch von "öffentlichen Gütern" in seinem Organisationsmodell. Er definiert sie allerdings über die Unternehmenseinheitlichkeit. Im Unternehmen dürfen sich einzelne nicht von den "öffentlichen Gütern" ausschließen und der Konsum des einen wird durch den Konsum anderer nicht beeinflußt. Auf diese Frage wird weiter unten (5.3.2.2.) als Hierarchiespezifikum unter "Routine" eine Antwort gesucht.

Eine privatwirtschaftliche Bereitstellung öffentlicher Güter müßte scheitern, weil die Konsumenten ihre wahren Präferenzen nicht äußerten und deshalb keinen Preis für das Gut bezahlen würden, da sie ja das Gut auch gratis mitkonsumieren können ("Trittbrettfahrer-Haltung"). Sie müssen deshalb staatlich bzw. gemeinschaftlich finanziert werden. Das heißt allerdings nicht, daß sie durch den Staat hergestellt werden müssen.

Öffentliche Güter, die verschiedenen Abteilungen oder dem Gesamtunternehmen zugutekommen, finden sich innerhalb von Organisationen in reichem Maße. Hierzu zählen z.B. Infrastrukturen und unternehmensweite Markennamen, die allen gleichermaßen zu Verfügung stehen und von deren Nutzung kein Unternehmensbereich ausgeschlossen werden kann. Die Finanzierung bzw. die Kosten für den Aufbau sollten allerdings durch eine Umlage alle mittragen. Für eine solche Umlage und die gemeinschaftliche Finanzierung zu sorgen, ist Aufgabe der Zentrale.

5.3.1.2. Externe Effekte

Externe Effekte können aus zwei Gründen entstehen (vgl. Gerstenberger et al., 1984, S. 5):

(1) Marktteilnehmer können, ohne kostendeckende Entgelte zu entrichten, Vorteile in Anspruch nehmen (Versagen des Ausschlußprinzips).

(2) Marktteilnehmer werden nicht mit den Kosten belastet, die ihnen aufgrund der Belastungen der Allgemeinheit zugerechnet werden müßten, da sie für diese Belastungen verantwortlich sind (Versagen des Verursacherprinzips).

Natürliche Ressourcen oder Umweltgüter wie Wasser und Luft wurden und werden häufig durch externe Effekte belastet. In diesem Bereich versagt das Ausschlußprinzip, da Umweltgüter häufig zugleich öffentliche Güter sind. Positives Beispiel für externe Effekte sind Schlüsselindustrien, die Technologien bereitstellen, die in anderen Industrien genutzt werden.

Probleme der externen Effekte sind, daß Kosten und Erlöse nicht verursachungsgerecht zugerechnet werden (können). Bei positiven externen Effekten entsteht das Trittbrettfahrer-Problem wie bei öffentlichen Gütern (vgl. Ahrns/Feser, 1986, S. 16f).

Beispiele für externe Effekte in der Organisation lassen sich einige finden. Als Beispiel für positive externe Effekte soll eine Werbekampagne für ein bestimmtes Produkt genannt werden. Diese Werbekampagne kann positive externe Effekte auch auf andere Produkte oder sogar andere Sparten der Bank haben. Letztlich existieren positive externe Effekte immer dort, wo Synergien genutzt werden können. Als Beispiel für negative externe Effekte könnte die Erstellung eines EDV-Systems für eine Sparte angeführt werden, die durch die in Anspruch genommene Rechnerkapazität die Antwortzeiten für alle anderen Sparten verschlechtert.

Lösungsansätze für externe Effekte könnten in der Internalisierung der externen Effekte durch Verfügungsrechte liegen. Diese Aufgabe der Internalisierung müßte in der Organisation die Zentrale übernehmen. Problematisch erweist sich, daß die Beziehungen rasch zu komplex werden, so daß eine Internalisierung ausscheidet (vgl. Ahrns/Feser, 1986, S. 16). Bei positiven externen Effekten könnte die Zentrale eine Subventionierung erwägen.

5.3.1.3. Gefährdung des Wettbewerbs

Wettbewerb stellt eine notwendige Bedingung für das Funktionieren von Märkten dar. Zugleich stellt Wettbewerb aber einen Anreiz für Produzenten dar, eben diesen Wettbewerb zu beseitigen, um sich möglichst hohe Gewinne zu sichern (vgl. Ahrns/Feser, 1986, S. 18). Der Extremfall der Beseitigung von Wettbewerb ist beim Monopol gegeben, der häufigere Fall ist das Oligopol. Beides führt im Vergleich zu einem "funktionierenden" Wettbewerb zu höheren Preisen, schlechterer Güterversorgung, suboptimaler Ressourcennutzung und Einschränkungen der Konsumentensouveränität (vgl. Ahrns/Feser, 1986, S. 18f).

"Diese - gewiß vereinfachten - Überlegungen lassen die **These** begründet erscheinen, daß die Herstellung und Kontrolle von Wettbewerb eine notwendige Aufgabe des Staates ist." (Ahrns/Feser, 1986, S. 19, Hervorhebungen im Text).

Wie diese Eingriffe jedoch konkret aussehen sollen, darüber herrschen verschiedene Meinungen. Übertragen auf die Organisation heißt dies, daß die Zentrale das Funktionieren eines Wettbewerbs zwischen und innerhalb der Sparten sicherstellen muß, um keine suboptimalen Lösungen zuzulassen.

5.3.1.4. Unzureichende Risikoabsicherung und Verteilungsungleichheit

Ein zentrales Problem marktwirtschaftlicher Systeme besteht in der ungleichen Verteilung von Einkommen und Vermögen (vgl. Ahrns/Feser, 1986, S. 21). Bei freiem Spiel der Marktkräfte dürften die Ungleichgewichte in der Verteilung eher zu- als abnehmen (siehe ausführlich zum Verteilungsproblem: Bartmann, 1981). Zugleich sind Individuen verschiedenen Risiken ausgesetzt, z.B. Arbeitslosigkeit oder Invalidität. Kalkulierbare Risiken sind grundsätzlich durch privatwirtschaftliche Versicherungen abdeckbar (vgl. Ahrns/Feser, 1986, S. 20). Wo dies nicht der Fall ist, aber dennoch eine Absicherung nötig ist, muß der Staat diese Absicherung leisten. Diese staatliche Lösung muß auch dort gewährt werden, wo Individuen über eine privatwirtschaftliche Versicherung den Versicherungsschutz nicht leisten können (z.B. aus finanziellen Gründen) und damit eine privatwirtschaftliche Lösung inakzeptabel wäre (vgl. Ahrns/Feser, 1986, S. 21).

Übertragen auf den Organisationskontext könnte dies folgendes bedeuten: Wenn innerhalb der Unternehmen mehr Markt zugelassen oder gänzlich auf eine

Marktlösung gesetzt wird, muß die Zentrale als Pendant zum Staat für Verteilungsgleichheit und Risikoabsicherung bzw. sie muß für eine kollektiv getragene Absicherung sorgen. Erläutert werden soll dies am Beispiel eines Kundenberaters, der Spezialist für geschlossene Immobilienfonds ist. In einer marktwirtschaftlich ausgerichteten Unternehmung wird er entweder als "kleiner Unternehmer"[56] kein Fixgehalt erhalten und nur nach seinem Gewinn bezahlt, oder aber er erhält ein variables Gehalt mit einem fixen Anteil.

In einer reinen Marktwirtschaft bilden sich die Preise nach der Knappheit der Güter, unabhängig von Kriterien der Lohngerechtigkeit. Bei hoher Nachfrage nach geschlossenen Immobilienfonds dürfte der Preis aufgrund der Knappheitsverhältnisse sehr hoch sein und das Einkommen des Beraters ebenfalls. Aufgrund einer gesetzlichen Änderung könnte die Nachfrage nach geschlossenen Immobilienfonds aber rapide sinken, wodurch das Gehalt ebenfalls rapide sinkt, im Extremfall "geht der Berater Pleite". Aufgrund dieser Unsicherheit kann der Fall eintreten, daß kein Berater mehr bereit ist, die Ausbildungsinvestitionen zu tätigen, um das nötige Fachwissen für geschlossene Immobilienfonds zu erwerben, da dieses Fachwissen in der Marktwirtschaft keinen direkten Einfluß auf sein Gehalt hat. Sein Gehaltsverlust ist unter Umständen auch unabhängig von der objektiven Anstrengung, geschlossene Immobilienfonds zu verkaufen, die er vielleicht verdoppelt hat, ohne jedoch mehr geschlossene Immobilienfonds zu verkaufen. Sein Gehalt sinkt auch unabhängig von seinem Familienstand, das heißt auch unabhängig von sozialen Aspekten der Lohngerechtigkeit.

Für diese Fälle der Lohnungerechtigkeit oder auch nur, um Leistungsanreize vor allem in Richtung Ausbildung zu setzen, muß die Zentrale regulierend eingreifen und einen gewissen Mindestlohn garantieren und/oder eventuelle Weiterbeschäftigungsoptionen geben, wenn zum Beispiel für bestimmte Leistungen aufgrund externer Einflüsse die Nachfrage sinkt oder völlig wegfällt.

---

56) Der Behauptung von Frese (1993) soll nicht gefolgt werden: Er bestreitet, daß in einer Großunternehmung ein Motivations- und Kontrollmechanismus, wie er bei einem mittelständischen Unternehmen zu finden ist, existieren kann. Durch Institutionalisieren gewisser Strukturen erscheint dies aber möglich, wie im Text dargelegt wird.

5.3.1.5. Gesamtwirtschaftliche Instabilität

Laut Theorie tendiert ein Marktsystem zum gesamtwirtschaftlichen Gleichgewicht mit Vollbeschäftigung. Allerdings versagt in der Realität die "unsichtbare Hand" offenbar, denn es existiert Arbeitslosigkeit in schwankender Höhe, selbst wenn Preise und Löhne flexibel sind (siehe Patinkin, 1965).

Die Wahrscheinlichkeit, daß diese instabile Situation in der Organisation auftritt, ist relativ gering. Stabilitätsprobleme würden sich in der Organisation darauf beziehen, daß bei Tausch zu Nicht-Gleichgewichtspreisen erratische Schwankungen auf innerorganisatorischen Märkten auftreten. Bei diesem Thema ist jedoch zu beachten, daß die Nachfrage nach internen Leistungen letztlich auf Nachfragesignale der externen Märkte zurückgeht. Es ist daher zu erwarten, daß die durch den externen Markt induzierten Bedürfnisse nach innerorganisatorisch zu tauschenden Leistungen in wesentlich stärkerem Maße die mengenmäßige Nachfrage nach diesen bewirken als die internen Preise. Dabei sind Stabilitätsprobleme eher weniger zu erwarten. Insofern sollen Stabilitätsprobleme nicht eingehender untersucht werden. Träten sie allerdings auf, müßte die Zentrale die Rolle des Staates, wie die Keynesianische Theorie sie sieht, übernehmen, falls die Organisation sich nicht selbst aus dem Zustand der Instabilität befreien kann (siehe ausführlich Felderer/Homburg, 1987, S. 97-154).

5.3.1.6. Wachstums- und Strukturprobleme

Nach Auffassung von Markttheoretikern ist Wirtschaftswachstum ein Prozeß, der sich bei geeigneten Rahmenbedingungen aufgrund dezentraler, individueller Aktivitäten von Wirtschaftssubjekten einstellt. Allerdings ist umstritten, inwieweit Infrastrukturleistungen notwendige Voraussetzung sind (vgl. Ahrns/Feser, 1986, S. 25). Die Bereitstellung dieser Infrastrukturleistungen muß kollektiv erfolgen, da viele der Leistungen Merkmale von öffentlichen Gütern tragen und externe Effekte aufweisen (vgl. Ahrns/Feser, 1986, S. 26).

Auf die Organisation übertragen bedeutet dies, daß Infrastrukturleistungen innerorganisatorisch zu identifizieren sind, die zentral bereitgestellt werden müssen, um das Wachstum der Organisation zu unterstützen. Die Handhabung dieser öffentlichen Güter ist bereits oben diskutiert worden. Wie in der volkswirtschaftlichen

Diskussion könnte auch für Organisationen bestritten werden, daß zentrale organisatorische Infrastrukturleistungen notwendige Voraussetzung für Wachstum der Organisation sind. Es lassen sich sicherlich Beispiele finden, bei denen zentrale Infrastrukturleistungen wachstumsfördernde Effekte haben. Eine zentrale Hypothekenabteilung, die die Verwaltung der Hypotheken übernimmt und damit den Vertrieb entlastet, könnte z.b. durchaus wachstumsfördernde Effekte haben.

Oft dürften weniger leicht sichtbare wachstumshemmende Effekte mit den gleichen Infrastrukturleistungen verbunden sein. Beispielsweise ist es vorstellbar, daß die zentrale Hypothekenverwaltung Geschäfte verhindert, weil der Verwaltungsaufwand bei kleinen Darlehen zu hoch ist und der Berater daher das Darlehen gar nicht ausreicht. Zentrale Infrastrukturleistungen könnten auch Innovationen behindern. Das Erschließen neuer Wachstumsbereiche könnte durch zentrale Infrastrukturleistungen verhindert werden, weil an den hergebrachten Bereichen festgehalten wird. Wenn es darum geht, diese zentralen Infrastrukturleistungen zu identifizieren, dann erscheint es sinnvoll, den Nettoeffekt zu berechnen.

5.3.2. Hierarchiespezifische Probleme: Notwendige Stärken der Hierarchie erhalten

5.3.2.1. Einigung

Wenn im unternehmensinternen Markt kein Wettbewerb existiert und sich Anbieter und Nachfrager von Leistungen, die im Unternehmen erstellt und angeboten werden, nicht über den Preis einigen können, dann besteht die Möglichkeit, daß eine übergeordnete Instanz, zum Beispiel der Vorgesetzte, den Preis fixiert, zu dem die Transaktion stattfindet.

5.3.2.2. Routine

In der Transaktionskostentheorie wird unter dem Thema "Häufigkeit" die Fähigkeit von Organisationen diskutiert, Abläufe zu standardisieren und zu programmieren, wodurch eine Art Routine in der Aufgabenstellung gebildet wird. Je besser diese Routinisierung gelingt, desto weniger Aufwand ist mit der Durchführung einer einzelnen Transaktion verbunden. Einer marktähnlich strukturierten Organisation muß es gelingen, für die Vielzahl der "häufigen" Transaktionen eine Standardisierung zu erreichen, die sich mit marktähnlichen Strukturen "verträgt".

5.3.2.3. Innere Sicherheit

Eine weitere wichtige Fähigkeit von Hierarchien besteht darin, Unsicherheit zu absorbieren. Durch festgelegte Beziehungen innerhalb der Organisation werden Risiken etwa bezüglich Verfügbarkeit, Terminen oder Spezifikationen weitgehend ausgeschaltet. Bei den organisationsinternen Marktbeziehungen müssen deshalb Wege gefunden werden, zumindest einige der am Markt üblichen Risiken zu begrenzen. Eine in diesem Zusammenhang sicherlich besonders wichtige Frage ist die nach der Sicherheit der Mitarbeiter. Eine Organisation, die ihren Mitarbeitern weder einen halbwegs sicheren Arbeitsplatz noch ein "geregeltes" Einkommen versprechen kann, dürfte in der Regel erhebliche Schwierigkeiten haben, qualifizierte Mitarbeiter zu finden.

5.3.2.4. Äußere Sicherheit

Eine große Organisation kann auch ihren externen Transaktionspartnern eine größere Sicherheit bieten und daraus Vorteile ziehen. Sie kann ihren Abnehmern z.B. durch die Bildung einer Marke die Sicherheit vor schwankender Produktqualität bieten oder ihren Lieferanten die Sicherheit relativ konstanter Abnahmemengen versprechen. Das Ausstrahlen von Sicherheit gegenüber der externen Umwelt kann auch als eine spezifische Machtbasis für die Organisation angesehen werden.

5.3.2.5. Marktmacht auf externen Absatz- und Beschaffungsmärkten

Ein in der betriebswirtschaftlichen Diskussion oft nicht offen genannter Aspekt, der für die Bildung von Organisationen spricht, ist die Möglichkeit, auf diese Weise Macht zu akkumulieren und zum Vorteil der Organisationsmitglieder auszuüben. Beispiele für die Machtausübung von Organisationen ist etwa das Nutzen von Mengenrabatten, das Belegen von Vertriebskanälen, die verbesserte Möglichkeit politischer Einflußnahme oder die exklusive Verwertung von organisationsinternem Know-how. Eine intern marktähnlich strukturierte Organisation hat sicher keine Chance, wenn sie nicht in der Lage ist, die internen

Transaktionen nach außen hin zu bündeln, und als monolithisches Ganzes aufzutreten.

5.3.2.6. Nicht direkt zurechenbare Infrastruktur

Planwirtschaftlich organisierte Systeme sind prinzipiell eher in der Lage, strategisch motivierte Vorleistungen zu erbringen, die erst in der Zukunft ökonomisch genutzt werden können. In beiden Fällen werden durch Pläne Ressourcen an Einheiten zugewiesen, die diese Einheiten allein nicht anschaffen würden. (Nutzen stellt sich für die Einheit zu spät ein, Nutzen wäre ohne Berechnung des Synergieeffektes auf andere Einheiten zu gering oder ähnliches.) Eine marktähnlich strukturierte Organisation muß entweder auf eine gemeinsame Infrastruktur verzichten oder durch Eingriffe in das Marktgeschehen versuchen, zumindest wichtige Infrastrukturleistungen bereitzustellen. Ein begrenzter Verzicht auf gemeinsam nutzbare Infrastrukturleistungen kann dabei durchaus in Kauf genommen werden, da oftmals ein großer Teil theoretisch erzielbarer Synergien durch den notwendigen Koordinationsaufwand aufgezehrt werden.

5.3.2.7. Kooperation der Mitglieder für ein übergeordnetes Ziel

Ein wichtiger und zentraler Unterschied zwischen einer pluralistischen Gesellschaft (mit Marktwirtschaft) und einer hierarchischen Wirtschaftsorganisation besteht sicher darin, daß es bei Einzelorganisationen um die Erreichung eines oder mehrerer übergeordneter Ziele geht, während eine Gesellschaft eigentlich keine definierten Gesamtziele hat und am ehesten die Wohlfahrt der einzelnen Bürger im Vordergrund steht. Zur Erreichung der Ziele der Organisation ist ein Mindestmaß an Kooperation der Mitglieder notwendig, das um so geringer sein muß, je mehr es gelingt, im organisationsinternen Marktgeschehen die Anreize so zu verteilen, daß die Handlungen, die auf die Erreichung der individuellen Ziele gerichtet sind, gleichzeitig zum Gesamtziel der Organisation beitragen. Wenn dies nicht hinreichend gelingt, müssen zusätzliche Instrumente hinzutreten, die für eine Kooperation im Sinne des Organisationsziels sorgen. Eingriffe wie direkte Anweisungen oder detaillierte Ablaufregelungen, die in Hierarchien einen wichtigen Beitrag zur Sicherung der Zusammenarbeit leisten, sind marktwirtschaftlich verfaßten Systemen grundsätzlich eher wesensfremd. Hier müssen unter Umständen andere Instrumente angewandt werden.

5.4. Anwendungen für die Bank

Im folgenden sollen einige Anwendungskandidaten in der Bank aufgeführt werden, für die sich marktliche Koordination eignet. Sie werden jeweils nach Hintergründen, Rechten und Pflichten von Anbietern und Nachfragern und dem wirksamen Koordinationsmechanismus gegliedert.

5.4.1. Anwendungskandidat: EDV-Organisation

Ein Anwendungskandidat für marktähnliche Strukturen könnte im EDV-Bereich einer Bank zu finden sein (vgl. Penzel, 1992, S. 24ff. Die folgenden Ausführungen basieren auf eben diesem Modell und den Ausführungen von Kosmider, 1991).

5.4.1.1. Hintergründe

Für eine marktliche Ausrichtung der Organisations- und Informatikabteilung sind einige Schritte nötig (vgl. Penzel, 1992, S. 24f): Grundsätzlich müssen im EDV-Bereich "marktfähige" Leistungen, die marktlich organisiert werden, und "nichtmarktfähige" Leistungen identifiziert werden.

Die "nicht-marktfähigen" Bereiche müssen neu organisiert, ihre Leistungen müssen zentral bereitgestellt werden und über sie muß zentral entschieden werden. Als Folge stehen sie unternehmensweit einheitlich zur Verfügung. Sie setzen die Standards, an denen sich die marktlichen Leistungen ausrichten müssen, und sie sind anwendergruppenübergreifend ausgerichtet. Sie haben den Charakter öffentlicher Güter. Typische Nicht-Marktbereiche sind die technische Architektur und die Anwendungsarchitektur (vgl. Penzel, 1992, S. 24).

Die Marktbereiche, die marktfähige Leistungen produzieren, sind einerseits die anwendernahen Bereiche und andererseits die "physischen Rechner/Netze" (Penzel, 1992, S. 25). Die anwendernahen Bereiche konkurrieren mit externen Anbietern um Aufträge der internen Kunden und versuchen, ihre Leistungen zu möglichst hohen Preisen an eben diese Bereiche zu verkaufen. Dieser Marktbereich ist an den Anwendergruppen ausgerichtet. Bei den "physischen Rechnern/Netzen" tritt die Organisations- und Informatikabteilung selbst als Kunde auf.

5.4.1.2. Rechte und Pflichten der Anbieter und Nachfrager

Als Pflicht haben die Marktbereiche, die jeweiligen Marktpreise zu zahlen und bei interner Erstellung mit internem Personal die Kosten voll im jeweiligen Marktbereich abzurechnen (vgl. Kosmider, 1991, S. 636).

Auf der Anbieterseite müßten ebenfalls Veränderungen auftreten. Die Anbieter werden sich wahrscheinlich nach Fachabteilungen und damit nach ihren Kundengruppen ausrichten und kundenrelevantes Spezialwissen aufbauen. Zugleich dürfte sich ihre Zahl reduzieren aufgrund der zunehmend eingesetzten externen Anbieter, da die Kunden anspruchsvoller hinsichtlich Anwendernähe und Kompetenz werden dürften.

Entscheidungen über Projekte werden nicht mehr wie bisher üblich in komplizierten Planungsprozessen auf hoher hierarchischer Ebene getroffen. Vielmehr werden diese Entscheidungen auf niedrigere Ebenen delegiert. Über Ressourcen im EDV-Bereich kann ebenso frei von den Verantwortlichen entschieden werden wie in anderen Bereichen, solange keine unternehmensinternen Standards verletzt werden.

Tendenziell gilt das eben Gesagte auch für den Bereich der physischen Maschinen. Die Tendenz zum Einsatz externer Anbieter dürfte jedoch noch stärker ausgeprägt sein, denn "(...) die Möglichkeit der strategischen Differenzierung in der Hardware ist gleich Null (...)." (Penzel, 1992, S. 26).

5.4.1.3. Koordinationsmechanismus und Institutionen

Zusätzlich muß eine Art "Kartellamt" (Controlling) aufgebaut werden, das aus einer kleinen Gruppe erfahrener Mitarbeiter bestehen sollte. Das Kartellamt hat nach Penzel (1992, S. 26f) drei Aufgaben: Es muß vor dem Vertragsabschluß für ausreichende Markttransparenz vor allem auf Nachfrageseite sorgen. Es muß für angemessene Preise und Verträge Sorge tragen und es muß die Kompetenz haben, die Einhaltung der Standards zu erzwingen und sie zu überwachen.

Für Anwendungen oder Infrastrukturleistungen, für die sich kein Auftraggeber findet, muß der Vorstand oder ein Cost Center-Bereich (unter Umständen die Organisation selbst) die Kosten übernehmen (vgl. Kosmider, 1991, S. 637).

5.4.2. Anwendungskandidat: Kundenberater

Kundenberater und Betreuer, im folgenden kurz als Berater bezeichnet, sind ein weiterer Kandidat für die Verwirklichung von Marktwirtschaft.

Ein sehr großer Teil der Mitarbeiter arbeitet im Vertrieb. Wiederum ein großer Teil der Vertriebsmitarbeiter ist mit Führungsaufgaben und Verwaltungsaufgaben betraut. Die Aufgaben, die sie wahrnehmen, könnten durch einen Marktmechanismus zumindest teilweise ersetzt werden.

5.4.2.1. Hintergründe

In einer nicht-marktwirtschaftlich organisierten Bank erfolgt die Vertriebssteuerung auf Zweigstellen-, Filial- und Regionalbereichsebene über Mengen- und teilweise Gewinnvorgaben.[57] Teilweise werden diese Ziele auf Beraterebene heruntergebrochen und in jährlichen Zielvereinbarungen festgeschrieben. Die Planungsarbeit des "Herunterbrechens" sowie die unter Umständen langwierigen Verhandlungen zur Zielvereinbarung, Kontrolle und über die Sanktionen obliegt dabei dem Vorgesetzten.

Die "Feinsteuerung" erfolgt häufig über Rundschreiben des Controlling oder der Regionalbereiche, in denen der Verkauf bestimmter Produkte teils angeraten teils verordnet wird. An diesen Vorgaben müssen sich die Berater weitgehend orientieren, zum Teil auf Kosten der Kunden. Hintergrund der Vorgaben kann das Auflegen eines neuen Produktes sein oder auch die Notwendigkeit aus Sicht der Bank, eine eigene Anleihe zu plazieren. Dahinter wiederum steht die Aktiv-Passiv-Steuerung der Bank. Sie fungiert als "Koordinationsmechanismus". Von der Qualität der Aktiv-Passiv-Steuerung und der Planungen in diesem Bereich hängt die Fri-

---

57) Beispielsweise steuert die Bayerische Hypotheken- und Wechselbank über Erlösziele bei Anlageprodukten, bei Finanzdienstleistungen von Externen oder Töchtern, z.B. Lebensversicherungen oder Bausparverträgen über Mengenvorgaben und im Kreditbereich über Mengen- und Erlösziele und zwar sowohl auf Bruttoerlöszielebene als auch auf Nettoerlöszielebene bezogen auf den einzelnen Berater.

stigkeit solcher Vorgaben ab. Unter Umständen können täglich neue Vorgaben an die Filialen gegeben werden, wenn die Aktiv-Passiv-Steuerung nur unzureichend funktioniert.

Die Bezahlung der einzelnen Berater erfolgt bisher häufig überhaupt nicht oder nur in geringem Maße leistungsabhängig. Alter, sozialer Status und "Hierachieklettern" bestimmen in höherem Maße das Einkommen.

Auch wenn Provisionen gezahlt werden, trägt diese Einkommenspolitik nur eingeschränkt zu den Unternehmenszielen bei: Dann steigert der Berater sein Einkommen über die Menge, die er absetzt. Für ihn spielt die Kosten-Nutzen-Relation, die das Produkt aufweist, keine Rolle beim Verkauf. Er verhält sich nicht als Gewinn-, sondern als Umsatzmaximierer. Er hat keinen Anreiz, einem Kunden eine für die Bank lohnende Marge "abzuverlangen". Vielmehr hat er ein unter Umständen vehementes Interesse daran, Geschäft und damit "Menge" auf Kosten der Marge zu machen. Aus diesem Grund muß der Vorgesetzte Margenreduktionen genehmigen, um zu billigen Verkauf zu unterbinden, was Verwaltungsaufwand mit sich bringt. Allerdings hat auch der Vorgesetzte keinen wirklichen Anreiz, die Margen einzuhalten, wenn er wie der Berater bezahlt wird. Es müssen daher (verschiedene) andere Anreize gesetzt werden.

Durch eine marktliche Ausrichtung könnten sich langfristigere Kundenbeziehungen ergeben, für die der Berater Verantwortung tatsächlich übernehmen kann und muß, da er lange genug auf derselben Stelle bleibt. Das Gehalt eines Verkäufers müßte so leistungsabhängig sein, daß es sich für ihn lohnt, auf Hierarchieklettern zu verzichten, wenn die Hauptmotivation dafür im höheren Gehalt und Prestige und nicht in wirklicher Eignung für Führungsaufgaben liegt. Dadurch ließen sich Führungspositionen einsparen, die hauptsächlich aufgrund der "Karrierechance" existieren, die sie für Mitarbeiter bieten sollen. Das Gehalt eines Beraters müßte sich außerdem danach richten, was seine Leistungen zum Gewinn der Bank beitragen. Die Preise der Produkte müßten sich dazu an den Knappheitsverhältnissen orientieren. Dies könnte durch eine marktliche Ausrichtung erreicht werden.

5.4.2.2. Rechte und Pflichten der Anbieter und Nachfrager

Die innerorganisatorischen Anbieter verkaufen ihre Produkte üer das "Kartellamt". Seine Aufgabe besteht darin, die produzierten Leistungen entsprechend ihren

Knappheitsverhältnissen den internen Nachfragern anzubieten und zu verkaufen. Bei Setzen der Preise muß auch eine Abstimmung mit dem Aktiv-Passiv-Management erfolgen und die Notwendigkeiten der Gesamtbanksteuerung beachtet werden, z.B. die Einhaltung bestimmter Vorschriften des Kreditwesengesetzes.

Die innerorganisatorischen Nachfrager sind die Betreuer. Den Kunden gegenüber treten sie als Anbieter auf. Die Berater können zu Marktpreisen, die je nach Angebot und Nachfrage variieren können, Leistungen vom "Kartellamt" einkaufen. Diese Leistungen bieten sie dann unter Zuschlagen einer Marge den Kunden an. An dieser Marge sind sie beteiligt und können so leistungsabhängig ihr Einkommen maximieren. Die Betreuer müssen die Verantwortung für dieses unternehmerische Handeln übertragen bekommen. In der Konsequenz heißt dies, daß sie darüber entscheiden können, ob sie mit einem bestimmten Kunden bei einem Geschäft Verluste hinnehmen wollen, die sie dann auch tragen müssen, wenn sie die Chance auf zukünftige Gewinne mit diesem Kunden haben. Damit entfällt Verwaltungsaufwand für die Genehmigung durch den Vorgesetzten, wobei allerdings sicherlich nicht alle Geschäfte eigenverantwortlich abgewickelt werden können. Wenn die Berater es andererseits schaffen, hohe Margen gegenüber den Kunden zu realisieren, erhöhen sie ihr Einkommen. Mit dieser Konstruktion ist es den Beratern auch möglich, Abwehrkonditionen zu stellen oder diese vom "Kartellamt" "weiterzureichen". Sie haben andererseits die Möglichkeit, Abwehrkonditionen durch "Subventionen" aus der "eigenen Tasche" zu umgehen.

Durch diese Konstruktion können längerfristige Kundenbeziehungen zum Vorteil der Bank, des Kunden und des Beraters aufgebaut werden, da Berater tendenziell länger auf ihrer Position verweilen dürften.

5.4.2.3. Koordinationsmechanismus und Institutionen

Notwendig ist eine Art "Kartellamt" oder Controlling, das, gleichsam als Nachfolgeinstitution des Controlling, eine Art Steuerungsfunktion wahrnimmt. Seine Aufgaben bestehen zum einen in der Überwachung und Sicherung einer effizienten Produktion, letztlich um die Wettbewerbfähigkeit der Bank am externen Markt zu sichern. Hier wäre es in einem weiteren Schritt denkbar, einen Zukauf von Produkten von anderen Produktionsbanken zuzulassen, so daß hier Wettbewerb entstünde, der sich positiv auf die Produktionskosten auswirken könnte. Es ist auch Aufgabe des Kartellamtes dafür zu sorgen, daß strategisch wichtige, aber unter Umständen noch unrentable Produkte von der Produtionsbank nicht zu stark vernachlässigt werden. Eventuell müßte hier zu Subventionen gegriffen werden, um diese Produkte für die internen Nachfrager attraktiv zu machen.

Zum zweiten muß das Kartellamt die Berater überwachen, damit sie keine überhöhten Margen aufschlagen und damit langfristig gesehen sich und der Bank schaden. Zugleich muß es eine gewisse Absicherung des Gehalts durch die Bank geben, die sich an sozialen Kriterien, wie Familienstand ausrichten sollte. Die finanziell abgesicherten Berater dürfen allerdings auch nicht laufend Kunden subventionieren, ohne jemals Gewinne zu erzielen. Die Berater müssen also auch in der Hinsicht kontrolliert werden, daß sie nicht zu geringe Margen durchsetzen.

Neben dem Kartellamt muß im Bereich der Kredite zusätzlich eine Instanz existieren, die das Risiko der Geschäfte überprüft, so wie die heute bereits existierende Zweitbearbeitung.

Die eigentliche Koordination erfolgt über den Preis auf dem internen Markt und den Preis, den der Berater auf dem externen Markt gegenüber den Kunden stellt.

5.4.3. Anwendungskandidat: Versteigerung von Ressourcen

Eine andere Koordination als ein interner Markt mit Preissetzung durch interne Anbieter könnte das Versteigerungsverfahren sein: Das Versteigern eignet sich für verschiedene Ressourcen, die zuzuteilen sind.

5.4.3.1. Hintergründe

Knappe Ressourcen sollten innerhalb der Organisation der Verwendung zugeführt werden, die die effizienteste ist. Dazu ist eine Zuteilung über Pläne, nur bedingt geeignet (vgl. Kosmider, 1991, S. 636). Unter knappen Ressourcen sollen in diesem Zusammenhang sowohl Dinge als auch die Ressource "Mensch" verstanden werden.

Denkbar wäre, im Unternehmen eine Versteigerung der knappen Ressourcen einzuführen (vgl. Schmalenbach, 1929).[58] Diejenige Abteilung oder der Bereich, die den höchsten "Return on Investment" aus ihrer Investition in die knappen Ressourcen erwartet, ist auch bereit, den höchsten Preis für die knappen Ressourcen zu bezahlen.

Im folgenden sollen einige Beispiele für Ressourcen, die versteigert werden können, näher besprochen werden. Diese Aufzählung kann sicherlich noch fortgesetzt werden, vor allem wenn sich marktnahe Strukturen eingespielt haben.

- Denkbar wäre z.B., daß die Fenster- und Plakatfläche in den Filialen und Niederlassungen versteigert wird.[59] Nur diejenigen Produktabteilungen, denn auf dieser Ebene müßte diese Entscheidung angesiedelt sein, die sich tatsächlich eine Wirkung der Werbung durch höheren Absatz ihrer Produkte versprechen, werden bereit sein, für das Aufhängen zu bezahlen. Diejenigen, die sich den höchsten Profit versprechen, sind bereit, den höchsten Preis zu bezahlen.

- Eine knappe Ressource, die versteigert werden kann, sind Räumlichkeiten, sowohl im Filial- als auch in den Zentralbereichen. Die Bereiche, die einen hohen Gewinn erzielen oder die für ihre Geschäftsentwicklung repräsentative Räumlichkeiten in zentraler Lage benötigen, werden bereit sein, höhere Preise zu zahlen. Sie können mehr Quadratmeter pro Mitarbeiter ersteigern, wenn sie es sich leisten können und/oder sie dadurch höhere Gewinnchancen sehen.

- Ebenso könnten Personalressourcen versteigert werden, z.B. Entwickler aus der EDV-Abteilung, die häufig einen Engpaß in der Realisierung von Vorhaben darstellen. Wenn die Projekte, die die Geschäftsbereiche realisieren wollen, einen hohen "Return on Investment" abwerfen (vgl. Kosmider, 1991, S. 636), sind sie bereit, einen höheren Preis für die internen Entwickler zu

---

58) Als problematisch kann hier angesehen werden, daß viele Ressourcen heute im Unternehmen künstlich verknappt sind, zum Beispiel gibt es in vielen Fällen festgesetzte Personalzahlen. Dies stellt eine Schwierigkeit dar, ändert jedoch nichts an der grundsätzlichen Einsetzbarkeit von Versteigerungen zur effizienten Mittelallokation.

59) Die Deutsche Bank hat ein System entwickelt, bei dem jede Abteilung und jeder Bereich, die ein Plakat in den Filialen aufhängen wollen, dafür bezahlen muß.

zahlen. Die Obergrenze stellt der Preis für externe Entwickler dar. Die EDV-Abteilung wird daran gemessen, ob sie mit den von Kunden bezahlten Preisen ihre Kosten decken kann bzw. Gewinn erwirtschaftet.

- Das Prinzip der Versteigerung kann ebenso für Humanressourcen aus der Personalabteilung verwendet werden. In Frage kommen hier die Bereiche Organisationsentwicklung bzw. die Leute, die diese Prozesse begleiten. In Frage kommen auch die Personalkapazitäten, die für Seminare zur Verfügung stehen. Auch für sie gilt, daß die Bereiche, die den höchsten Nutzen erwarten, bereit sind, die höchsten Preise zu zahlen.

5.4.3.2. Rechte und Pflichten der Anbieter und Nachfrager

Anbieter sind organisationsintern jeweils die Abteilungen oder Bereiche oder Filialen, die über die knappen Ressourcen verfügen, die versteigert werden sollen. Sie müssen die Ressourcen zur Versteigerung stellen und an den Meistbietenden abgeben. Die Preise müssen allerdings mindestens so hoch sein wie die Kosten. Eine Ausnahme stellen die Werbungsflächen in den Filialen dar. Hier existieren keine Preisuntergrenzen. Es dürfen keine Ressourcen an der Versteigerung vorbeigeführt werden.

Im Bereich EDV und Personal können Festpreisangebote abgegeben werden. Budgetüberschreitungen wegen schlechten Projektmanagements oder anderen Fehlern dürfen nicht zu Lasten der Kunden gehen.

Die Nachfrager sind organisationsintern alle Bereiche oder Abteilungen, die knappe Ressourcen nachfragen und nutzen wollen. Sie sind verpflichtet, die Ressourcen, die sie nutzen wollen, zu ersteigern. Sie dürfen nicht versuchen, sich anderweitig oder mit anderen Methoden knappe Ressourcen zu beschaffen. Sie müssen den Preis bezahlen, der bei der Versteigerung erzielt wurde.

5.4.3.3. Koordinationsmechanismus und Institutionen

Der Koordinationsmechanismus könnte so aussehen wie eine Börse oder eine Auktion.[60] Der Auktionator holt geplante Angebote und Nachfragen ein und verkauft zum jeweiligen Höchstgebot.

Voraussetzung für ein solches Vorgehen ist, daß die gesamten Kosten tatsächlich bei der "einkaufenden" Abteilung ankommen. Die Abteilungen oder Bereiche dürfen keine Ressourcen auf Vorrat ersteigern und "einlagern", da sonst dem Unternehmen wichtige Ressourcen entzogen werden, die anderweitig genutzt werden können. Außerdem hätten diese Abteilungen dann die Chance, die knappen Ressourcen unter Höchstpreis weiterzuverkaufen.

Im Unternehmen müßten, damit die Idee durchführbar ist, wohl mehrere "Auktionatoren" eingesetzt werden.

---

60) Vgl. den "Walrassche Auktionator" in der Theorie (Walras, 1954). Der Walrassche Auktionator ist jedoch für die Realität zu kompliziert, da im Modell ein Tausch erst stattfindet, wenn auf allen Märkten Angebote und Nachfragen ausgeglichen sind.

5.5. Kongruenz von Anforderungen und marktähnlichen Strukturen

Im folgenden soll erörtert werden, inwieweit marktähnliche Strukturen den in Kapitel 2 aufgestellten Anforderungen genügen können.

5.5.1. Erörterung der organisatorischen Möglichkeiten

(1) Kundengruppenorientierte Aufbauorganisation

Durch Marktähnlichkeit innerhalb des Unternehmens können fortwährend Impulse zur Verbesserung der Kundensegmentierung ausgehen (vgl. Kapitel 3): Der Druck des externen Marktes wird über einen internen Markt schneller an interne Stellen weitergegeben. Bei Verschiebungen der Kundengruppen und der Nachfragen innerhalb der Kundengruppen werden die Anbieter auf dem externen Markt diese Veränderung schnell durch verändertes Nachfrageverhalten gegenüber den internen Anbietern weitergeben. Darauf werden die internen Anbieter ihrerseits mit Verbesserungen, das heißt besserer Ausrichtung auf die Kundenbedürfnisse reagieren, um nicht vom Markt verdrängt zu werden. Mit dem eigentlichen Prozeß der Kundensegmentierung, der einmal stattfinden muß, haben marktähnliche Strukturen jedoch nichts direkt zu tun.

(2) Produktbereinigung und Standardisierung

Durch Einführung marktähnlicher Strukturen wird ein gewisser Automatismus in der Produktbereinigung und -standardisierung erreicht. Wenn zunehmend Nachfrager- und Anbieterstrukturen innerhalb des Unternehmens aufgebaut werden, wird immer weniger das produziert, was am externen Markt nicht mit hohen Gewinnspannen absetzbar ist. Um die Vorteile, die mit marktähnlichen Strukturen im Unternehmen verbunden sind, voll nutzen zu können, müßte eigentlich der Kauf von Produkten nicht nur bei der eigenen Produktionsbank, sondern auch bei anderen Anbietern erlaubt sein (vgl. Frese, 1993, S. 1017), da sonst weniger Druck seitens der internen Nachfrager auf die internen Anbieter ausgeübt werden kann. Dadurch würde die Effizienz in der hauseigenen Produktionsbank noch weiter erhöht.

Eine wichtige Komponente ist bei marktähnlichen Strukturen auch der Preis, zu dem ein Produkt intern und extern abgesetzt werden kann. Insofern fördern marktähnliche Strukturen auch die Standardisierung der Produkte, durch die eine Senkung des Angebotspreises oder eine Erhöhung des Gewinns zu erreichen sind. Schließlich ist *Markt selbst eine Form der Standardisierung.* Der Ansatz, den marktähnliche Strukturen bieten, ist jedoch eher ein permanenter als eine einmalige "große Bereinigung" und Standardisierung, die aus heutiger Sicht einmal nötig ist. Langfristig gesehen dürfte jedoch eine permanente Verbesserung durch marktähnliche Strukturen überlegen sein, da sie sich dynamisch und permanent Umweltveränderungen anpaßt.

(3) Standardisierung und Automation der Abläufe

Markt selbst ist eine Form der Standardisierung. Die Abläufe sind im Markt klar definiert, ebenso wie der Koordinationsmechanismus. Deshalb kann Markt als Form der Standardisierung angesehen werden.

Die Standardisierung der Abläufe dürfte jedoch in geringerem Maße von Kundennutzen und -bedürfnissen der externen Kunden bestimmt sein als vielmehr von der Gewinnmöglichkeit, die Standardisierung über Kostensenkungen durch effiziente Prozesse ermöglicht. Forciert werden dürfte dieser Prozeß wiederum durch den Druck des internen Marktes auf die Kosten. Sind die nachfragenden internen Abnehmer mit der Qualität, dem Preis oder anderen Merkmalen der Leistungen der internen Anbieter nicht zufrieden, so werden sie dies zum einen gegenüber der Unternehmensleitung ausdrücken und zum anderen möglicherweise über sinkende Nachfrage. Wenn externe Anbieter gewählt werden dürfen, können interne Leistungen substituiert werden.

Wiederum gilt, daß marktähnliche Strukturen vor allem im Prozeß der permanenten Standardisierung hilfreich sein können, während der "große Wurf" damit kaum erreicht werden kann. Durch marktähnliche Strukturen wird Druck auf Anbieter und Nachfrager ausgeübt, effizient zu arbeiten, um nicht vom Markt verdrängt zu werden.

(4) Erhöhung der Flexibilität und Geschwindigkeit

Durch Einführung des Marktes auch innerhalb von Unternehmungen kann eine Erhöhung der Flexibilität und Geschwindigkeit erreicht werden. Dies ist eine der zentralen Leistungen des Marktes.

Der Einsatz des Preises als Koordinationsmechanismus anstelle der Zuteilung von Ressourcen erlaubt ein flexibles Vorgehen mit zugleich erhöhter Geschwindigkeit. Langwierige Plan-, Zuteilungs- und Abstimmungsverfahren werden durch die effizientere Zuteilung von Ressourcen durch Preise ersetzt. Diese Art der Koordination hat den Vorteil, daß Änderungen flexibler zu handhaben sind und auf Veränderungen der Umwelt flexibel reagiert werden kann.

Marktsignale erlauben daneben eine schnellere und in weiten Teilen auch eindeutigere Reaktion sowie ein schnelleres Treffen von Entscheidungen. Weniger politische Prozesse und Aushandeln von Leistungen sind nötig (und auch möglich). Zusätzlich werden Informationen schneller weitergeleitet bei geringerem Abstimmungsbedarf.

(5) Restrukturierung des Vertriebs

Die permanente Verbesserung und Weiterentwicklung existierender sowie das Erschließen neuer Vertriebswege und -kanäle wird durch marktähnliche Strukturen gefördert, wenn nicht in Teilbereichen erst ermöglicht.

Weisen einige Vertriebswege zu hohe Kosten auf oder sind unrentabel, werden diese Vertriebswege "vom Markt verschwinden". Tritt andererseits seitens der externen Nachfrager vermehrt der Wunsch nach neuen Vertriebswegen auf, werden diese aufgrund der Angebots- und Nachfragestrukturen "erschlossen". Unter Umständen versprechen sie sogar hohe Gewinne, so daß interne Nachfrager und Anbieter bereit sein werden, in diese Vertriebswege zu investieren.

(6) Handlungsspielraum und Partiziptaion

Die Einführung marktähnlicher Strukturen im Unternehmen bringt es fast zwangsläufig mit sich, daß viele Mitarbeiter einen erweiterten Handlungsspielraum erhalten und mehr Verantwortung übertragen bekommen. Als Beispiel seien noch einmal die vorne erwähnten Berater angeführt, die sich wie "kleine Unternehmer" (vgl. Frese, 1993, S. 1011) verhalten können und müssen, sowohl unter Motivations- als auch teilweise unter Kontrollaspekten. Dies bringt für Mitarbeiter, die Verantwortung wollen, einen großen Fortschritt mit sich. Allerdings ist zu bedenken, daß es durchaus Mitarbeiter geben kann, die gerade diese Verantwortung ablehnen. Denkbar wäre, daß auch sie über den "Trittbrettfahrer-Effekt" von den veränderten Strukturen profitieren, z.b. daß sie gehaltlich am Erfolg der Unternehmung im "Fahrwasser" der Verantwortungsträger profitieren.

5.5.2. Gesamtwürdigung der marktähnlichen Strukturen

Die Verankerung marktnaher Strukturen im Unternehmen weist einige Vorteile auf und kann auf einige der konkreten Anforderungen aus Kapitel 2 eine Antwort geben. Marktnahe Strukturen stellen eine "zusätzliche Schicht" bzw. einen Mechanismus dar, die in Kombination mit anderen Strukturmodellen einen wesentlichen Beitrag zur Schließung der Leistungslücke leisten kann.

Besonders geeignet erscheinen marktnahe Strukturen als überlagernde Schichten dort, wo es um die Verwirklichung von mehr Effizienz gegenüber Kunden geht. Dabei spielt es keine Rolle, ob es sich um interne oder externe Kunden handelt. Ein weiterer Vorteil kann in der Zuweisung und Übertragung von Verantwortung und Autonomie an Mitarbeiter und der damit verbundenen Motivationswirkung liegen. Durch marktähnliche Strukturen ist ein Regulativ eingebaut, das eine Delegation von Verantwortung und Autonomie überhaupt erst in vollem Umfang ermöglicht, da sonst der Steuerungsaufwand für die Unternehmensleitung zu hoch wäre. Wenn diese Strukturen verwirklicht werden, ist die Aussage von Frese (1993, S. 1011), daß der Motivations- und Kontrollmechanismus mittelständischer Unternehmer in Großorganisationen nicht wirksam werden kann, nicht mehr uneingeschränkt haltbar. In dem Moment, in dem Chancen und Risiken auf Mitarbeiter übertragen werden, könnten sie zum Teil für sich wie mittelständische Unternehmer handeln.

Anforderungen an die Organisation	Divisiona-lisierung	Projekt-organisation	Marktähnl. Strukturen	
Kundengruppenorientierte Aufbauorganisation	●		○	
Produktbereinigung und Produktstandardisierung		○	●	
Standardisierung und Automation der Abläufe		○	●	
Erhöhung der Flexibilität und Geschwindigkeit	●	●	●	
Restrukturierung des Vertriebs	○		●	
Handlungsspielräume und Partizipationsmöglichkeiten	○	●	○	
Anforderung wird durch Organisationskonzept... ●: gut erfüllt, ○: ansatzweise erfüllt.				

Abbildung 27: Anforderungen und ihre mögliche Erfüllung durch marktähnliche Strukturen

Für die Schnittstellenproblematik und Einmalaufgaben erscheinen marktähnliche Strukturen eher ungeeignet. Hier liefern die divisionale Grundstruktur und überlagernde Projekte notwendige Ergänzungen. In Kombination können die drei bisher diskutierten Konzepte wichtige Impulse zur Erfüllung aller Anforderungen liefern.

An diesem Punkt wäre es daher möglich, die Diskussion von Organisationskonzepten zu beenden. Aber es kann noch mehr getan werden, um zu einer verbesserten Bankorganisation zu kommen. Von diesem Gedanken, daß grundsätzlich alles verbessert werden kann und auch verbessert werden sollte, handelt das nächste Kapitel.

6. LEAN MANAGEMENT ALS ORGANISATIONALER LÖSUNGSANSATZ

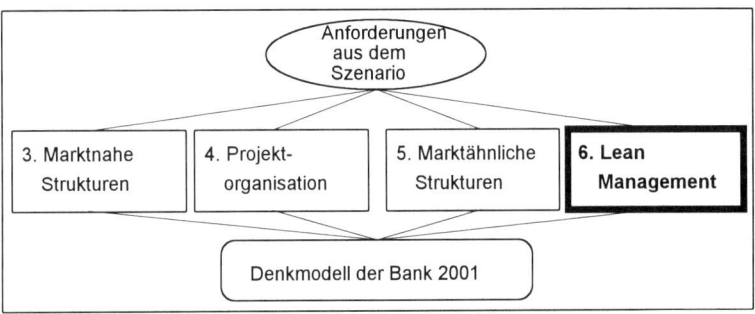

Abbildung 28: Aktueller Stand im Aufbau der Arbeit: Kapitel 6

Im folgenden soll der Themenkomplex, der in der Literatur unter Lean Management diskutiert wird, eingehender untersucht werden. Hierzu werden zunächst potentielle Vorteile erörtert, die mit diesem Konzept verbunden sein können (Punkt 6.1.). Daran anschließend werden die wichtigsten Elemente dieses Konzeptes untersucht (Punkt 6.2) sowie die Probleme, die bei Verwirklichung des Konzeptes auftreten können (Punkt 6.3.). Bevor diskutiert wird, inwieweit Lean Management die in Kapitel 2 definierten Anforderungen erfüllt (Punkt 6.5.), wird noch erörtert, wo Lean Management in der Bank Anwendung finden kann (Punkt. 6.4.).

6.1. Vorteile des Lean Management

6.1.1. Motivationsfunktion

Das Schlagwort "Lean Management" kursiert beinahe als "Allheilmittel" gegen die gegenwärtige Wirtschaftskrise durch alle Managementzeitschriften. Vorteile des Lean Konzepts werden dabei nicht wirklich hinterfragt, sondern gelten als klar. Marr führt dazu aus:

> "Aus nüchterner organisatorischer Perspektive gesehen ist Lean Management ein relativ inhaltsleeres Konzept, denn konsequenterweise müßte man, wenn man lean - so wie es diskutiert wird - als optimalen Zu-

stand betrachtet, den Verstand ganzer Managergenerationen in Zweifel ziehen. Lean Management ist ein Konzept, das seine Attraktivität aus der Illusion einer nahezu von selbst funktionierenden Unternehmung zieht. Aber: Theorien, Modelle, Konzepte, müssen weder richtig noch inhaltsreich sein, um Handeln fruchtbar zu stimulieren. Sie müssen nur Orientierungen geben, und das ist manchmal weniger eine Frage des Verstandes als des Glaubens." (Marr, 1993, S. 13)

In dieser Orientierungsfunktion liegt einer der großen Vorteile, wenn nicht der Vorteil überhaupt des Lean Management. Bestseller wie "Kaizen" (Imai, 1993) oder "Die zweite Revolution in der Automobilindustrie" (Womack et al., 1991) haben hierfür den Grundstein gelegt. Selbst wenn solche japanischen Konzepte auf deutsche Verhältnisse nur bedingt übertragbar sind oder wären[61], hat Lean Management eine wichtige Motivationsfunktion und gibt Orientierung, daß und wie Verbesserungen in deutschen Unternehmen möglich sind.

Lean Management ist ein Instrument, das bei der Überwindung einer offensichtlich weit verbreiteten Orientierungskrise (vgl. die Leistungslücke von Kirsch, 1990a) helfen kann, zumal unter Lean Management je nach Intention, Branche und Unternehmen stark divergierende Konzepte subsumiert werden.

6.1.2. Verbesserungsprozeß

Der entscheidende Vorteil liegt im Verbesserungsprozeß an sich. Im Konzept des Lean Management wird diese Verbesserung unter Beteiligung von Mitarbeitern in kleinen Schritten vollzogen.

Lean Management ist kein Zustand oder fertiges Organisationskonzept. Vielmehr ist Lean Management ein Konzept, das auf Verbesserungsprozessen basiert (vgl. Imai, 1993, S. 21ff, der immer wieder den Prozeß- und Weiterentwicklungsgedanken zum Ausdruck bringt). Ein Unternehmen, das sich dem Gedanken des Lean Management verschrieben hat, entwickelt sich permanent weiter und bleibt nicht stehen. Es betreibt "Kaizen", ständige Verbesserung in kleinen Schritten. So schreibt Imai (1993, S. 22):

> "Es ist unvorstellbar, daß ein japanisches Werk über ein Vierteljahrhundert lang im wesentlichen unverändert bliebe."

---

61) Zur Übertragbarkeit japanischer Konzepte siehe Pfeiffer/Weiß, 1991.

Durch den Prozeß des permanenten Anpassens und Wandels, der ganz entscheidend von der Belegschaft mitgetragen werden muß und, wie einige Unternehmen bereits bewiesen haben, auch wird (zum Beispiel bei Toyota), entwickelt sich das Unternehmen laufend fort (vgl. Bösenberg/Metzen, 1992, S. 107).

Der Prozeß verläuft langsam, aber stetig in kleinen Schritten und ermöglicht es dem Unternehmen dadurch, sich permanent an Umweltveränderungen anzupassen (vgl. Imai, 1993, S. 23). Mit permanenten Verbesserungsprozessen bleibt das Unternehmen immer "up to date". Alle Mitarbeiter können einbezogen werden und an diesem Prozeß teilnehmen. Im Vergleich dazu würden größere Umorganisationen mehr Unruhe in das Unternehmen hineintragen und mit weniger Beteiligten durchgeführt werden, was die Akzeptanz nicht unbedingt erhöhen dürfte (vgl. Punkt 4.1., Vorteile der Projektorganisation).

Die Verbesserungsprozesse im Sinne von Lean Management verlaufen in kleinen Schritten. Lean Management bewirkt nur kleine, inkrementale Verbesserungen, die allerdings aufeinander aufbauen können und in der Summe und über die Zeit zu größeren Veränderungen führen. Lean Management gibt dagegen keine Antwort darauf, wie große Innovationen, die in Sprüngen verlaufen, erreicht werden können (vgl. Imai, 1993, S. 47ff). Nach Imai (1993, S. 47) sind es gerade die großen Innovationen, nach denen westliche Unternehmen streben, im Gegensatz zu japanischen.

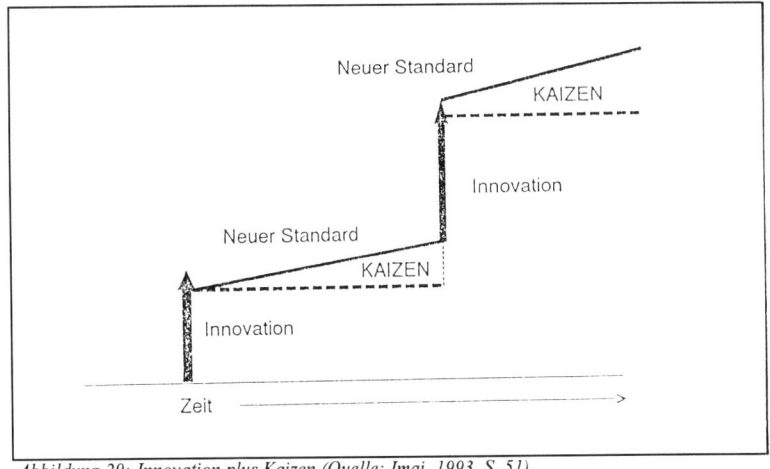

Abbildung 29: Innovation plus Kaizen (Quelle: Imai, 1993, S. 51)

6.1.3. Erzielen von langfristigen Wettbewerbsvorteilen

Wenn diese Art von kontinuierlicher Verbesserung wirkt, dann muß sich dies im Laufe der Zeit in Wettbewerbsvorteilen auszahlen. Daß dem so ist, belegt die MIT-Studie (Womack et al., 1991) eindrucksvoll für die Automobilindustrie. Auch für Banken läßt sich diese Aussage bestätigen, wenn davon ausgegangen wird, daß bei japanischen Banken auch eine Art "Lean Management" angewendet wird. Zahlen, die eine doppelt so hohe Produktivität im Vergleich zu deutschen Banken ausweisen, lassen sich zum Teil durch ein Lean Management erklären (vgl. Bierer et al., 1992, S. 501).

Durch höhere Produktivität, gepaart mit einem ganzheitlichen Ansatz (vgl. Bösenberg/Metzen, 1992, S. 50ff), lassen sich in Zeiten, in denen kostengünstig und differenziert allein nicht mehr ausreichen[62], sondern nur das "besser" (vgl. Marr, 1993, S. 12) zählt, entscheidende Wettbewerbsvorteile erzielen, die vor Nachahmung relativ gut geschützt sind.

6.1.4. Vermeidung von Verschwendung

Ein Vorteil des Lean Management liegt in der Vermeidung jedweder Verschwendung ("muda" vgl. Imai, 1993, S. 273). Verschwendung läßt sich vermeiden, wenn alle nichtwertschöpfenden Tätigkeiten wegfallen (vgl. Kirsch, 1994a, S. 8f).

Vermeidung von Verschwendung heißt aber gerade nicht, wahlloses Ausdünnen der unteren Ebenen und ungerichteter Personalabbau (vgl. Marr, 1993, S. 12). Ungerichteter Personalabbau ist nämlich eine Art von Verschwendung, da er "(...) zu Illusionen über die Wirksamkeit der damit erreichten Effizienzverbesserungen und zu Disproportionen, die in der Zukunft flexibleres Handeln erschweren und die Organisation noch krisenanfälliger machen (...)" (Marr, 1993, S. 12), führt. Mit ungerichtetem Personalabbau ist eine Verschwendung von Humanressourcen und Wissen verbunden. Dies trifft vor allem auf die Bereiche zu, die als erstes, da häufig am einfachsten durchzusetzen, von Stellenabbau betroffen sind: Die Stäbe und Zentralbereiche (vgl. Schwamborn, 1993, S. 7).

---

[62] Dieses "nicht mehr ausreichen" bezeichnet Mintzberg (1990) als Ende der Positioning-School. Der Positioning-School ist nach Mintzberg auch Porter zuzurechnen. Lean Management geht aber über die bei Mintzberg bekannten "Ten schools of thought" hinaus.

Lean Management ist und will dies gerade nicht. Lean Management würde im Gegenteil bedeuten, das vorhandene Personalpotential richtig, das heißt strategiekonform und effektiv einzusetzen (vgl. Marr, 1993, S. 12). Die häufig mit Lean Management etikettierten Konzepte eines Personalabbaus gängiger Sorte (zum Beispiel Zero-Base-Budgeting oder Gemeinkosten-Wertanalyse) sind also gerade nicht "lean".

Lean Management konzentriert sich darüber hinaus nicht auf einzelne Bereiche, sondern geht quer durch das ganze Unternehmen und vermeidet Verschwendung überall. Es greift nicht nur die sichtbare Spitze des Eisbergs auf - sei es im Personalbereich, oder in allen anderen Bereichen - sondern geht tiefer. Damit aber legt es den Grundstein für langfristige Wettbewerbsvorteile.

6.1.5. Dreieck Zeit, Kosten und Qualität

Bisher galten Kosten und Qualität als konkurrierende Ziele. Höhere Qualität bedeutet mehr Anstrengung, und mehr Anstrengung mehr Kosten. Porter, sicher einer der angesehensten Vertreter westlicher Managementforschung, spricht von der Wichtigkeit, die strategischen Kräfte zu konzentrieren. Dies erfordert entweder eine Positionierung in Richtung "Kosten" oder in Richtung "Differenzierung", zu der Qualität gehört (vgl. z.B. Porter, 1989).[63] Dieses Konkurrenzverhältnis überwindet Lean Management.

Lean Management macht diese Entscheidung für das eine oder andere überflüssig, da es Kosten, Zeit und Qualität (Qualität und Zeit werden bei Porter als "Kostenantriebskräfte" und "Einflußgrößen der Einmaligkeit" (Porter, 1989, S. 102ff und S.170) genannt) verbindet und so Überlegenheit im Wettbewerb sicherstellt. Lean Management stellt letztlich eine hybride Strategie dar, durch deren Anwendung niedrige Kosten, Zeitvorteile und hohe Qualität immanent gewährleistet werden können.

Insbesondere kann Lean Management als überlegene Strategie angesehen werden, da sie nachhaltige Wettbewerbsvorteile oder, wie Porter es ausdrückt, die Dauer-

---

63) Allerdings weist auch Porter darauf hin, daß bei Differenzierung nicht die Kosten außer acht gelassen werden dürfen; ebenso darf bei Kostenführerschaft nicht ganz auf Differenzierung verzichtet werden (vgl. z.B. Porter, 1989, S. 214 und 162). Die Grundstrategie bleibt davon jedoch unberührt.

haftigkeit des Wettbewerbsvorteils (vgl. zum Beispiel Porter, 1989, S. 155 und 211) ermöglicht. Sie schützt vor Nachahmung, da sie schwer zu imitieren ist. Das heißt nicht, das nicht jedes Unternehmen Lean Management einführen kann. Aber die Ergebnisse sind eigentlich nicht ad hoc auf ein anderes Unternehmen "überstülpbar". Sondern jedes Unternehmen muß den Prozeß selbst durchlaufen. Wenn die Imitation gelingt, dann nur langsam. Lean Management ist nicht von heute auf morgen einzuführen, sondern ist ein Prozeß (vgl. Punkt 6.1.1.), dessen Ergebnisse sich langsam einstellen. Jeder Nachahmer muß also diesen Prozeß durchlaufen und dabei Eigenheiten der Unternehmung beachten. Jedes Unternehmen, das Lean Management verwirklicht hat, ist damit gut vor Nachahmung geschützt.

6.2. Strategische Voraussetzungen und Elemente des Lean Management

Lean Management ist ein schillernder Begriff, hinter dem sich je nach Autor, Sichtweise und Intention ganz verschiedene Konzepte verbergen können. In der vorliegenden Arbeit wird unter Lean Management eine Systemkonzeption verstanden, die mehrere Elemente oder Maßnahmen beinhaltet. Es handelt sich dabei um Maßnahmen, die "(...) die Wertschöpfungsstruktur und den Wertschöpfungsprozeß in den Mittelpunkt rücken und die eingebettet sind in einen normativen Rahmen." (Marr, 1993, S. 4). Es wird im folgenden versucht, den Begriff des Lean Management operational zu machen, indem er auf sieben Elemente eingegrenzt wird. Dabei wird bewußt in Kauf genommen, daß einige Aspekte, die auch zu Lean Management gerechnet werden können, ausgegrenzt werden.

Die Elemente oder Maßnahmen, die Lean Management bilden, werden in Anlehnung an die Analyse von Marr (1993) zu Lean Management auf Banken übertragen und in unten stehender Abbildung aufgezeigt. Damit soll klar werden, daß Lean Management kein einfacher Organisationsansatz ist, sondern ein vielschichtiges Konzept, in dem viele Elemente miteinander in Wechselwirkungen stehen und das sich daher einfachem "Managen" entzieht (vgl. Marr, 1993, S. 6).

Es stellt sich die Frage, wieso gerade diese Elemente Bestandteile des hier verwendeten Lean Management sind. Lean Management ist keine geschlossene Theorie. Lean Management ist eine Rekonstruktion einer Tradition, die die Japaner seit

Jahren "leben" und anwenden und die seit ca. zwei Jahren in der westlichen Welt theoretisch rekonstruiert wird. Bei der theoretischen Rekonstruktion wird auf das geschaut, was die Praxis vormacht. Die in der Praxis gelebten Elemente werden dann in der Theorie dem Ansatz eines Lean Management zugeordnet. Die Elemente haben zunächst keinen theoretischen, sondern einen aus Tradition begründeten Zusammenhang. Man kann im nächsten Schritt allerdings versuchen, grundlegende Prinzipien zu finden, die einen logischen Zusammenhang zwischen den Elementen herstellen. Da das Konzept aus der Praxis abgleitet wird, bestehen bei verschiedenen Autoren durchaus unterschiedliche Sichtweisen, was zu Lean Management zu rechnen ist.[64]

---

[64] Als vielschichtiges Konzept betrachten Lean Management z.B. Marr (1993), Bösenberg/Metzen (1992) und Moldaschl (1992). Alle genannten Autoren weisen Übereinstimmungen bei den Kernelementen des Lean Management auf, weichen aber auch in einigen Punkten voneinander ab.

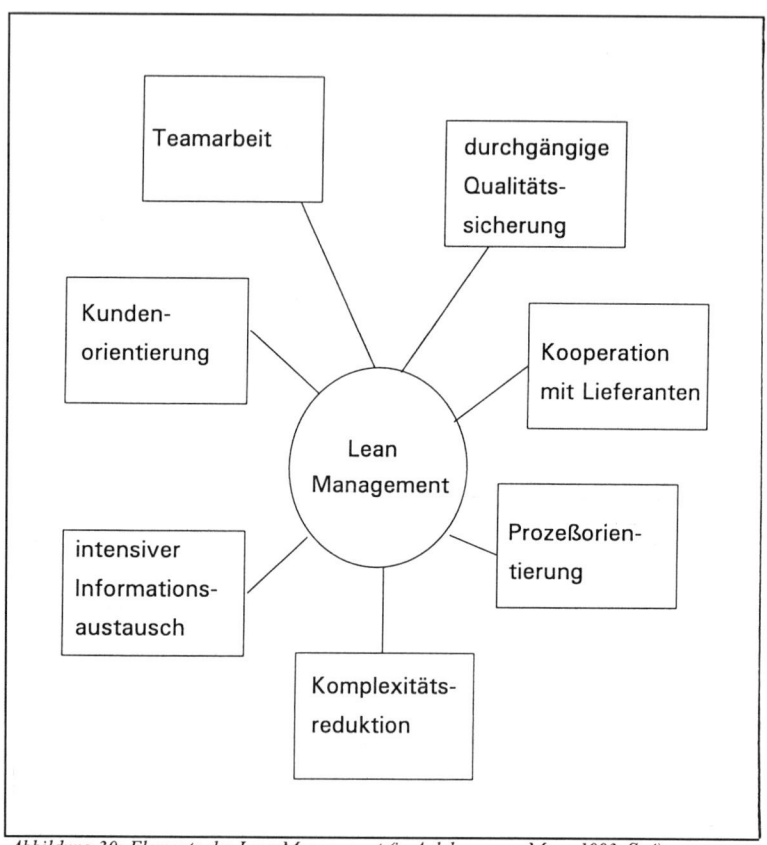

```
                    Teamarbeit              durchgängige
                                            Qualitäts-
                                            sicherung

    Kunden-
    orientierung                            Kooperation
                                            mit Lieferanten

                            Lean
                            Management

    intensiver                              Prozeßorien-
    Informations-                           tierung
    austausch

                    Komplexitäts-
                    reduktion
```

Abbildung 30: Elemente des Lean Management (in Anlehnung an Marr, 1993, S. 4)

Bei Lean Management dürfte es sich um ein Konzept handeln, auf das wie auf kaum ein anderes der bekannte Satz des Zen-Buddhismus "Der Weg ist das Ziel" zutreffen dürfte, da der Prozeß das eigentlich Maßgebliche ist. Im Prinzip ist Lean Management ein Prozeß und läßt sich nicht in verdrahteten Organigrammen ausdrücken.

Die normative Komponente des Lean Management soll in der vorliegenden Arbeit nicht näher erläutert werden. Nur in Punkt 6.3. wird kurz auf sie eingegangen.

Im folgenden sollen die einzelnen Elemente und vor allem ihre organisatorische Konsequenz erörtert werden. Einige der Elemente sind in den anderen Kapiteln bereits angesprochen worden und daher wird auf sie nicht noch einmal näher eingegangen.

6.2.1. Teamarbeit

Im Rahmen von Lean Management gestaltet sich Teamarbeit vor allem in Form von Projektmanagement, teilautonomen Arbeitsgruppen, abteilungsübergreifenden Kollegien und Qualitätszirkeln. Für Banken sind an Formen der Teamarbeit vor allem Projektarbeit, abteilungsübergreifende Kollegien und Qualitätszirkel interessant (siehe auch Buttler, 1992, S. 437f).

Die Vorteile und Probleme der Teamarbeit wurden im Kapitel über Projektorganisation eingehend erörtert. Insofern soll hier auf eine nochmalige eingehende Diskussion verzichtet werden.

Durch Einführung von Teamarbeit können Entscheidungen, die eine Organisations- oder Arbeitseinheit betreffen, statt vom Vorgesetzten auch vom Team getroffen werden. Dadurch können Hierarchieebenen eingespart werden (vgl. Bösenberg/Metzen, 1992, S. 69ff). Zugleich wird der Leistungsdruck, den sonst ein Vorgesetzter ausüben muß, unter Umständen durch die Gruppe in viel stärkerer Weise ausgeübt. Allerdings funktioniert dies nur, wenn hohe Leistung eine Gruppennorm ist (vgl. von Rosenstiel, 1987, S. 236ff).

6.2.2 Kundenorientierung

Wenn es um Verbesserungen geht, dann stellt sich die Frage, welche Leistungen zusätzlich nötig sind, welche wegfallen können und welche verbessert werden müssen. Die Kriterien dafür stellt der Kunde auf. Insofern ist Kundenorientierung ein zentrales Prinzip sowohl des Lean Management als auch des Lean Banking (vgl. Schwamborn, 1993, S. 6). Im Lean Management wird das Konzept der Kundenorientierung in die Organisation hineingetragen. Kunden in Sinne von Lean Management sind damit nicht nur externe Kunden, sondern "Der nächste Prozeß ist der Kunde", wie Imai (1993, S. 76) es formuliert. Auch beim internen Verbesserungsprozeß wird daher immer gefragt, was der nächste Prozeß von einer Einheit benötigt. Immer wird die abnehmende Einheit nach ihren Bedürfnissen gefragt.

Kundenorientierung wurde eingehender im Kapitel über marktnahe Strukturen und in weniger ausführlicher Weise auch unter marktähnlichen Strukturen diskutiert. Insofern wird auf eine eingehendere Erörterung an dieser Stelle verzichtet.

6.2.3. Intensiver Informationsaustausch

Unter intensivem Informationsaustausch soll zum einen die hohe Geschwindigkeit des Austausches und zum anderen die große Menge der Informationen, die ausgetauscht werden, verstanden werden. Beide Komponenten sind für die Realisierung eines Lean Management erforderlich. Für die Schnelligkeit der Informationsweitergabe sind marktnahe Strukturen eine organisatorische Voraussetzung. Hilfreich ist ebenfalls eine weitgehende Dezentralisierung als organisatorische Konsequenz und der Einsatz von Team- und Projektarbeit sowie von Quality Circles und von bereichsübergreifenden Sitzungen.

Dezentralisierung bietet unter dem Aspekt der schnellen Informationsweitergabe den Vorteil, daß die notwendigen Informationen des Marktes schneller aufgenommen und innerhalb der Unternehmung schneller verarbeitet werden können (vgl. Frese, 1993, S. 1005). Ebenso können Informationen von der Organisation an den Markt schneller abgegeben werden.

Von den in den häufigsten Fällen kleineren Einheiten durch Dezentralisierung können mehr relevante und spezifische Informationen aufgenommen und sinnvoll verarbeitet werden, da diese Einheiten nur einen kleineren Teil des gesamten Informationsspektrums auf relevante Informationen hin untersuchen müssen und können. Durch Ausblenden nicht zieladäquater Informationen kann eine größere Menge an gerichteten Informationen ausgewertet werden.

Eine weitere Form, schnellen und weitreichenden Informationsfluß sicherzustellen, sind alle Arten von Gruppenarbeit, z.B. Projektarbeit oder Quality Circles. Diese Organisationsformen bieten, auch wenn sie nur auf Zeit angelegt sind, Arenen für schnellen, hierarchieunabhängigen und bereichsübergreifenden Informationsaustausch, wie in Kapitel 4 eingehender unter der Überschrift Projektorganisation erläutert wurde.

Eine weitere Maßnahme zur Sicherung eines schnellen und "ausreichenden" Informationsflusses besteht darin, ad hoc-Sitzungen zu "institutionalisieren", wie BMW es in seinem Forschungs- und Ingenieurzentrum (FIZ) praktiziert. Wann immer ein Mitarbeiter die Notwendigkeit sieht, eine Sitzung innerhalb des Bereichs oder bereichsübergreifend einzuberufen, hat er dazu die Möglichkeit. Für diese ad hoc-Sitzungen stehen Räume immer bereit. Im BMW-Forschungs- und Ingenieurzentrum sind die Zimmer beispielsweise nicht nach formalen Abteilungen angeordnet, sondern danach, wer am häufigsten mit wem kommuniziert. Auch dies fördert ungehinderten, schnellen und bereichsübergreifenden Informationsaustausch.

Eine weitere Möglichkeit, intensiven Informationsaustausch zu fördern, besteht darin, das Prinzip der "offenen Tür" bei Vorgesetzten zu verankern. Durch die Chance für Mitarbeiter, jederzeit Rücksprache mit dem Vorgesetzten halten zu können, kann Informationsaustausch in beide Richtungen intensiviert werden.

6.2.4. Komplexitätsreduktion

Komplexitätsreduktion ist das unter organisatorischen Aspekten wohl vielschichtigste Element des Lean Management. Komplexitätsreduktion kann durch verschiedene organisatorische Maßnahmen erreicht werden. Diese Maßnahmen sind: Dezentrale Strukturen einführen, Outsourcing durchsetzen, Standardlösungen akzeptieren, Standardisierung und Produktbaukasten realisieren. Die einzelnen Maßnahmen werden im folgenden eingehender diskutiert.

6.2.4.1. Dezentrale Strukturen

Unter dem hier zu betrachtenden Aspekt der Komplexitätsreduktion erscheint insbesondere Dezentralisierung, unter Umständen in Verbindung mit selbstorganisierenden Einheiten untersuchenswert (vgl. Moldaschl, 1992, S. 4).

Dezentrale, kleinere Einheiten müssen, wollen und sollen sie erfolgreich am Markt operieren, mit einer gewissen Autonomie ausgestattet sein, sie benötigen gewisse Spielräume.

"Autonomie ist der Schlüssel des Erfolgs einer jeden Unternehmung" (Gomez, 1988, S. 390).

Dies gilt in übertragenem Sinne in gewissem Maße auch für dezentrale Einheiten einer Unternehmung, die autonomen Geschäften nachgehen und eigenständige Beiträge zum Erfolg der Gesamtunternehmung leisten (vgl. Drucker, 1973, S. 572). Durch Eigenständigkeit oder Autonomie, mit der dezentrale Einheiten, z.B.

Divisionen (vgl. Kapitel 3), ausgestattet sein können, sind sie in der Lage, der Zentrale oder dem Top-Management Aufgaben und Entscheidungen abzunehmen und sie damit zu entlasten. Dadurch kann für Top-Management oder Zentrale einer Unternehmung die Komplexität entscheidend reduziert werden. Die oberste Instanz muß nicht mehr alle Informationen aufnehmen, verarbeiten und Entscheidungen treffen.

Wenn für die Zentrale oder das Top-Management Komplexität reduziert wird, heißt dies nicht, daß insgesamt im Unternehmen weniger Komplexität verarbeitet wird. Wenn die dezentralen Einheiten verschiedene Ausschnitte der Umwelt bearbeiten, kann die insgesamt verarbeitete Komplexität unter Umständen erheblich höher sein als bei einer "zentralen" Lösung. Dadurch entsteht ein Koordinationsproblem, um Doppelarbeiten zu vermeiden und Synergien zu nutzen.

Dieses Koordinationsproblem wird im Sinne von Lean Management durch "hierarchiefreie" Koordination bearbeitet (siehe Moldaschl, 1992, S. 4).

Für Abstimmungsprozesse muß nicht mehr der "Dienstweg" mit vielen Formalien durch viele Instanzen beschritten werden, sondern die Abstimmung kann direkt zum Beispiel zwischen der Produktentwicklung im Privatkundenbereich und der betroffenen Abteilung der Produktionsbank erfolgen (vgl. Endres, 1993, S. 12). Diese direkten Koordinations- und Abstimmungsprozesse entlasten hauptsächlich Führungskräfte. Generell dürfte die Tendenz feststellbar sein, daß die Entlastung um so eher spürbar wird je höher der Mitarbeiter in der Hierarchie angesiedelt ist. Mit der Reduktion von Komplexität für die Führungskräfte werden die Führungskräfte an sich in Frage gestellt, da ihre Aufgabe eben gerade in der Bewältigung von Komplexität besteht (vgl. Marr, 1993, S. 7).

Auf den unteren Hierarchieebenen beziehungsweise vor allem für den einzelnen Mitarbeiter dürfte die Komplexität zunehmen. Er ist gefordert, die Koordinations- und Abstimmungsprozesse eigenverantwortlich zu leisten. Damit steigen die Ansprüche an ihn und er bekommt Tätigkeitsfelder übertragen, die ihm früher "das Management" abgenommen hat.

6.2.4.2. Outsourcing

Eine weitere Möglichkeit, die Komplexität im Unternehmen zu verringern, besteht in Outsourcing.[65] Der Trend, einzelne Produktionsschritte an Zulieferer abzugeben und so die Fertigungstiefe zu verringern, ist zum Beispiel in der Automobilindustrie deutlich zu erkennen (vgl. Moormann/Wölfing, 1991, S. 678) und soll hier auf seine Übertragbarkeit für Banken untersucht werden.

Die Entscheidung für oder wider eine bestimmte Leistungstiefe hat weitreichende Auswirkungen auf die Wettbewerbsposition und die Struktur der Bank. So bestimmt die Entscheidung über Leistungstiefe "(...) beispielsweise Höhe und Struktur der Kosten, die Qualität und Flexibilität des Leistungsangebots, den Umfang der internen Koordinationsaufgaben und die damit gebundenen Kompetenzen und Qualifikationen sowie die Abhängigkeit von externen Dienstleistungsunternehmen." (Picot/Maier, 1992, S. 15). Bei einer Leistungstiefenoptimierung muß die Entscheidung aber nicht zwischen "reiner Eigenfertigung" und "reinem Fremdbezug" fallen, sondern es gibt noch eine Reihe von institutionellen Einbindungsformen (vgl. Picot/Maier, 1992, S. 17), die nach ihrer Bindungsstärke unterschieden werden können[66].

(1) EDV-Bereich

Auf Banken übertragen bedeutet das Konzept des Outsourcing, ebenfalls Teile des Fertigungsprozesses auszulagern. Der Fertigungsprozeß bei Banken umfaßt die Abwicklung und Verarbeitung von Geschäftsvorfällen sowie die Informationsbereitstellung in der Kundenberatung und -betreuung. Im wesentlichen handelt es sich beim Fertigungsprozeß also um die Verarbeitung von Informationen.

Der Kernbereich der Produktion ist der EDV-Bereich. Damit ist dieser Bereich derjenige, in dem Outsourcing am ehesten realisiert werden kann. Der EDV-Bereich eignet sich in Teilbereichen deshalb so gut für Oursourcing, da in der EDV Anforderungen an Banken gestellt werden, die an die Grenze des Bewältigbaren gehen. Genannt seien hier die Entwicklung mittel- und langfristiger EDV-Strategien, die Bewältigung der permanenten Neuerungen im Software- und Entwick-

---

65) Zu Outsourcing als Element des Lean Banking siehe Bierer et al., 1992, S. 501.
66) Zum Leistungstiefenproblem siehe auch Wildemann, 1992, S. 82f.

lungswerkzeugbereich, die Abhängigkeiten von EDV-Spezialisten und deren geplante Auslastung auf Jahre hinaus sowie das Erfordernis, alte Systeme für die Grundfunktionen wie Kontokorrentsysteme zu erweitern und zu erneuern (vgl. Picot/Maier, 1992, S. 17 und Moormann/Wölfing, 1991, S. 679). Andererseits sind gerade langfristige EDV-Strategien kritische Kernfunktionen und damit Haupterfolgsfaktoren im Wettbewerb. Insofern ist es höchst gefährlich für eine Bank, in diesem Bereich Outsourcing zu realisieren und sich dadurch in die Abhängigkeit von Externen zu begeben.

Problematisch erweist sich im Bankbereich jedoch, daß potentielle Zulieferer, zum Beispiel die Gesellschaft für Zahlungssysteme oder S.W.I.F.T., nur in Teilbereichen existieren und nicht alle Bereiche der EDV abgedeckt werden könnten, selbst wenn eine Outsourcing Entscheidung getroffen wird.

Wenn Outsourcing ins Auge gefaßt wird, steht die Entscheidung an, was ausgelagert werden kann und soll. Im Bereich der Rechenzentren zum Beispiel sind Outsourcing bzw. Tochtergründungen bereits bei einigen Banken zu beobachten. Strategisch wichtige Bereiche, in denen sich Wettbewerbsvorteile erzielen lassen, sollten nicht ausgelagert werden. Bereiche, in denen strategisch weniger relevantes und weniger unternehmensspezifisches Know-how vorgehalten werden muß, können ganz ausgelagert werden oder die Software für diese Bereiche kann beispielsweise extern entwickelt oder zugekauft werden. In diesen Bereichen kann auch Standardsoftware zugekauft und eingesetzt werden.

Gleiches gilt für Bereiche, in denen häufig gleiche oder ähnliche und standardisierbare Produkte produziert werden, wie im Abwicklungsbereich der Grunddienstleistungen des Bankgeschäfts, zum Beispiel dem Zahlungsverkehr (vgl. Moormann/Wölfing, 1991, S. 679).

(2) Werbung

Outsourcing ist auch im Bereich der Werbung denkbar. Heute leisten sich Banken noch eigene Werbe- und Marketingabteilungen. Diese Leistungen können jedoch an Spezialisten, zum Beispiel Werbeagenturen, abgegeben werden. In der Bank müßte dann nur noch eine kleine Einheit verbleiben, beispielsweise als Stab organisiert, welche die Aktivitäten koordiniert und Erfolgskontrolle betreibt sowie die Einheitlichkeit und "Konformität" bankweit sicherstellt.

(3) Personal

Auf den ersten Blick ungewöhnlich, aber durchaus denkbar, ist auch die teilweise Auslagerung von Verwaltungs- und Unterstützungsfunktionen wie etwa dem Personalwesen. Kerngedanke ist hier, die Personalfunktion im Unternehmen auf den wettbewerbsrelevanten konzeptionellen Teil im Unternehmen zu beschränken. Der verbleibende Teil der Personalfunktion würde in dieser Konzeption nur ein personalpolitisches Rahmenkonzept vorgeben und überwachen.

Die eigentlichen personalwirtschaftlichen Leistungen wie z.B. Auswahlverfahren, Bildungsmaßnahmen oder Personalabrechnung können prinzipiell durchaus extern erstellt werden. Dafür wäre zunächst für die einzelnen Leistungen zu untersuchen, ob eine Auslagerung in Bezug auf Wettbewerbsvorteile, Kosten, Qualität und - hier besonders wichtig - Datenschutz sinnvoll und möglich ist. Die Verantwortung für die Erstellung der auslagerbaren Leistungen könnte dann an eine Art Service Center "Personal" delegiert werden, das diese personalwirtschaftlichen Verfahren selbst erstellen oder auch wie ein "Systemzulieferer" extern zukaufen kann. Dabei sind auch hier durchaus längerfristige Kooperationen mit externen Zulieferern denkbar.

Die konkreten Entscheidungen, bestimmte personalwirtschaftliche Leistungen anzuwenden, müssen in dieser Konstruktion nicht durch die zentrale Personalabteilung getroffen werden. Vielmehr könnten innerhalb des zentral vorgegebenen Rahmens die dezentralen Einheiten des Unternehmens flexibel nach ihren individuellen Bedürfnissen Leistungen vom Service Center anfordern und diese dann auch bezahlen. Lediglich das Gesamtunternehmen betreffende Leistungen wie etwa die Entwicklung der oberen Führungskräfte müßten zentral entschieden und geplant werden.

Eine Neuordnung der Personalfunktion, die auch für ein Outsourcing von Leistungen offen ist, illustriert die folgende Abbildung:

Organisatorische Neugestaltung der Personalfunktion:

Zentrale Personalfunktion
setzt Rahmen und koordiniert

Dezentrale Personalfunktionen
planen Maßnahmenpakete und fordern diese an

Service Center Personal
erstellt die eigentlichen personalwirtschaflichen Module und unterstützt die Planung der Maßnahmenpakete

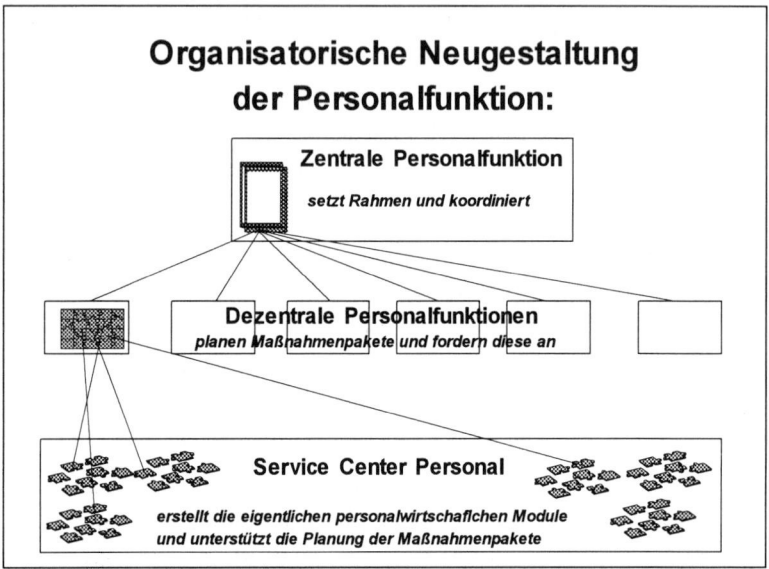

Abbildung 31: Organisatorische Neugestaltung der Personalfunktion (Quelle: Kirsch 1994b)

Mögliche Vorteile einer solchen Konstruktion liegen darin, daß nicht nur die im Unternehmen vorzuhaltende Kapazität für Personalfunktionen verringert werden kann, sondern auch leichter und schneller extern entwickeltes Personalknow-how in das Unternehmen eingebracht werden kann. Damit diese Organisation der Personalfunktion effizient und effektiv arbeitet, muß allerdings die (intern und zentral geleistete) personalpolitische Rahmenplanung eng an die strategische Unternehmensplanung angebunden und wirksam kontrolliert werden. Vor diesem Hintergrund ist es dann für die anfordernden Einheiten leichter möglich, den Nutzen von einzelnen personalwirtschaftlichen Maßnahmen abzuschätzen, um diesen den bei Fremdvergabe vergleichsweise transparenten Kosten gegenüberzustellen.

6.2.4.3. Standardlösungen akzeptieren und Standardisierung

(1) Standardlösungen akzeptieren

Eine weitere Maßnahme zur Reduktion von Komplexität besteht im Akzeptieren von Standardlösungen (vgl. Bierer et al., 1992, S. 503). Für den Bereich der EDV wurde bereits auf das Akzeptieren von Standardlösungen hingewiesen. Hier kann durch Einführung von Standardsoftware eine Entlastung der Entwickler erreicht werden und zugleich eine Komplexitätsreduktion. Abläufe können durch die Einführung von Standardsoftware vereinheitlicht werden und, Mitarbeiter erlernen schneller den Umgang mit der neuen Software. Komplexität kann auch für die Mitarbeiter reduziert werden, die die Software entwickeln und die Abstimmungs- und Anpassungsprozesse mit den anderen Systeme leisten müßten.

(2) Standardisierung

Komplexität läßt sich durch Standardisierung der Produkte und Prozesse reduzieren. Die Produktvielfalt, die heute bei Banken anzutreffen ist, erhöht die Komplexität in der Produktion und im Vertrieb. Durch Modularisierung und Standardisierung, einfache "Fertigungstechnik" und einer "Simple-is-best"-Strategie kann Komplexität reduziert werden (vgl. Moldaschl, 1992, S. 4).

Wenn eine breite und/oder tiefe Produktpalette angeboten wird, müssen für alle Produkte die "Produktionsanlagen" und Kapazitäten stets vorgehalten werden. Im Vertrieb müssen alle Mitarbeiter zumindest Grundwissen über die gesamte Produktpalette haben und sie müssen über Abwicklung der Produkte rudimentäre Kenntnisse haben.

Durch Standardisierung kann Komplexität folgendermaßen reduziert werden: Es müssen weniger Produktionskapazitäten, die Variantenreichtum erlauben, vorgehalten werden, so daß insgesamt die Auslastung steigen dürfte. Im Vertrieb müssen die Mitarbeiter weniger Produkte und deren Abwicklung kennen (siehe Bösenberg/Metzen, 1992, S. 104). Durch die größere Häufigkeit, mit der dann ein einzelnes Produkt verkauft wird, kann der einzelne Mitarbeiter größere Routine erwerben und die Abwicklung mit besserer Qualität und weniger Fehlern durchgeführt werden.

Zugleich dürfte durch Standardisierung grundlegender Arbeitsweisen der notwendige Koordinations- und Steuerungsaufwand reduziert werden (vgl. Bösenberg/Metzen, 1992, S. 104). Durch Standardisierung werden Arbeitsstandards geschaffen, die für alle verpflichtend sind. Sie können aber verändert und verbessert werden, wenn alle Betroffenen und Beteiligten dem zustimmen (vgl. Bösenberg/Metzen, 1992, S. 104).

Standardisierung ist unter Lean Managementaspekten aber nicht "optimal". Vielmehr ist für den Kunden eine hohe Variantenvielfalt zu erreichen, wie dies die Japaner zum Beispiel in der Automobilindustrie bei niedrigen Kosten vormachen. Hier erscheint der nächste Punkt, der sich mit dem Baukastenprinzip befaßt, vielversprechender.

6.2.4.4. Produktbaukasten

Eine weitere Form der Komplexitätsreduktion besteht in der Einführung von Baukastenprodukten. Unter Baukastenprodukten wird folgendes verstanden: Es existieren standardisierte Komponenten, die dann je nach Kombination miteinander und/oder mit zusätzlichen Elementen, eine hohe Variantenvielfalt im Endprodukt ergeben. Als Beispiel für eine solche Vorgehensweise könnte Swatch stehen. Swatch realisiert enorme Stückzahlen immer gleicher Produkte, die eine hohe Variantenvielfalt durch verschiedene Muster, die aufgedruckt werden, erhalten. Die variantenmäßige Differenzierung wird im Prozeß so weit wie möglich nach hinten verlegt.

Eine solche Vorgehensweise ist mit Modifikationen auch für Banken denkbar. Bei Banken könnte das Baukastenprinzip in weitgehend produktunabhängigen standardisierten Verwaltungsabläufen bestehen, auf die dann andere Elemente des Produkts "aufgesetzt" werden. Zugleich ließe sich über verschiedene Vertriebswege eine Variantenvielfalt erreichen, wenn immer gleiche Grundprodukte über verschiedene Kanäle vertrieben werden. Denkbar ist auch, daß durch Kombinationen aller standardisierten Elemente, Verwaltungsabläufe, Vertriebswege und anderer Produktmerkmale, eine hohe Variantenvielfalt für den Kunden erreicht werden kann. Dieser kann sich je nach seinen spezifischen Bedürfnissen, das Passende aussuchen und damit seinen Nutzen maximieren. Welche der eben aufgeführten Möglichkeiten eine Bank wählt, kann nicht allgemein beantwortet werden, sondern muß im Einzelfall entschieden werden. Grundsätzlich ist das Baukastenprinzip auch für Banken denkbar.

6.2.5. Prozeßorganisation

Die Prozeßorganisation kann als weiteres Basiselement eines Lean Management (vgl. Pfeiffer/Weiß, 1991, S. 24 und Imai, 1993, S. 39ff) bei Banken angesehen werden. Es soll etwas eingehender erläutert werden, was Prozeßorganisation ist, welche Probleme sie aufwirft und welche Chancen sie bietet.

6.2.5.1. Grundlagen und Chancen der Prozeßorganisation

Konsequentes Lean Management kann durch Prozeßorientierung erreicht beziehungsweise unterstützt werden.

Auf dem Weg zur "lean" Bank müssen Geschäftsprozesse definiert werden. Unter einem Prozeß wird folgendes verstanden:

> "Ein Prozeß ist eine Menge von Aufgaben, die in einer vorgegebenen Ablauffolge zu erledigen sind. Er beeinflußt die Wettbewerbsposition des Unternehmens langfristig und nachhaltig. Seine Wertschöpfung besteht aus Leistungen an externe oder interne Prozeßkunden. In einem Prozeß können mehrere Organisationseinheiten involviert sein. Ein Prozeß wird durch Applikationen und Datenbanken unterstützt. Ein Prozeß besitzt eine eigene Führung, die den Prozeß im Sinne der Unternehmensstrategie weiterentwickelt." (Österle, 1993, S. 22).

Diese Geschäftsprozesse sollten möglichst einfach, beherrschbar und durchgängig strukturiert sein. Sie können weiterhin abteilungs- und funktionsübergreifend sein. Sind die relevanten Geschäftsprozesse identifiziert, können diese optimiert werden. Ziel der Geschäftsprozeßoptimierung ist die Verkürzung der Reaktions- und Durchlaufzeiten und eine Steigerung der Qualität und Produktivität sowie potentiell die Zusammenfassung von Aufgaben an einer Stelle, die bisher von mehreren Stellen ausgeführt wurden (vgl. z.B. Österle, 1993, S. 1f).

Heute betrachtet jeder Bereich einer Bank die ihm bekannten Prozesse aus seiner eigenen Sicht. Aus seiner Sicht führt er Analysen durch, generiert relevante Informationen und optimiert seine Prozesse. Als problematisch kann sich dabei erweisen, daß die Summe der Einzelsichten weniger ist als eine ganzheitlich orientierte Gesamtsicht und eine unter ganzheitlichen Aspekten durchgeführte Optimierung.

Durch an Teilzielen und Teilsichten ausgerichteten Geschäftsprozessen ergeben sich potentiell Redundanzen, Inkonsistenzen und Systembrüche. Es kann zu Insellösungen und erheblichen Zusatzkosten kommen. Die Anforderungen, die an Geschäftsprozeßoptimierung unter dem "lean"-Aspekt gestellt werden, müssen aber gerade Redundanzfreiheit, Konsistenz, Transparenz, Verfügbarkeit, Flexibilität und Wirtschaftlichkeit sein.

Wenn Geschäftsprozeßoptimierung diese Anforderungen erfüllt, hat dies auch nicht unerhebliche Auswirkungen auf die "Produktionssysteme", also die EDV. In diesem Bereich können Systeme abgebaut oder vereinfacht werden, was die Komplexität wiederum reduziert und die Schnelligkeit steigert.

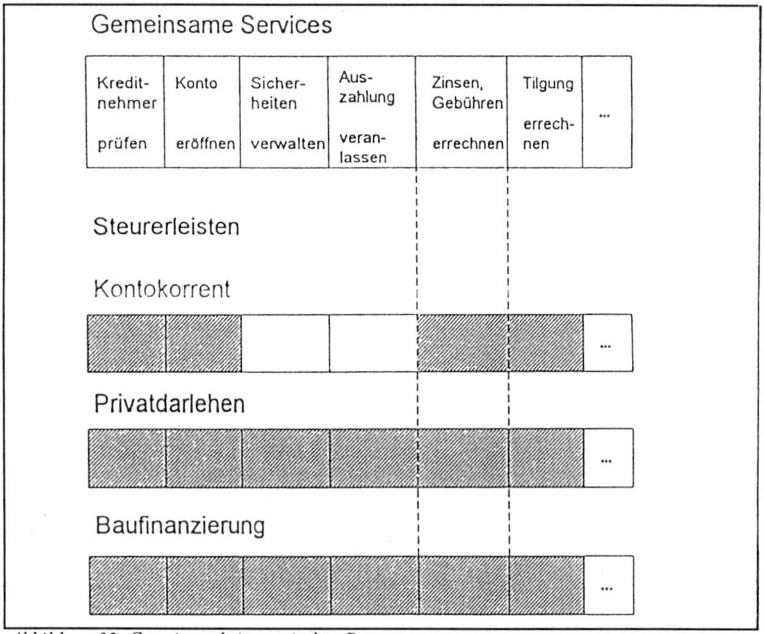

Abbildung 32: Gemeinsamkeiten zwischen Prozessen

6.2.5.2. Probleme

Grundlage der Optimierung ist eine Analyse der existierenden Geschäftsprozesse. Allein diese Analyse stellt im derzeitigen Stadium Banken teilweise vor Probleme. Das Spektrum der analysierten Prozesse reicht von ca. 30 bis ca. 2000[67], jeweils

---

67) Dreißig Prozesse ist eine Angabe der Bayerischen Landesbank, während 2000 eine Angabe der Bayerischen Vereinsbank ist. Offensichtlich herrscht Unklarheit darüber, was genau ein Prozeß ist.

abhängig von der Standardisierung und Modularisierung, die in der entsprechenden Bank gepflegt wird. Die Menge von 2000 Geschäftsprozessen dürfte die Bank vor ein schwer zu lösendes Optimierungsproblem stellen. Eine simultane Optimierung aller Geschäftsprozesse dürfte damit unmöglich sein. Realistischerweise kann eine Optimierung zunächst nur an einer begrenzten Anzahl von Prozessen ansetzen. Hier liegt das Problem darin, dann Prozesse auszuwählen, die ähnlich sind und damit Ansatzpunkte für eine Optimierung bieten. So bemerkt auch Österele (1993), daß für ein Prozeßdiagramm nicht alle Prozesse aufgezeigt werden können, sondern nur die wichtigsten, die mehr als 80% des Aufwands ausmachen. Ein weiteres Problem besteht in der Identifikation von redundanten Prozessen, die optimiert werden können.

Prozesse und deren Analyse richten sich auf die operative Sicht des Unternehmens und auf die Ablauforganisation. Sie weisen hohe Potentiale für eine Reorganisation auf (vgl. Österle, 1993, S. 11). Dabei wird keine Rücksicht auf ablauforganisatorische Grenzen genommen. Zugleich bietet Prozeßorientierung die Möglichkeit, ein hohes wirtschaftliches Potential sowohl auf der Mikroprozeß- als auch auf der Makroprozeßebene zu erschließen, das Wettbewerbsvorteile mit sich bringen könnte (vgl. Österle, 1993, S. 11). Abteilungen und Bereiche tendieren häufig dazu, ihre eigene Sichtweise als allein gültige anzusehen. Aus ihrer Sicht weist ihr "Prozeß", zum Beispiel die Gewährung eines Privatkredits, keine Übereinstimmung mit dem Prozeß des anderen Bereichs auf, zum Beispiel Gewährung eines Immobiliendarlehens, und bietet damit keinen Ansatzpunkt für Optimierung und Abschaffen von Redundanzen. Aus den Bereichen, die über das notwendige Fachwissen verfügen, dürfte damit wenig oder keine Hilfe zu erwarten sein.

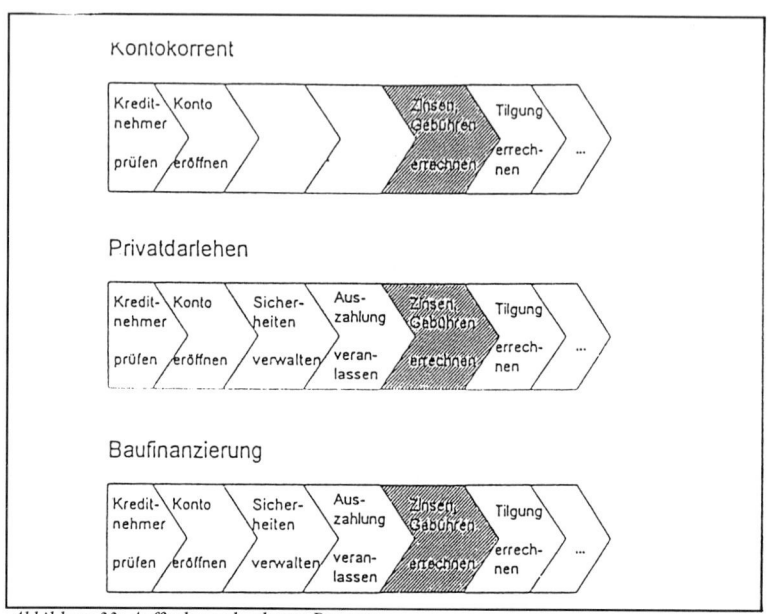

Abbildung 33: Auffinden redundanter Prozesse

Ein weiterer wichtiger Aspekt ist, daß die Optimierung von Geschäftsprozessen auch im Ablauf vom ersten bis zum letzten Schritt erfolgen soll und letztlich muß (vgl. Endres, 1994, S. 9). Die Optimierung erfolgt dann in den meisten Fällen bereichsübergreifend und ist damit potentiell einem Scheitern an Bereichsegoismen ausgesetzt.

6.2.5.3. Fazit

Prozeßoptimierung ist ein im Moment häufig diskutierter Ansatz, der große Vorteile verspricht. Diese Vorteile zu realisieren und damit dem Unternehmen konkret zugänglich zu machen, stellt hohe Anforderungen. Es ist noch zu früh, um eine Aussage treffen zu können, ob Banken diesen konkreten Anwendungsnutzen für sich realisieren können.

6.2.6. Kooperation mit Lieferanten

Banken haben zum einen ihre Kunden als Lieferanten (siehe Kapitel 2). Sie "liefern" Geld an Banken. Wenn diese Lieferantenbeziehungen im Mittelpunkt der

Betrachtung stehen, dann reduziert sich Kooperation schnell auf Kundenorientierung, die oben (6.2.2.) bereits angesprochen wurde.

"Echte" Lieferanten in nennenswertem Umfang existieren bei einer Großbank in Form von Softwarehäusern und Hard- und Softwareproduzenten. Kooperation mit diesen Lieferanten kann bedeuten, einige von ihnen zu "Systemlieferanten"[68] zu machen und an sie dann in der Folge auch strategisch wichtige Bereiche "abzugeben" oder sie in strategisch relativ wichtige Bereiche einzubinden. Sie erfüllen dann im Prinzip die gleiche Funktion wie Systemlieferanten in der Automobilindustrie, die "Andockpunkte" genannt bekommen und innerhalb dieser Grenzen selbständig und eigenverantwortlich Teile oder Lösungen entwickeln. Die Systemlieferanten der Bank würden allerdings maßgeschneiderte Software oder Hardware erstellen. Wie in der Automobilindustrie ist es denkbar, daß Wissen an den Systemlieferanten weitergegeben wird und Mitarbeiter der Bank bei der Entwicklung mitwirken oder dem Zulieferer zur Seite stehen, um für beide Seiten zu den bestmöglichen Ergebnissen zu kommen.

Denkbar wäre in der Konsequenz, daß immer mehr Softwareproduktion und Lieferung von unternehmensspezifischer Hardware ganz den Systemlieferanten übertragen und damit völlig aus der Bank ausgelagert wird, was zugleich zu einer Reduktion von Komplexität in der Bank führen dürfte. Denn gerade im Bereich der EDV und Informatik wechseln die "Modellreihen" extrem schnell und veraltet Wissen mit hoher Geschwindigkeit. Zugleich muß eine Flut von Informationen permanent verarbeitet werden, was zur Verunsicherung bei beschränkter Kapazität zur Informationsverarbeitung führt (vgl. Marr, 1993, S. 6).

Die anderen Lieferantenbeziehungen bei Banken, zum Beispiel im Bereich des Büromaterials, sind relativ einfach handhabbar und in diesem Zusammenhang weniger interessant.

6.2.7. Total Quality Management

Total Quality Management ist ein vielschichtiger Begriff, der sehr unterschiedlich definiert werden kann. Bei Banken ist es noch schwieriger, Total Quality Manage-

---

[68] Im Sinne von Systemlieferanten wie sie in Automobilindustrie vor allem in Japan anzutreffen sind (vgl. Imai, 1993, z. B. S. 252ff).

ment einzugrenzen, da hier Qualität noch schwerer meßbar ist als im Industriebetrieb, was durch die zumeist immateriellen Leistungen und Produkte bedingt ist. Qualitätsstandards und Produktmerkmale zu setzen, ist derzeit nur ansatzweise möglich, wie die Praxis zeigt. Eine relevante und interessante Meßgröße könnte der Kundennutzen sein.

Total Quality Management ist eine ablauforganisatorische Philosophie, kein Konzept der Aufbauorganisation. Der Anspruch von Total Quality Management sollte sein, Verbesserungen aller Art, technischer wie auch "menschlicher" Art für Dienstleistungen zu finden, zum Beispiel Freundlichkeit und Verhaltensregeln.[69] Positive Beispiele für Unternehmen, die dies erreicht haben, sind zum Beispiel McDonalds oder Hewlett Packard. Das ablauforganisatorische Konzept hat fünf Kerngedanken (nach Bösenberg/Metzen, 1992, S. 154) und beschränkt sich damit nicht auf Produktqualität:

(1) Qualität als strategischer Erfolgsfaktor und Unternehmensaufgabe

Strategisch kann in diesem Zusammenhang etwa folgendermaßen verstanden werden: Durch überlegene Qualität (vgl. Marr, 1993, S. 12) können Wettbewerbsvorteile errungen werden. Qualität umfaßt also nicht nur die Produktivität, sondern den gesamten Wertschöpfungsprozeß und kann beispielsweise auch in einem Zeitvorsprung bestehen.[70]

Als Konsequenzen eines strategischen Erfolgsfaktors "Qualität" kann sich folgendes ergeben: Qualität ist sowohl Managementaufgabe als auch Aufgabe eines jeden Mitarbeiters. In Japan stellen Quality Circles ein wichtiges Managementwerkzeug zur Qualitätsförderung dar (vgl. Imai, 1993, S. 34). Keine Hierarchieebene kann sich der Qualität entziehen. Qualität kann auch nicht auf Mitarbeiter "abgewälzt" werden. Vielmehr sind alle verpflichtet, an Qualität zu arbeiten. Jeder ist auch dafür verantwortlich, daß Fehler anderer abgestellt werden.

Bei Total Quality Management steht die Qualität der Mitarbeiter im Vordergrund (vgl. Imai, 1993, S. 67). Hierzu müssen Mitarbeiter ausgebildet werden. Alle Mitarbeiter müssen Problembewußtsein entwickeln, ihr Problemlösungsverhalten

---

69) Zur näheren Erläuterung des Begriffs des TQM siehe zum Beispiel Imai, 1993, S. 30ff.

70) Zur Bedeutung von Zeit als strategischem Erfolgsfaktor siehe Simon, 1989.

schulen und das gelöste Problem über Standardisierung der Problemlösung vermeiden lernen (vgl. Imai, 1993, S. 68). Integraler Bestandteil des ständigen Qualitätsmanagement ist das Vorschlagswesen[71]. Die eingereichten und umgesetzten Vorschläge setzen neue Qualitätsstandards, die dann wiederum verbessert werden können (vgl. Imai, 1993, S. 67).

(2) Der Kunde bestimmt die Qualitätskriterien und -maßstäbe

Der Kunde definiert mit seiner Nachfrage und seinen Wünschen die Qualität. Als Kunde gelten dabei nicht nur externe, sondern auch interne Kunden (vgl. Imai, 1993, S. 76). Der Kunde kann subjektive und objektive Kriterien definieren. Beide müssen berücksichtigt werden, wenn das Unternehmen diese Kriterien umsetzen will (vgl. Bösenberg/Metzen, 1992, S. 157).[72]

(3) Qualität ist dynamisch

Lean Management und damit auch Total Quality Management als dessen Element ist ein Prozeß. Das heißt, daß sich alles weiterentwickelt und auch Qualität dynamisch ist.

Der Kunde lernt aus Erfahrungen mit Produkten und Vergleichen. Seine Einstellung zu Qualität unterliegt damit einem Wandel. Was vor einigen Jahren noch hohe Qualität aufwies, kann heute schon im Vergleich zu neuen Produkten geringe Qualität aufweisen. Insofern ist es entscheidend, Qualität laufend anzupassen (vgl. Bösenberg/Metzen, 1992, S. 158).

---

[71] Das Vorschlagswesen ist einer der Schwachpunkte deutscher Unternehmen im Vergleich mit japanischen. In Japan sind 61,6 Verbesserungsvorschläge je Arbeitskraft in den Montagewerken der Automobilindustrie zu verzeichnen, in USA 0,4 und in Europa ebenfalls 0,4 (vgl. Pfeiffer/Weiß, 1991, S. 46). Eines der großen Probleme, das immer wieder als Begründung für mangelnde Vorschläge in Deutschland genannt wird, ist, daß Vorschläge eingereicht und geprüft werden, aber keine Umsetzung erfolgt, weil etwas "zu teuer ist" oder "sowieso nicht geht" (vgl. Moldaschl, 1992, S. 9).

[72] Zur Umsetzung von Kundenwünschen in Qualitätsmerkmale von Produkten und Produktionsverfahren siehe Hauser/Clausing (1988) und Akao (1992).

(4) Qualitätsmanagement versucht, Fehler immer weiter "vorne" zu vermeiden
"Je später Fehler auftreten, desto teurer werden sie." (Bösenberg/Metzen, 1992, S. 163).

Daher ist es entscheidend, die Fehlerbehebung so weit wie möglich an den Anfang des Produktions- beziehungsweise Erstellungsprozesses zu legen. Im Idealfall sollten schon in der Konstruktions- und Entwicklungsphase die Abstimmprozesse so gestaltet werden, daß möglichst wenig Fehler auftreten (vgl. Imai., 1993, S. 35).

(5) Fehlleistungskosten sind höher als Qualitätskosten

Fehler zu vermeiden, ist offensichtlich billiger als Fehler zu korrigieren. Womack et al. (1991, S. 92) führen an, daß sie deutsche Werke untersucht haben, die mehr Zeit für die Fehlerbeseitigung an einem Fahrzeug aufwenden als eine vergleichbare japanische Fabrik für die Herstellung eines auf Anhieb perfekten Fahrzeugs brauchte. Wenn also in Total Quality Management investiert wird, um Fehler gar nicht erst entstehen zu lassen, entfallen die Fehlerbeseitigungskosten. Die Investitionen, die für Total Quality Management getätigt werden müssen, sind offensichtlich niedriger als der "Gewinn", der in der Folgezeit entsteht. Es können sowohl Material- als auch Personal- und Gewährleistungskosten sowie wertvolle Managementzeit eingespart werden.

Als Fazit läßt sich feststellen, daß Total Quality Management ein Ansatz ist, der zu entscheidenden Wettbewerbsvorteilen führen kann. Im Bankenbereich steckt er noch in den Kinderschuhen, ist aber dennoch unabdingbarer Bestandteil eines Lean Management und muß daher vorangetrieben werden. Wenn Banken ein Lean Management realisieren wollen, dürfte die Hauptaufgabe zunächst die Definition von Qualitätsstandards sein, bevor an die Umsetzung gegangen werden kann. Entscheidend wird sein, daß Total Quality Management von allen - Top-Management und Mitarbeitern - getragen wird.[73]

6.2.8. Fazit

Die oben erörterten Elemente erscheinen auch die für Banken wichtigen Elemente in der Einführung und Umsetzung eines Lean Management zu sein. Zulieferbezie-

---

[73] Siehe Imai, 1993, S. 243ff.

hungen spielen für Banken in der jetzigen Situation keine große Rolle. Sie könnten aber an Wichtigkeit gewinnen, wenn Banken dazu übergehen, in nennenswertem Maße Funktionen auf "Systemlieferanten" zu übertragen oder Outsourcing zu betreiben. Alle anderen Elemente müssen zur Verwirklichung eines Lean Management in die Praxis übertragen werden.

6.3. Probleme und Illusionen des Lean Management

Mit dem Konzept eines Lean Management sind diverse Probleme verbunden, auch wenn diese in der vorherrschenden Euphorie angesichts des neuen, erfolgversprechenden Konzepts in den Hintergrund gedrängt werden.[74]

6.3.1. "Normative" Probleme

(1) Keine objektive Theorie

Lean Management hat - neben allen anderen Elementen - auch eine normative Seite (vgl. Marr, 1993, S. 5). Ein Lean Managementkonzept formuliert keine Wenn-Dann-Aussagen wie eine Theorie, sondern zeigt einen Sollzustand auf. Damit aber formuliert Lean Management keine objektiv überprüf- und falsifizierbaren Aussagen. Kirsch (1978, S. 172) würde Lean Management wohl als "Systemkonzeption" definieren. Als Systemkonzeption ohne konkrete Wenn-Dann-Aussagen aber weist Lean Management nur eine begrenzte rationale Verbesserbarkeit auf.

(2) Implizite Wertestrukturen

Ein Unternehmen ist daher gefordert - wenn es Lean Management tatsächlich umsetzen will - sich einen normativen Rahmen zu geben (vgl. Marr, 1993, S. 8). Ein wichtiges Element des normativen Rahmens sind Aspekte, die sich mit Mitarbeitern und ihren Werthaltungen auseinandersetzen. Für Lean Management sind ganz bestimmte Werte und Werthaltungen grundlegend und unabdingbar. Diese Werte müssen auch von Mitarbeitern geteilt werden. Es darf jedoch fraglich

---

[74] Marr (1993) weist darauf hin, daß die Probleme, die Lean Management aufwerfen kann, häufig durch Illusionen überdeckt werden.

erscheinen, ob alle Mitarbeiter tatsächlich die von Lean Management "geforderten" Werte teilen.

6.3.2. Schwierige Aufgabe des Management

Zum einen bemerkt Marr (1993, S. 7), daß es fraglich ist, ob durch Lean Management alles einfacher wird, wie häufig in der Literatur vorgegaukelt, und ob Lean Management an sich ein einfaches Konzept ist. Zum anderen ist fraglich, ob das Management ein Interesse an dieser Einfachheit haben kann. Komplexität zu verarbeiten ist eine wichtige Aufgabe des Management, das seine Macht und sein Einkommen (teilweise) rechtfertigt.[75]

Bei Verwirklichung eines Lean Management wird Verantwortung auf niedrigere Ebenen delegiert, Handlungsspielräume werden erweitert und die Trennung zwischen dispositiven und ausführenden Tätigkeiten wird so weit wie möglich rückgängig gemacht oder gleich vermieden. Damit aber macht sich in der Konsequenz das Management selbst (teilweise) überflüssig, wenn es Lean Management einführt. Die verbleibenden Manager haben dann ein anderes Berufsbild. Ihre Aufgaben bewegen sich eher im Bereich des Coaching und der Moderation statt in der Entscheidungsfindung und der "line of command".

6.3.3. Mitarbeiterbezogene Illusionen

6.3.3.1. Qualifikations- und Qualifizierungsprobleme

Für die Realisierung eines Lean Management sind die Mitarbeiter ein entscheidender Faktor (vgl. z.B. Imai, 1993, S. 67ff). Voraussetzung für die Realisierung ist eine Entwicklung der Mitarbeiter zu "lean"-tauglichen Mitarbeitern. Um diese Entwicklung in die Tat umsetzen zu können, müssen die Mitarbeiter das Potential aufweisen, zum Beispiel auch dispositive Tätigkeiten durchzuführen, und auch den Willen haben, einen permanenten Lernprozeß auf sich zu nehmen (vgl. z.B. Pfeiffer/Weiß, 1991, S. 7).

[75) Siehe dazu auch Pfeiffer/Weiß (1991, S. 7) und Meister (1993, S. 6).

Es stellt sich wiederum die Frage, ob alle Mitarbeiter bereit sind und die Fähigkeiten haben, die dispositiven Elemente, wie Koordination, zu übernehmen (vgl. Marr, 1993, S. 9). In der klar hierarchisch strukturierten Organisation war und ist diese Fähigkeit ein Selektionskriterium für den Aufstieg. In einer "lean" Unternehmung werden Hierarchieebenen ausgedünnt oder fallen ganz weg. Die Funktionen der Hierarchie müssen von den "einfachen" Mitarbeitern zusätzlich übernommen werden. Fraglich ist, ob diese Mitarbeiter sowohl vom Können her als auch unter sozio-emotionalen Aspekten diesen Anforderungen gewachsen sind (vgl. Marr, 1993, S. 9).

6.3.3.2. Macht- und Einkommensverlust

Lean Management bedeutet, sich einem sozialen Umgestaltungsprozeß zu stellen, der als Konsequenz eine Umverteilung von Macht, Einfluß und wohl notwendigerweise auch Einkommen nach sich ziehen muß (vgl. Moldaschl, 1992, S. 8).

Am direktesten dürfte Lean Management im Hinblick auf Macht- und Einkommensverteilung wohl das mittlere Management treffen, dessen Unterstützung folglich am schwersten zu erreichen sein dürfte, soweit über die Konsequenzen Klarheit herrscht (vgl. Marr, 1993, S. 10). Im Bereich des mittleren Management ist auch die Gefahr am größten, daß die Unterstützung auf "halbem Weg" wegfällt, wenn klar wird, welche Auswirkungen Lean Management auf das mittlere Management hat. Die Koordinationsfunktion, die klassischerweise über Hierarchie sehr effizient ausgeübt werden kann, dürfte zumindest in Teilbereichen bestehen bleiben. Wobei auch hier fraglich ist, ob Koordination nicht über andere, noch effizientere Koordinationsmechanismen ersetzt werden kann (vgl. Kapitel 5).

Die Bedeutung der Hierarchie dürfte sich jedoch entscheidend verändern, insbesondere die an Personen gebundene Bedeutung (vgl. zum Beispiel Endres, 1993, S. 12). Auch die Bezahlung wird sich immer stärker von der hierarchischen Position lösen, was zum Beispiel seinen Ausdruck in der Gleichstellung von Fach- und Führungspositionen findet. Macht und Bezahlung dürften sich daher immer stärker an der Funktion und Schwierigkeit der Aufgabe orientieren und weniger an der Anzahl der "Untergebenen" und der hierarchischen Position (vgl. Marr, 1993, S. 10).

Für die notwendigen Anpassungen der Einkommensstrukturen dürfte die Bereitschaft, einen lange gepflegten und liebgewonnenen Status aufzugeben, vor allem beim Management ein großes Problem werden, zumal diese Gruppe über nicht unerhebliche Macht im Unternehmen verfügt.

6.3.3.3. Verhaltensänderung

Lean Management fordert von allen Mitarbeitern eine Bereitschaft zu permanenter Verhaltensänderung. Diese Bereitschaft zur Verhaltensänderung immer wieder zu haben, ist schwer durchzuhalten. Damit existiert für Lean Management eine klare Restriktion: Das Verhalten und die Bereitschaft der Mitarbeiter permanente Verhaltensänderungen zu akzeptieren. Und nur wenn diese Flexibilisierung des Verhaltens gelingt, kann Lean Management erfolgreich eingesetzt werden. Oder anders ausgedrückt: Ein Unternehmen wird nur so "lean", wie die Mitarbeiter (das heißt auch das Management) bereit sind, "leanes" Verhalten anzunehmen (vgl. Marr, 1993, S. 8).

Bei dem Versuch, eine Verhaltensänderung der Mitarbeiter zu erreichen, dürfte es eine entscheidende Rolle spielen, daß gemeinsame oder zumindest ähnliche Werthaltungen zwischen Mitgliedern der Organisation und der Organisation bestehen. Ist das nicht der Fall, müssen Konflikthandhabungsmechanismen entwickelt werden, um die Chance auf Erfolg nicht zu verspielen (vgl. Marr, 1993, S. 8).

6.3.4. Umweltprobleme

Eines der Basiselemente des Lean Management ist die Kooperation mit Lieferanten (vgl. 6.2.). Diese Kooperation dürfte jedoch in einem deutschen Umfeld weitaus mehr Probleme aufwerfen als in Japan. In Deutschland existiert ein gesunder Mittelstand, oft als "hidden champions" (Marr, 1993, S. 8) bezeichnet. Dieser Mittelstand weist grundsätzlich andere Strukturen auf als der japanische "Mittelstand", den es "im deutschen Sinne" gar nicht gibt.[76]

---

76) Zur Struktur des Mittelstandes und der Zulieferer siehe z.B. Ernst (1989), Pfeiffer/Weiß (1991), Ihde (1988) und zu Banken speziell Moormann/Wölfing (1991).

Die Idee der Kooperation von Zulieferern und Großunternehmen muß daher eine andere Ausprägung erfahren als in Japan[77], vor allem, da es kaum möglich und auch wirtschaftlich sinnvoll erscheint, den deutschen Mittelstand in "verlängerte Werkbänke" der Großunternehmen zu verwandeln (vgl. Marr, 1993, S. 8). In Deutschland erscheint es eher denkbar, daß Zulieferer und Großunternehmen sich so verhalten, wie es die Idee eines "virtuellen Unternehmens" propagiert (vgl. z.B. Davidow/Malone, 1993) oder die Idee der Systemlieferanten abgewandelt übertragen wird.

Im Bereich der Banken dürfte allerdings dieses Problem weniger relevant sein, da sich die Zulieferersituation, wie oben erläutert (vgl. Punkt 6.2.) anders gestaltet:

(1) Was die Lieferanten "Kunden" betrifft, ist eine engere Kooperation mit Lieferanten mit einer engeren Kooperation mit Kunden gleichzusetzen. Hier wären Überlegungen etwa einer über das Marketing hinausgehenden Partizipation (ähnlich dem Begriffsverständnis von "Marketing versus Partizipation" bezüglich Mitarbeitern bei Kirsch et al., 1979) anzustellen. Diese gehen aber sicherlich über das hinaus, was unter dem Begriff Lean Management diskutiert wird. Das Kapitel "Umgang mit den Kunden" bei Womack et al. (1991) beschreibt Verhaltensweisen, die sich in gängigen Marketinglehrbüchern ebenfalls finden.

(2) Bezüglich der industrieähnlichen Lieferanten ist vor allem der EDV-Bereich relevant. Hier stellen sich weniger die Probleme, die in der Industrie auftreten, und die vor allem Koordinationsprobleme sind, da es in Deutschland einen weit gefächerten Mittelstand gibt, und Industrieunternehmen die diversen Zulieferer koordinieren müssen.

Im Bereich der Hard- und Softwareproduzenten für Banken gibt es weniger einen zu koordinierenden Mittelstand, da der Markt im Prinzip von einigen großen Häusern beherrscht wird, die teilweise größer sind als Banken selbst. Hier stellt sich vielmehr ein Machtproblem, nämlich, ob diese Zulieferer überhaupt bereit sind, sich auf Kooperationen mit Banken einzulassen und deren Systemlieferanten zu werden. Daneben ist es für eine Bank eine wich-

---

77) Zu den gravierenden Problemen des japanischen Zulieferersystems siehe z.B. Moldaschl, 1992, S. 11.

tige Entscheidung, inwieweit sie sich überhaupt in die Abhängigkeit - und mit gewissen Abhängigkeiten ist die Übertragung auf oder "Schaffung" eines Systemlieferanten immer verbunden - dieser großen Zulieferer begeben will. Zu klären wäre zudem, ob die Zulieferer in der Lage wären, Bankdienstleistungen in der gewünschten Form an Banken zu liefern beziehungsweise ihre Zulieferung zu gewährleisten.

6.3.5. Fazit

Lean Management wirft einige drängende Probleme auf:

- Lean Management "impliziert" Werte und hängt damit auch vom Wollen ab.
- Lean Management erschwert des "Management".
- Lean Management stellt höhere Ansprüche an ausführende Mitarbeiter.
- Lean Management trifft auf politische Widerstände der Zulieferer, wobei dieses Problem im Bankenbereich weniger relevant sein dürfte.

Sicherlich konnten nicht alle Probleme hier erschöpfend besprochen werden, aber die drängenden dürften zumindest angerissen und Hinweise zu ihrer Handhabung gegeben worden sein. Aus der Diskussion sollte deutlich geworden sein, daß Lean Management durchaus nicht als problemloses einfaches Erfolgsrezept angesehen werden kann und darf. Lean Management kann sehr erfolgreich sein. Nur, wenn ein Unternehmen sich drauf einläßt, sollte es sich vorher die zu erwartenden Probleme klar machen und dann gezielte Maßnahmen für ihre Überwindung ergreifen.

6.4. Anwendungskandidaten des Lean Management

Die normative Systemkonzeption "Lean Management" stellt einen - und hier unterscheidet sich Lean Management von den anderen bisher diskutierten Ansätzen - totalen Anspruch dar. Entweder gilt Lean Management für das ganze Unternehmen oder aber das Unternehmen verfolgt kein Lean Management. Nur Teile des Unternehmens "lean" zu machen, erscheint wenig sinnvoll, weil es ein ganzheitlicher Ansatz ist.

Andererseits dürfte es für den Übergang zu viel sein, auf einmal alle Unternehmensteile gleichzeitig "lean" gestalten zu wollen. Es müssen erste Keimzellen eines "Lean"-Geistes und seiner konkreten Anwendung geschaffen werden. Die Grundsatzentscheidung, ob Lean Management eingeführt werden soll, muß jedoch für das ganze Unternehmen getroffen werden. Diese Entscheidung muß vom Top-Management gefällt werden, vom Mittelmanagement vertreten und von den Mitarbeitern getragen werden, denn nur dann hat Lean Management eine Chance auf Verwirklichung.

Es stellt sich nun konkret die Frage, welche Bereiche oder Elemente des Lean Management als Keimzellen in Frage kommen.

6.4.1. Vorschlagswesen

Das Vorschlagswesen spielt eine wichtige Rolle im Lean Management. So wird in Japan das Vorschlagswesen als integraler Bestandteil eine Managementsystems (im Rahmen des Lean Management) angesehen, und die Anzahl der Vorschläge, die Mitarbeiter einreichen sind folglich ein wichtiges Kriterium der Leistungsbeurteilung für Mitarbeiter und Vorgesetzte auf den unteren Führungsebenen (vgl. Imai, 1993, S. 37). Die nächsthöheren Führungskräfte unterstützen diesen Prozeß, so gut sie können.

Es dürfte wohl in allen deutschen Großbanken ein Vorschlagswesen existieren. Als problematisch gilt in Deutschland, daß ein Vorschlagswesen zwar offiziell institutionalisiert ist, möglichst viele Vorschläge eingereicht werden sollen, aber die Mitarbeiter dann die Erfahrung machen müssen, daß gar nichts passiert oder sich ändert. Oft bekommen die Vorschlagenden nicht einmal ein Feedback darüber, was mit ihren Vorschlägen passieren soll oder könnte (vgl. Moldaschl, 1992, S. 9). Reichen Mitarbeiter Vorschläge ein, müssen sie zunächst einige Formulare anonym ausfüllen. Diese "verschwinden" dann im Vorschlagswesen. Das Vorschlagswesen leitet den Vorschlag an einen Verantwortlichen weiter, der den Vorschlag nicht versteht. Der fragt über das Vorschlagswesen beim Vorschlagenden nach, der sich nicht mehr genau erinnern kann und sich nun rechtfertigen muß. Dieser Prozeß wiederholt sich mehrmals, bevor nach langer Zeit der Mitarbeiter vielleicht eine Prämie erhält.

Mit einem solchen Vorschlagswesen wird hauptsächlich Entmutigung produziert, die Phantasie der Mitarbeiter behindert und vor allem erreicht, daß weniger Vorschläge eingereicht werden und der Unmut der Mitarbeiter steigt (vgl. Moldaschl, 1992, S. 9), da der Mitarbeiter die Idee und den Erfolg nicht mehr kausal zuordnen kann, er sich gegen Widerstände durchsetzen mußte und zusätzlich der Verantwortliche den Vorschlag nur widerwillig umsetzt, weil er nicht von ihm stammt.

Das Vorschlagswesen muß demnach zunächst "glaubhaft" werden. Dies wiederum wird vor allem dadurch erreicht, daß das Management sich wirklich um die Umsetzung der eingereichten Vorschläge bemüht. Daneben spielt die zeitnahe Anerkennung und das schnelle Honorieren der eingereichten Vorschläge eine wichtige Rolle. Dies kann in Form von Geldprämien geschehen oder wie Imai (1993, S. 37 und 43) beschreibt, durch Anzeigetafeln an den Arbeitsplätzen, auf denen die Anzahl der von dort abgegebenen Verbesserungsvorschläge angezeigt wird oder durch den "Kugelschreiber des Präsidenten", der einmal pro Jahr bei Toyota vergeben wird. Ein anderer wichtiger Aspekt für ein "gutes" Vorschlagswesen im Sinne des Lean Management ist, ein zeitnahes Feedback an den Vorschlagenden zu geben.

In Japan wird durch jeden eingereichten und ausgeführten Vorschlag ein neuer Standard gesetzt (vgl. Imai, 1993, S. 37). Diesen Standard müssen alle davon betroffenen Mitarbeiter einhalten. Wenn der Standard von Mitarbeitern gesetzt wird, dürften sie eher bereit sein, ihn als etwas Positives zu akzeptieren und ihn zu befolgen (vgl. Imai, 1993, S. 38). Mit einer Verbesserung des existierenden Vorschlagswesens um die eben genannten Punkte ist ein erster Schritt hin zum Lean Management getan.

6.4.2. Total Quality Management

Eine weitere Keimzelle des Lean Management ist der Anfang oder der Versuch, Total Quality Management zu betreiben.

Der Anfang deshalb, da eine Bank zunächst definieren muß, was Total Quality Management ist. Diese Frage, beziehungsweise deren Klärung allein, stellt schon ein vergleichsweise größeres Problem dar, als in der Industrie. Denkbar wäre auch bei Banken am Produkt, das dem Kunden verkauft wird, anzusetzen und die Qualität das Produktes zu untersuchen. Bei Produkten anzusetzen empfiehlt sich deshalb, da hier der externe Kunde am stärksten ins Spiel kommt und seine Zufriedenheit mit dem Produkt. Fehlerhafte Abläufe, die zwar Banken viel Geld kosten, aber für den Kunden keinen spürbaren Nachteil haben, sind für den Kunden von nachgeordnetem Interesse. Solche Abläufe werden bei diesem Ansatz dennoch entdeckt, wenn sie sich auf das Produkt auswirken, und Total Quality Management versucht, Fehler so früh wie möglich in der Wertekette auszuschalten.

Bei einer solchen Untersuchung dürften Qualitätsmängel festgestellt werden. Diese Mängel müßten dann "zurück" verfolgt werden, um aufzudecken, wo ihre Ursachen liegen. Die identifizierbaren Ursachen der Mängel müßten dann beseitigt werden, soweit dies möglich ist. Produktmängel sind sicherlich die Qualitätsmängel, die am einfachsten zu entdecken und partiell auch zu beseitigen sind.

Komplizierter wird es bei Mängeln immaterieller Leistungen und mängelbehafteten Abläufen. Bei immateriellen Leistungen sind die Qualitätskriterien schwer zu definieren. Bei Abläufen besteht das Problem, daß ein Ablauf oft nicht isoliert betrachtet werden kann, sondern ein ganzes vernetztes Ablaufbündel betrachtet werden muß. Auch hier stellt sich wiederum die Frage der Qualität oder wann ein Ablauf "Qualität hat". Daneben spielt die Vernetztheit der Abläufe eine große Rolle. Wenn die Qualität eines Ablaufs verändert wird - auch wenn dies eine Erhöhung der Qualität bedeutet - kann sich dies auf andere Abläufe negativ auswirken.

Die eben aufgeführten Probleme sollen nicht bedeuten, daß Total Quality Management keine Erfolg haben kann und daher gar nicht erst in Angriff genommen werden sollte. Vielmehr soll darauf hingewiesen werden, daß es große Probleme geben könnte, die die derzeitige Ratlosigkeit bei Banken in bezug auf dieses Thema begründen könnten.

Wenn Total Quality Management in Angriff genommen wird, dann muß unbedingt das volle Engagement des Top-Management dahinter stehen. Und es sollten zunächst kleine Schritte gemacht werden, um Zeit und Möglichkeiten zum Lernen zu haben. Produkte könnten der erste Ansatz sein. Hier empfiehlt es sich auch, nicht gleich die komplexesten und mit vielen Problemen behafteten zu "revolutionieren".

Maxime des Handelns sollte sein, die Kundenzufriedenheit und den Kundennutzen zu erhöhen. Wenn bei der Verbesserung der Qualität Prozeßqualitätsprobleme auftreten, die isoliert oder mit vertretbarem Aufwand lösbar sind, sollten auch diese qualitativ verbessert werden. Die Optimierung der Prozesse unter Qualitätsaspekten sollte sinnvollerweise in einer zweiten Stufe folgen.

6.4.3. Prozeßoptimierung

Ein weiterer Angriffspunkt oder eine Keimzelle für Lean Management könnte Prozeßoptimierung darstellen. Hiermit ist nicht gemeint, daß für die Gesamtbank alle Prozesse auf einmal optimiert werden sollen. Wie oben bereits erwähnt, dürfte dies vom Arbeitsaufwand her nicht durchführbar und damit unrealistisch sein.

Realistisch und im Sinne eines Lean Management sinnvoll erscheint folgendes: Die Hauptprozesse oder wichtigsten Prozesse einer Bank (aus Kundensicht) können optimiert werden. Diese Hauptprozesse können auf der Makroebene angesiedelt sein und dürften für Fachleute relativ leicht zu finden sein. Es handelt sich dabei wahrscheinlich um Prozesse, die sehr häufig durchgeführt werden. Diese Prozesse dürften sich relativ leicht auf Redundanzen und Verschiedenheiten sowie Rationalisierungspotentiale hin untersuchen lassen. Abbildung 30 zeigt zum Beispiel solche Hauptprozesse mit Gemeinsamkeiten.

Die Identifikation der Rationalisierungspotentiale ist jedoch zu wenig. Entscheidend ist deren konkrete Nutzung. Nach Herausgreifen der zu optimierenden Prozesse, die Redundanzen aufweisen, sollte zunächst ein Projektteam ins Leben gerufen werden, dessen Aufgabe in der Optimierung besteht. Durch Bildung eines Projektteams kann die Unterstützung der betreffenden Bereiche sichergestellt werde. Danach sollte, unabhängig von Abteilungs- und Bereichsgrenzen, der optimale Ablauf eines jeden Prozesses konstruiert werden. Diese optimalen Abläufe können von den bisherigen Abläufen abweichen. Wenn sie abweichen, lassen sich vielleicht bei der Neuausrichtung schon Redundanzen vermeiden. Wenn sich die bisherigen Abläufe als optimal erweisen, müssen Redundanzen in den Prozessen eliminiert werden. Dazu ist in beiden Fällen unbedingt die Zustimmung der betroffenen Bereiche erforderlich.

6.5. Kongruenz von Anforderungen und Lean Management

Im folgenden soll erörtert werden, inwieweit die in Kapitel 2 definierten Anforderungen von Lean Management erfüllt werden können. Anschließend wird das Konzept "Lean Management" kurz gewürdigt.

6.5.1. Erörterung der organisatorischen Möglichkeiten

(1) Kundengruppenorientierte Aufbauorganisation

Kundenorientierung ist eines der Basiselemente des Lean Management. Wenn dem so ist, muß konsequenterweise auch die Aufbauorganisation nach Kunden ausgerichtet sein.

Die Frage, die zunächst zu beantworten ist, ist ob Lean Management eine grundsätzliche Umstrukturierung von der heute existierenden Aufbauorganisation zu einer kundenorientierten Aufbauorganisation leisten kann. Diese grundsätzliche Umstrukturierung kann mit Lean Management wohl kaum geleistet werden. Hier dürften die oben diskutierten Ansätze, vor allem die Abwicklung als Projekt eher geeignet sein. Lean Management kann aber nach Abschluß oder schon während der Umstrukturierung wertvolle Dienste leisten. Dann nämlich, wenn der Prozeß "Lean Management" mit der inkrementalen Verbesserung der Ergebnisse beginnt und die Unternehmung beziehungsweise die einzelnen auf Kunden ausgerichteten Bereiche weiterentwickelt werden. Diese Weiterentwicklung muß dann unter Aspekten der Kunden(gruppen)orientierung erfolgen.

(2) Produktbereinigung und Standardisierung

Lean Management kann, wie bei der Umstellung auf eine kundengruppenorientierte Aufbauorganisation bereits erwähnt, keinen "großen Wurf" liefern. Wenn das Ziel (und darum dürfte es sich bei deutschen Banken im Augenblick handeln) darin besteht, das Produktspektrum auf einmal zu bereinigen und neu sowie kundengerecht aufzubauen, dann kann Lean Management nicht eingesetzt werden, da es nur kleine Schritte leistet und zu langfristig ausgerichtet ist.

Lean Management könnte diese Aufgabe langsam, Schritt für Schritt bewältigen. Daneben ist Lean Management geradezu der prädestinierte Ansatz, wenn auf einer einmal geschaffenen "Produktbasis" weitere Verbesserungen und Produktbereinigungen anstehen und Produkte im Zeitablauf aktuell gehalten werden sollen.

Lean Management ist auch der richtige Ansatz, wenn es darum geht, Produkte zu standardisieren und Produktstandards zu setzen, an denen sich alles weitere ausrichten muß. Aber auch die Standardisierung geht mit Hilfe des Ansatzes Lean Management in kleinen Schritten vorwärts und nicht im Sinne eines "Bombenwurfs" (Kirsch et al., 1979).

(3) Standardisierung und Automation der Abläufe

Ein Merkmal des Lean Management ist das Setzen von Standards. Abläufe und Prozesse werden standardisiert und für jeden von ihnen werden Standards definiert, die die Meßlatte für die Qualität, die mit dem jeweiligen Prozeß oder Ablauf verbunden ist, bestimmen oder die Durchführung regeln (vgl. Imai, 1993, S. 27). Ein gesetzter und damit unternehmensweit gültiger Standard wird aber immer wieder abgelöst durch eine Verbesserung, die dann zum neuen Standard erhoben werden kann.

Lean Management ist damit ein Ansatz, mit dem Standardisierung der Abläufe perfektioniert werden kann. Allerdings geht dies im Sinne des Lean Management langsam, Schritt für Schritt vor sich.

Automation der Abläufe kann durch Einführung eines Lean Management eher weniger erreicht werden. Automation im Sinne des Lean Management heißt auch nicht, alle menschliche Arbeit durch Automation zu ersetzen. Wie Vergleiche japanischer mit europäischen Werken ergeben, können japanische Werke weniger automatisiert sein und dennoch eine höhere Produktivität aufweisen (vgl. Pfeiffer/Weiß, 1991, S. 22). Damit kann Automation nicht allein die relevante Größe für Lean Management sein.

Im Bankbereich kann sicherlich durch Überführen bisher manuell durchgeführter Aufgaben in automatisierte Abläufe die Produktivität gesteigert werden. Eine Lösung in Sinne des Lean Management hieße, nicht wahllos Ersetzen manueller Arbeit durch Automation zu betreiben, sondern Übertragen eines Maximums an Verantwortung für die Überführung an diejenigen, die sich bisher mit diesen Abläufen beschäftigen und sie ausführen, und die später noch zumindest in Teilbereichen die Leistungen erbringen oder überwachen (vgl. Imai, 1993, S. 103).

(4) Erhöhung der Flexibilität und Geschwindigkeit

Eine Organisation, die nach den Prinzipen des Lean Management konzipiert ist, dürfte wesentlich flexibler und schneller reagieren als eine "traditionelle" Organisation.

Zunächst sind Mitarbeiter von ihrer Ausbildung und ihren Einsatzgebieten flexibler, die wesentlich umfangreicher sind als in "traditionellen" Organisationen.

Als Folge dieser Flexibilität steigt auch die Geschwindigkeit der Reaktionen, Aktionen und der Entscheidungen.

Durch Lean Management geprägte Organisationen können schneller agieren, da sie tendenziell weniger Hierarchieebenen aufweisen und Entscheidungsbefugnisse an Mitarbeiter delegiert sind. Dadurch werden Entscheidungswege verkürzt und Entscheidungen können schneller getroffen werden, Kommunikation kann hierarchiefrei und -übergreifend stattfinden - sowohl zum Wohle der Kunden als auch zum Wohle des Unternehmens.

Organisationen, die den "Lean"-Gedanken verwirklicht haben, können schneller agieren und reagieren, da sie weniger Zeit für die Erstellung einer Leistung aufgrund eines optimierten Prozesses brauchen. Daneben wird Zeit durch die Vermeidung von Fehlern gespart. Insgesamt kann also die Geschwindigkeit der Leistungserstellung erhöht werden.

(5) Restrukturierung des Vertriebs

Die notwendige Restrukturierung des Vertriebs, wie er heute existiert, kann sicherlich nicht mit Hilfe eines Lean Management erreicht werden. Um zu diesem Ziel zu gelangen, sind andere Formen erfolgversprechender, die in der vorliegenden Arbeit diskutiert worden sind.

Lean Management kann aber wahrscheinlich sehr erfolgreich sein, wenn es darum geht, neue, erfolgversprechende Vertriebswege auszubauen und zu fördern. Dieser Ansatz ist jedoch weniger spektakulär und hat weniger mit Innovation zu tun als vielmehr mit Kaizen, der ständigen Weiterentwicklung und Verbesserung der existierenden Vertriebswege.

(6) Handlungsspielraum und Partizipation

Die Forderung nach mehr Handlungsspielraum und Verantwortung kann durch Einführung eines Lean Management nahezu perfekt erfüllt werden. Lean Management heißt ja gerade, Übertragen von Verantwortung sowohl für dispositive als auch für ausführende Aufgaben an die "einfachen" Mitarbeiter (vgl. z.B. Womack et al., 1991, S. 103), wodurch dann in der Konsequenz Hierarchieebenen eingespart werden können.

Mit der Verantwortung wird auch der Handlungsspielraum der Mitarbeiter erweitert. Der Entscheidungsspielraum wird ausgedehnt durch das Delegieren von Verantwortung für die eigene Tätigkeit und für ein Vorwärtskommen und nicht Stehenbleiben des Unternehmens, für Kaizen. Der Tätigkeitsspielraum wird erweitert durch Installation von Aktivitäten wie Qualitätszirkeln, Übertragen von dispositiven Arbeiten und der Förderung des ganzheitlichen Denkens.

Mitarbeiter übernehmen die Koordinationsfunktion vor allem von mittleren Führungskräften. Dadurch dürfte sich deren Zahl drastisch reduzieren. Die Befugnisse der verbleibenden mittleren Führungskräfte allerdings dürften eher größer ausfallen als bisher. Durch dieses Übertragen von Verantwortung auf die Mitarbeiter kann die Zufriedenheit erhöht werden, denn das Übernehmen verantwortungsvoller Aufgaben und Stellen, ist das, was laut den Ergebnissen der Wertewandelsforschung von der Mehrzahl des Fach- und Führungskräftenachwuchses gefordert wird (vgl. Kapitel 1 und 2).

6.5.2. Gesamtwürdigung von Lean Management

Lean Management ist ein umfassendes, ganzheitliches Konzept. Mit Lean Management können viele der in Kapitel 2 gefundenen Anforderungen erfüllt werden. Aber Lean Management liefert keine Ad-Hoc-Lösung in einer Zeit, in der Banken einen radikalen Wandel durchlaufen. Lean Management muß wachsen und braucht Zeit. Dann kann es zu entscheidenden Wettbewerbsvorteilen führen.

Anforderungen an die Organisation	Divisionalisierung	Projektorganisation	Marktähnl. Strukturen	Lean Management
Kundengruppenorientierte Aufbauorganisation	●		○	○
Produktbereinigung und Produktstandardisierung		○	●	○
Standardisierung und Automation der Abläufe		○	●	○
Erhöhung der Flexibilität und Geschwindigkeit	●	●	●	●
Restrukturierung des Vertriebs	○		●	
Handlungsspielräume und Partizipationsmöglichkeiten	○	●	○	●
Anforderung wird durch Organisationskonzept... ●: gut erfüllt, ○: ansatzweise erfüllt.			

Abbildung 34: Anforderungen und ihre mögliche Erfüllung durch Lean Management

Lean Management reicht allein nicht aus. Es ist kein alleiniges Strukturkonzept für eine Großbank. Lean Management kann dies auch nicht sein, da es eigentlich kein aufbauorganisatorisches Konzept ist, sondern sich mehr auf die Gestaltung von Abläufen bezieht. Das "Lean"-Denken ist jedoch eine hervorragende Ergänzung der anderen Strukturkonzepte, indem es dafür sorgt, daß die Strukturen, die durch die anderen Konzepte vorgegeben werden, nicht erstarren, sondern immer wieder nach großen und kleinen Verbesserungen gesucht wird.

Nachdem die vier Organisationskonzepte grundsätzlich diskutiert worden sind, ist nun als abschließende, aber entscheidende Frage zu klären, wie das Lean Management und die anderen Srtukturkonzepte konkret vereinbart werden können. Darauf soll im folgenden Kapitel versuchsweise eine Antwort gegeben werden.

7. DENKMODELL DER BANK 2001

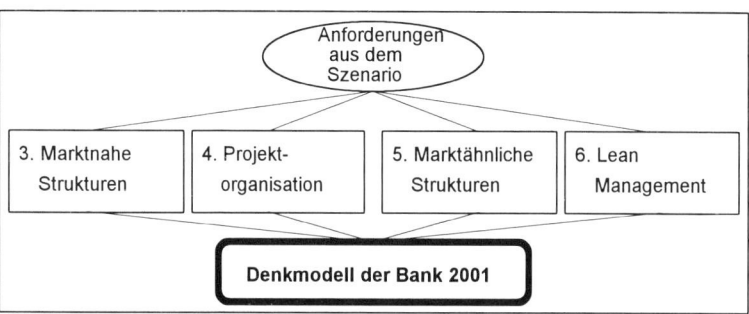

Abbildung 35: Aktueller Stand im Aufbau der Arbeit: Kapitel 7

Als Abschluß dieser Arbeit sollen die vier diskutierten Organisationskonzepte zu einem Denkmodell einer zukünftigen Bank verschmolzen werden. Ohne die gesamte "Entstehungsgeschichte" des Modells nachzuzeichnen, soll nur eine Ergebnisdarstellung erfolgen. Dazu wird zunächst die Grundstruktur der Bank kurz erklärt, um dann die generelle Funktionsweise dieser Grundstruktur darzustellen. Wenn klar geworden ist, wie die Bank grundsätzlich funktionieren soll, ist zu klären, welche Unterstrukturen in den einzelnen Bereichen zu bilden sind.

7.1. Grundstruktur: Holdingkonzern mit Netzwerk aus marktähnlichen Beziehungen

Grundidee für das Modell ist der Versuch, die Einheiten der Bank so zu strukturieren, daß sie ein möglichst großes Maß an Eigenständigkeit erhalten, die Einheiten sich untereinander über kurze Wege abstimmen, und ein Standard "eingebaut" wird, der dauerhafte Anreize für effizientes Wirtschaften sichert. Umgesetzt wurden diese Überlegungen, indem möglichst viele Aufgaben in Profit Centers eingegliedert werden, die untereinander ihre Leistungen in marktähnlicher Form austauschen. Die grundsätzlichen Elemente der Bank sind in Abbildung 36 dargestellt.

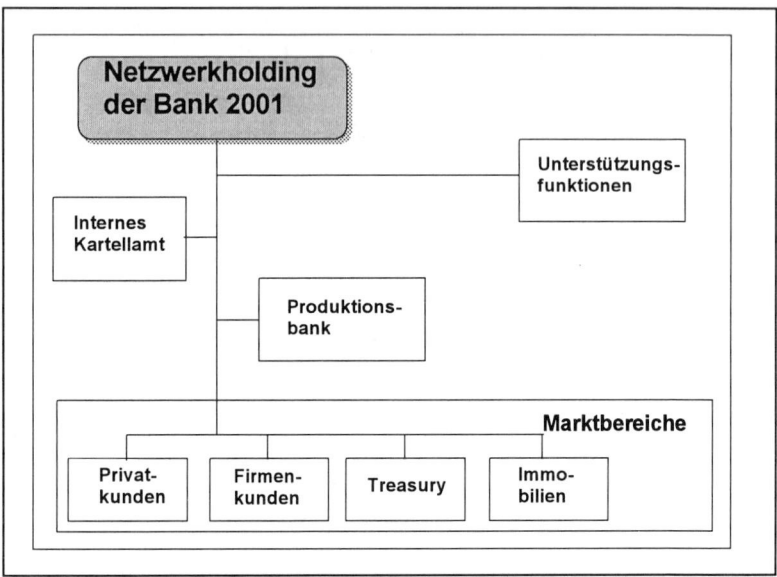

```
┌─────────────────────────────────────────────────────┐
│    ┌──────────────────┐                             │
│    │ Netzwerkholding  │                             │
│    │  der Bank 2001   │                             │
│    └────────┬─────────┘                             │
│             │         ┌──────────────────┐          │
│             ├─────────│ Unterstützungs-  │          │
│             │         │   funktionen     │          │
│   ┌─────────┤         └──────────────────┘          │
│   │ Internes│                                       │
│   │Kartellamt│                                      │
│   └─────────┘         ┌──────────────────┐          │
│             ├─────────│  Produktions-    │          │
│             │         │      bank        │          │
│             │         └──────────────────┘          │
│             │                              Marktbereiche │
│   ┌─────┬───┴──┬────────┬──────┐                    │
│   │Privat-│Firmen-│Treasury│Immo- │                 │
│   │kunden │kunden │        │bilien│                 │
│   └─────┴──────┴────────┴──────┘                    │
└─────────────────────────────────────────────────────┘
```

Abbildung 36: Grundstruktur der Bank 2001

Die Bank 2001 enthält folgende Bereiche:

- Spitzenorganisation ist eine Holding, die das Eigentum an den verschiedenen Bereichen der Bank hat. Die Holding beschränkt sich grundsätzlich auf die Wahrnehmung nur sehr weniger Managementaufgaben, indem sie vor allem Finanzmittel für Investitionen zuweist und die Spitzengremien der Divisionen personell besetzt. Es kommt jedoch eine entscheidende Aufgabe hinzu: Die Holding überwacht die inner- und außerbetrieblichen Leistungsbeziehungen, greift jedoch grundsätzlich nicht ein, sondern behält sich das Recht für Weisungen vor, falls bestimmte Ausnahmefälle dies erforderlich machen.

- Hauptorgan der Holding, um die Austauschprozesse in der Organisation zu überwachen, ist das "interne Kartellamt". Es ist direkt dem Holdingvorstand als Stab unterstellt. Das interne Kartellamt ist dafür verantwortlich zu beobachten, ob sich für die Gesamtbank ungünstige Beziehungen entwickeln, ob ein Bereich aufgrund interner Marktunvollkommenheiten bedroht wird, oder ob wichtige strategische Trends "verschlafen" werden. Tritt ein solcher oder ähnlicher Ausnahmefall ein, wird jedoch nicht das Kartellamt aktiv, sondern es liegt in der Entscheidung des Holdingvorstandes, ob Maßnahmen ergriffen werden. Dazu muß nicht unbedingt ein direkter Durchgriff erfolgen, vielmehr dürfte es in vielen Fällen sinnvoll sein, einzelne Bereiche zu subventionieren, interne Marktpreise administrativ zu regulieren, oder Auflagen für bestimmte Verfahrensweisen zu machen.

- Die Markbereiche sind die Bereiche, die eigentlich für die Bedienung der externen Kunden der Bank zuständig sind. Sie sind im wesentlichen Vertriebsorganisationen und als Profit Center in einer divisionalen Struktur organisiert. Damit die Bank auf Kundenwünsche reagieren kann, leiten die Marktbereiche die Nachfrage der externen Kunden direkt nach innen weiter, indem sie intern Bankprodukte nachfragen. Dabei kalkulieren sie ihren maximalen Preis, den sie intern bezahlen, nach dem extern erzielbaren Marktpreis (-zins) für das jeweilige Bankprodukt und den Kosten, die durch den Vertrieb entstehen.

- Interner Verkäufer der Bankprodukte ist die Produktionsbank, die die Bankprodukte technisch (vor allem EDV) erstellt, aber auch das bilanzielle Gleichgewicht zwischen Aktiv- und Passivgeschäft wahrt. Sie verkauft gleichsam das Recht, ein Bankprodukt am externen Markt auszureichen. Als interner Monopolist kalkuliert die Produktionsbank die Preise der Produkte nach dem Prinzip der Gewinnmaximierung. Sie richtet dabei die Preisgestaltung nach den internen Nachfrageverhältnissen aus, berücksichtigt aber auch ihre eigenen Kosten und Opportunitätskosten die sich aus den Kosten der technischen Erstellung, der Aktiv-Passiv-Steuerung und der Risikostreuung ergeben.

- Die Marktbereiche und die Produktionsbank bedürfen Unterstützungsfunktionen. Einige Unterstützungsfunktionen, wie etwa das Controlling für die Division, werden innerhalb der Marktbereiche und der Produktionsbank intern erstellt, viele Unterstützungsfunktionen müssen aber nur intern koordiniert werden und können außerhalb der Division erstellt werden. Zu diesen Funktionen gehören Personalwesen, Rechnungswesen, Revision, Recht, Volkswirtschaft und Public Relations. Diese Unterstützungsfunktionen sind in einem eigenen Bereich ausgelagert. Die Erstellung der Unterstützungsfunktionen innerhalb dieses Bereiches geschieht in eigenständigen Centers, die, wenn möglich, als Profit Center ihre Serviceleistungen verkaufen, oder als Service Center ihre Leistungen über eine Umlage finanziert bekommen.

- Schließlich gibt es temporäre Bereiche, denn Aufgaben, die einen konkreten Anfang und ein bestimmbares Ende haben und einmalig sind oder sich stark wandeln, sollen als Projekt durchgeführt werden. (Die Projektstrukturen gehen nicht aus der Abbildung hervor.) Diese Projekte können innerhalb einzelnen Einheiten stattfinden, aber auch bereichsübergreifend sein.

7.2. Funktionsweise der Grundstruktur

Die Beziehungen zwischen den Bereichen illustriert Abbildung 37.

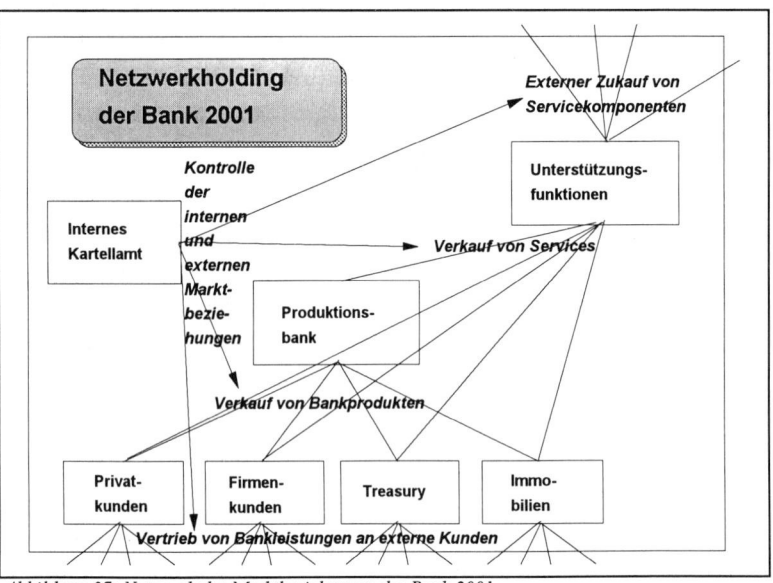

Abbildung 37: Netzwerk der Marktbeziehungen der Bank 2001

7.2.1. Die Beziehungen zwischen Marktbereichen und Produktionsbank

Die Abbildung 37 illustriert nicht, daß es nicht die Marktbereiche (Privatkunden, Firmenkunden etc.) als Ganze sind, die Produkte von der Produktionsbank kaufen. Vielmehr agieren die Kundenbetreuer weitgehend eigenständig ohne Verkaufsvorgaben durch ihren Marktbereichsleiter. Die Steuerungsfunktion der administrativen Vorgaben wird durch eine Gewinnbeteiligung der Kundenbetreuer ersetzt. Die

Kundenbetreuer werden den Verkauf solcher Bankprodukte forcieren, die ihnen eine hohe Gewinnspanne sichern.

Die Gewinnspanne der Kundenbetreuer wird außer durch die externen Marktverhältnisse vor allem durch die interne Preisgestaltung der Produktionsbank bestimmt. Die Produktionsbank kann kurzfristig ihre Verkaufspreise verändern, um durch interne "Abwehrkonditionen" zu verhindern, daß z.B. zu viele Kredite ausgereicht werden. Für die interne Preisgestaltung muß die Produktionsbank nicht in der Lage sein, im Sinne der traditionellen "Verrechnungspreise" exakt auszurechnen, welche Absatzmengen der einzelnen Produkte optimal sind. Dies dürfte im übrigen mathematisch gar nicht möglich sein, da mit Risikoüberlegungen, Aktiv-Passiv-Überlegungen und Kostenzurechnung verschiedene Kriterien auf die Preisgestaltung einwirken, die zudem selbst einzeln nicht exakt sind (man denke etwa an die Kuppelprodukt-Problematik bei der Zurechnung auf Kredite und Einlagen).

Stattdessen ist eine Kalkulation nach einer Art "Fuzzy-Logik" angezeigt. Wenn die Produktionsbank feststellt, daß sich einzelne Parameter wie Kosten oder Bilanzgleichgewicht ungünstig verändern, beginnt sie frühzeitig, Preise für die betreffenden Produkte so lange zu erhöhen und/oder zu senken, bis sich wieder ein normaler Zustand eingestellt hat. Ähnlich in der Methodik (aber nach ganz anderen Kriterien) geht etwa die Bundesbank bei der Steuerung der Geldmenge vor. Computerprogramme, die statt einer traditionellen Logik unscharfe Kriterien berücksichtigen können, werden zur Zeit mit großen Fortschritten weiterentwickelt und könnten in Zukunft die Preiskalkulation der Produktionsbank unterstützen.

Die Produktionsbank handelt als ein einziges großes Profit Center, da sie alle Bankleistungen ausbalancieren muß. Sie ist dabei ein Monopolist auf dem internen Markt, der mit einer Vielzahl von Kundenbetreuern Handel treibt und kann aufgrund ihrer Marktmacht intern Monopolgewinne abschöpfen. Anders als in einer Volkswirtschaft besteht darin jedoch kein Problem, weil die "Monopolgewinne" unter Einbehalten einer angemessenen Gewinnbeteiligung für die Produktionsbank der Holding zugute kommen. Und Gewinnerzielung ist schließlich für die Gesamtbank durchaus erwünscht.

Die Monopolstellung führt nicht zu Ineffizienzen, weil die interne Preisgestaltung sich an der Zahlungsfähigkeit der Kundenbetreuer orientiert, und diese geben damit genau die Marktanforderungen der externen Kunden weiter. Das einzige

Problem besteht darin, daß die Produktionsbank die Gewinnmöglichkeiten der Kundenbetreuer limitiert. Die Produktionsbank hat jedoch kein Interesse daran, daß Kundenbetreuer, die der Produktionsbank gewinnträchtiges Geschäft bringen, aufgeben, weil ihre gesamten Gewinne durch allzu überhöhte interne Preise abgeschöpft werden. Deshalb dürfte die Produktionsbank von sich aus eine faire Preisgestaltung wählen, die den Kundenbetreuern einen angemessenen Gewinn sichert. Für den "Notfall" werden die Marktprozesse schließlich vom internen Kartellamt überwacht.

Wenn man die Gesamtkonstellation betrachtet, könnte es den Anschein haben, daß statt einer flexiblen, dezentralen Struktur hier eine stark zentralisierte Bank entsteht, in der die Produktionsbank als Zentraleinheit alle Prozesse steuert und die Marktbereiche nur "Marionetten" der die internen Preise diktierenden Zentrale sind. Richtig ist, daß die Produktionsbank tatsächlich in einer globalen Weise die ausgereichten Kredite, Einlagen und Provisionsgeschäfte zentral koordiniert. Dies ist jedoch gerade das, was eine Bank erfordert, denn eine gute Aktiv-Passiv-Steuerung ist entscheidend für die Gesamteffizienz einer Bank. Die Produktionsbank koordiniert aber nur in einer globalen Weise, denn Impulse für den Verkauf von Bankleistungen kommen eindeutig von den dezentralen Kundenbetreuern. Sie sind es, die individuell die Bedürfnisse der externen Kunden aufnehmen und vor Ort entscheiden, welche Produkte sie zu welchem Endpreis anbieten.

7.2.2. Die Beziehungen zwischen Unterstützungsbereichen und Marktbereichen sowie Produktionsbank

In Abbildung 37 verbergen sich auch hinter den "Unterstützungsfunktionen" verschiedene, weitgehend selbständige Einheiten. Die Produktionsbank und die Marktbereiche beziehen gemäß ihrem Bedarf Leistungen von den eigenständigen Profit Centern oder Service Centern für Unterstützungsfunktionen. Wo es möglich ist, können Unterstützungsfunktionen als Profit Center arbeiten. Sie müssen dann so effizient arbeiten, daß es ihnen gelingt, einen für die internen Abnehmer wahrnehmbaren Nutzen zu stiften. Nur dann können sie ihre Leitungen verkaufen und daraus Gewinn erzielen. Diese Profit Center sollten dabei mit externen Anbietern ähnlicher Unterstützungsleistungen konkurrieren. Marktgängige Leistungen können etwa im Personalwesen, in der Rechtsberatung und u.U. in volkswirtschaftlichen Studien bestehen.

Es gibt Unterstützungsfunktionen, die den Marktbereichen eher zwangsweise auferlegt werden, wie etwa die Revision oder das Rechnungswesen. Diese Leistungen müssen über eine Umlage (ähnlich einer Steuer in der Volkswirtschaft) finanziert werden, die sich an Maßzahlen wie Umsatz, Anzahl der Buchungsvorgänge oder ähnlichem orientiert, und zwangsweise von den Marktbereichen und der Produktionsbank bezahlt werden müssen. Die Höhe der Umlage wird durch das interne Kartellamt ermittelt. Die betreffenden Unterstützungsfunktionen werden anhand traditioneller planwirtschaftlicher Größen, die sich nicht nur auf Kosten, sondern auch auf den gestifteten Nutzen beziehen sollten, von der Holding als eigenständige Service Center geführt.

7.3. Unterstrukturen der Bereiche

Nachdem nun die Grundstruktur und die grundsätzliche Funktionsweise der Bank 2001 dargestellt ist, muß geklärt werden, welche Funktionsausstattung die einzelnen Bereiche haben müssen, damit sie im internen und externen Markt agieren können. In diesem Punkt sollen deshalb die Unterstrukturen der einzelnen eben diskutierten Bereiche ansatzweise erläutert werden.

7.3.1. Struktur der Marktbereiche

Die vier Marktbereiche, die in Kapitel 4 inhaltlich bestimmt wurden, verfügen jeweils über eine Struktur, die sich aus eigenen divisionsspezifischen Zentralbereichen und einem eigenen Vertrieb, der bei den kundengruppenorientierten Bereichen regional ausgerichtet ist, zusammensetzt.

7.3.1.1. Vertriebsstruktur

Es erscheint wenig sinnvoll, daß jeder Marktbereich sein eigenes Filialnetz aufbaut. Vielmehr sollten Vertriebswege, wenn dies möglich ist, und beim klassischen Filialnetz gibt es diese Möglichkeit, von mehreren Marktbereichen gemeinsam genutzt werden.

Der dezentrale Vertrieb ist nach Kundengruppen ausgerichtet. Die beiden Kundengruppen Privat- und Firmenkunden haben jeweils ein Filialnetz. Im jetzigen

Stadium sind diese beiden Vertriebswege räumlich häufig zusammengefaßt. Sie können jedoch auch innerhalb bestehender Standorte räumlich getrennt werden.

(1) Privatkundenvertrieb

Das Filialnetz, so wie es heute für den Privatkundenbereich existiert, muß ausgedünnt werden, und eine Restrukturierung des Vertriebs ist nötig. Neue Vertriebswege sind auf dem Vormarsch. Es wird zu einer Verschiebung der Bedeutung des Filialnetzes gegenüber anderen Vertriebskanälen kommen. Die Ausdünnung des Filialnetzes wird um so weiter fortschreiten, je mehr zum Beispiel Telephonbanking oder Homebanking Verbreitung findet. Zumindest für Basiskunden, die nur einfache Bankprodukte benötigen, wird es immer besser möglich werden, interaktive Beratungssoftware am Bildschirm zu Hause oder an Automaten einzusetzen (vgl. Abbildung 38).

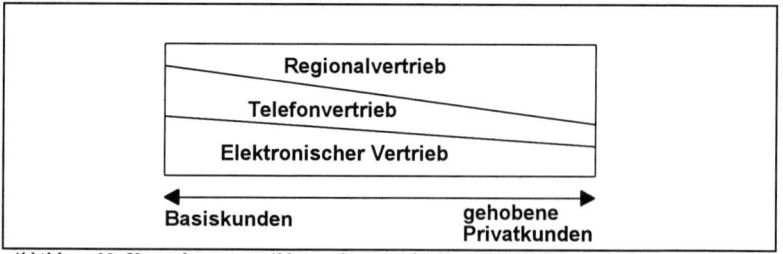

Abbildung 38: Vertriebswege in Abhängigkeit von der Komplexität der Kundenbedürfnisse

(2) Firmenkunden

Es wird zunehmend Vertriebsstellen nur für Firmenkunden(produkte) geben, die jedoch nicht flächendeckend existieren. Es soll zu einer Aggregation der Firmenkundenaktivitäten auf Niederlassungsebene kommen, wobei nur solche Niederlassungen eine Firmenkundenbetreuung erhalten, die genügend Gewinn erwirtschaften können, um den Firmenkundenbetreuern eine Gewinnbeteiligung in ausreichender Höhe auszuschütten. Andernfalls müssen Niederlassungen geschlossen und die Kunden von anderen Niederlassungen aus betreut werden. Statt den Kunden in die Bank kommen zu lassen, wird sich der Firmenkundenbetreuer mit Laptop auf den Weg machen und den Kunden besuchen. Neue Vertriebswege wie Electronic Banking sind zwar für den Zahlungsverkehr geeignet, die Beratung muß aber in diesem Bereich (noch) persönlich erfolgen.

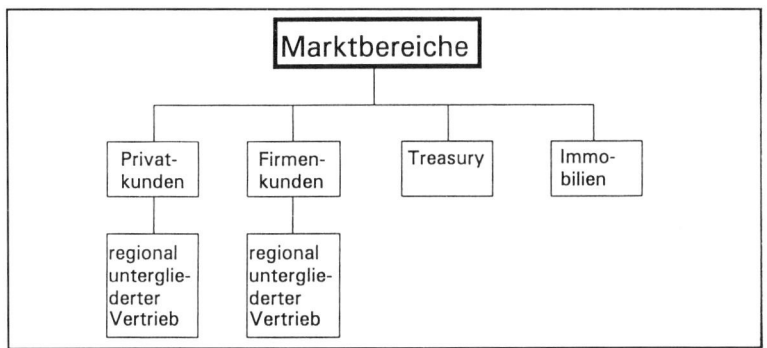

```
┌─────────────────────────────────────────────────────────────┐
│                       Marktbereiche                         │
│                   ┌───────┴───────┬──────────┬──────────┐   │
│            ┌──────┴──┐   ┌────────┴┐  ┌──────┴──┐ ┌─────┴──┐│
│            │ Privat- │   │ Firmen- │  │Treasury │ │ Immo-  ││
│            │ kunden  │   │ kunden  │  │         │ │ bilien ││
│            └────┬────┘   └────┬────┘  └─────────┘ └────────┘│
│            ┌────┴─────┐  ┌────┴─────┐                       │
│            │regional  │  │regional  │                       │
│            │untergli- │  │untergli- │                       │
│            │ederter   │  │ederter   │                       │
│            │Vertrieb  │  │Vertrieb  │                       │
│            └──────────┘  └──────────┘                       │
└─────────────────────────────────────────────────────────────┘
```

Abbildung 39: Die Marktbereiche mit Vertrieb

(3)   Treasury und Immobilien

Die produktbezogenen Marktbereiche können das Filialnetz des Privat- und Firmenkundenbereichs mit nutzen. Sie haben eigene Vertriebsmitarbeiter, die selektiv in Filialen und Niederlassungen mit ausreichendem Kundenpotential "sitzen". Die Nutzung der Filialinfrastruktur über eine Umlage bezahlt werden. Wegen der flexiblen internen Marktstruktur ist es ohne Probleme möglich, daß Treasury und Immobilien an kleineren Standorten und bei wenig komplexen Produkten ihre Leistungen über die Vertriebe des Privat- und Firmenkundenbereiches vertreiben und den jeweiligen Betreuern eine Verkaufsprovision bezahlen.

Neben dem Regionalvertrieb sind auch bei den produktbezogenen Marktbereichen neue Vertriebskanäle vorstellbar. Ein solcher Vertriebskanal könnte für den Bereich Treasury zum Beispiel in einem Telephonvertrieb von Aktien bestehen. Aktien könnten dann ohne viel Beratungsleistung per Telephon vertrieben werden. Durch Wegfallen der Beratungsleistung können die Transaktionskosten niedrig gehalten werden.[78]

---

[78]   Einen derartigen Vertrieb versucht gerade die Bayerische Hypotheken- und Wechselbank.

7.3.1.2. Unterstruktur der Marktbereiche

(1) Privatkunden

Für den Bereich Privatkunden sieht die Struktur folgendermaßen aus: Es gibt einen Zentralbereich "Privatkunden", der sich um Koordination der Produktentwicklung und der Entwicklung neuer Vertriebskanäle und Vertriebsunterstützung kümmert. Daneben hat der Privatkundenbereich noch den Vertrieb, organisiert nach Regionen, der sich nur auf den Inlandsvertrieb erstreckt.

(2) Firmenkunden

Es gibt einen Zentralbereich, in dem die Kreditprozeßteams für große Engagements, die sie laufend betreuen, angesiedelt sind. Diese Engagements, die so groß sind, daß sie eine Betreuung durch ein Team im Zentralbereich rechtfertigen, dürften vorwiegend von multinationalen Unternehmen stammen. In diesem Zentralbereich ist auch die Koordinationsstelle für Produktentwicklung angesiedelt. Daneben existieren ein Zentralbereich, der sich mit der Risikosteuerung innerhalb des Firmenkreditportfolios befaßt und ein Zentralbereich, der sich mit dem Außenhandelsgeschäft befaßt. Als Zentralbereich kann dem Firmenkundengeschäft auch der Bereich des Corporate Finance zugeordnet werden. Dies ist jedoch abhängig davon, welche Bedeutung dieser Bereich in einer Bank hat. Bei ausgedehnten Aktivitäten in diesem Feld, kann ein eigener Marktbereich Corporate Finance installiert werden.

Neben den genannten Zentralbereichen gehört ein Vertriebsnetz in Form von Regionalbereichen zum Firmenkundenbereich. Die Regionalbereiche umfassen in diesem Fall nicht nur das Inland, sondern auch das Ausland[79].

(3) Treasury

Zu dem Marktbereich Treasury gehören die Zentralbereiche Aktien, Renten und Devisen. Daneben erscheint es sinnvoll, die Betreuung institutioneller Anleger wie Versicherungen in einem eigenen Zentralbereich anzusiedeln. Die Zentralbereiche Aktien, Renten und Devisen sind zuständig für die Koordination der Produktentwicklung und den Handel.

---

[79] Auch Privatkunden im Ausland können durch diese Einheiten betreut werden.

(4) Immobilien

Der Marktbereich Immobilien besteht aus einem Zentralbereich Immobilien, der sich um die Koordination der Produktentwicklung, Zusammenfassen und Koordination der Dienstleistungen rund um das Immobiliengeschäft, Betreuung des Vertriebs und Zweitbearbeitung und das gesamte Kommunalgeschäft kümmert. Sinnvoll erscheint es auch im Immobilienbereich, einen eigenen Zentralbereich zur Risikosteuerung einzurichten.

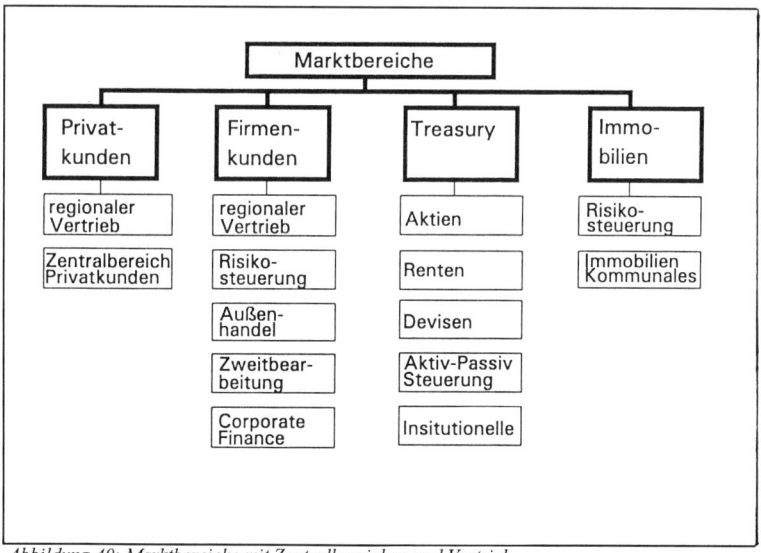

```
                          Marktbereiche
        ┌──────────────┬──────────────┬──────────────┐
   Privat-          Firmen-        Treasury       Immo-
   kunden           kunden                        bilien

  regionaler       regionaler      Aktien         Risiko-
  Vertrieb         Vertrieb                       steuerung

  Zentralbereich   Risiko-         Renten         Immobilien
  Privatkunden     steuerung                      Kommunales

                   Außen-          Devisen
                   handel

                   Zweitbear-      Aktiv-Passiv
                   beitung         Steuerung

                   Corporate       Insitutionelle
                   Finance
```

Abbildung 40: Marktbereiche mit Zentralbereichen und Vertrieb

7.3.2. Unterstruktur der Produktionsbank

Die Produktionsbank besteht aus drei Hauptbereichen. Zum einen muß sie mit den Funktionen ausgestattet sein, die ihr die eigentliche "Produktion" der Bankprodukte erlauben. Zum zweiten muß sie in der Lage sein, die internen Preise zu kalkulieren und schließlich muß sie über Verantwortliche verfügen, die die Unterstützungsleistungen, derer die Produktionsbank bedarf, von den Unterstützungsfunktionen einkaufen oder selbst erstellen. Die Struktur der Produktionsbank ist in Abbildung 41 illustriert.

```
                        Produktionsbank
         ┌──────────────────┼──────────────────┐
   Preisermittlung      Produktion      Unterstützungs-
                                           funktionen

   Aktiv-Passiv-        Geschäftsabwicklung
     Steuerung
                         Organisation
   Risikomanagement      und Informatik
   Controlling
   der Produktionsbank   Rechenzentrum

                         Betrieb
```

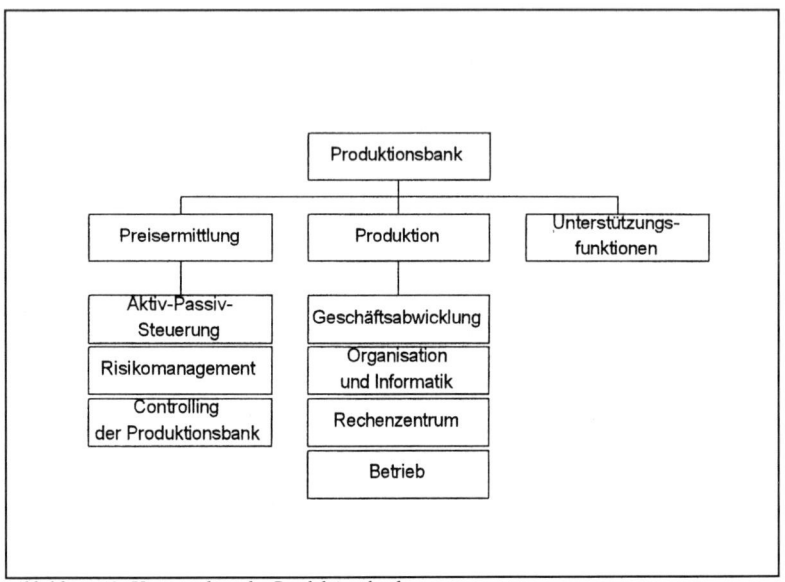

Abbildung 41: Unterstruktur der Produktionsbank

Der Bereich der eigentlichen Leistungserstellung muß folgende Funktionen umfassen:

- Geschäftsabwicklung
- Organisation und Informatik
- Rechenzentrum
- Betrieb.

Es ist durchaus vorstellbar, daß einzelne Produktionsabteilungen als eigenständige Untereinheiten ausgelagert werden, sie müssen aber administrativ von der Produktionsbank gesteuert werden.

Die Preisermittlung und damit die Steuerung der Bank muß folgende Funktionen vereinen:

- Aktiv-Passiv-Steuerung
- Risikomanagement
- Controlling der Produktionsbereiche der Produktionsbank.

Für die Produktionsbank ist noch eine Besonderheit hervorzuheben: Um Schwankungen der Bilanz kurzfristig auffangen zu können, muß die Produktionsbank einen schnellen und unkomplizierten Zugang zum Geldmarkt haben. Man denke etwa daran, daß die Banken täglich ihre Mindestreserveverpflichtungen erfüllen müssen, und es daher vorkommt, daß kurzfristig Tagesgelder aufgenommen werden. Dieser Zugang kann "räumlich" im Treasury angesiedelt sein, die betreffenden Mitarbeiter müssen aber den Weisungen der Produktionsbank unterstellt sein.

7.3.3. Unterstützungsfunktionen

Eigenständige Center, die Unterstützungsleistungen an die anderen Divisionen liefern sind:

- Bestimmte Leistungen des Personalwesens, als Profit Center
- Revision, die zentral für die gesamte Bank erbracht werden muß, als Service Center
- Recht, dessen Beratungsleistungen als Profit Center organisiert werden können
- Rechnungswesen als Service Center
- Public Relations und zentrale Marketingaufgaben, die etwa ein einheitliches Erscheinungsbild der Bank nach außen sichern, als Service Center
- Volkswirtschaft, die als zentrale Abteilung die "Hausmeinung" der Bank erarbeitet. Die grundsätzlichen volkswirtschaftlichen Studien, die für alle Bereiche von Nutzen sind, müssen in einem Service Center erstellt werden, Sonderstudien für einzelne Bereiche können dagegen marktmäßig verkauft werden.

Es ist bei den Unterstützungsfunktionen denkbar und sinnvoll, einzelne Leistungen nicht selbst zu erstellen. Stattdessen kann ein Profit Center oder Service Center Komponenten extern erstellen lassen und zukaufen. Solche Komponenten können etwa Trainingsmaßnahmen, volkswirtschaftliche Studien, PR-Maßnahmen oder Rechtsberatung sein. Die einzelnen Center der Unterstützungsfunktionen haben die Verantwortung für die Bereitstellung der Leistungen.

Da die Service Center und Profit Center der Unterstützungsfunktionen verantwortlich für die Erstellung der Unterstützungsleistungen sind, dürfen sie nicht für die Nachfragen nach diesen Leistungen in den Divisionen verantwortlich sein. In einem solchen Falle würde nicht nur die Selbständigkeit der Divisionen und Kundenbetreuer verletzt, sondern die Unterstützungsbereiche würden ihre Leistungen in einem Übermaß an die anderen Einheiten liefern. Stattdessen hat jeder Marktbereich und die Produktionsbank eigene Verantwortliche für jede Unterstützungsfunktion (Mehrfachverantwortung ist bei kleinen Bereichen grundsätzlich möglich), die den Bedarf an Unterstützungsleistungen in ihrer Einheit erheben, koordinieren und die Leistungen bei den Centern der Unterstützungsfunktion "einkaufen".

7.3.4. Internes Kartellamt

Eine Art Nachfolgeorganisation des Konzerncontrolling ist das interne Kartellamt. Es überwacht den innerbetrieblichen Leistungsaustausch und konsolidiert die Controlling-Ergebnisse der Divisionen. Als Hauptbereiche muß es deshalb mit einer Controllingfunktion und einer Funktion zur Preisüberwachung ausgestattet sein. Wenn das interne Kartellamt interne Übergewinne oder ungesunde interne Verluste registriert, muß es nach den Ursachen dafür forschen und dem Holdingvorstand eine Ausnahmesituation melden.

7.3.5. Temporäre Bereiche

Im Sinne von "Zelten statt Palästen" sollen Aufgaben, die flexibel gehandhabt werden können, in Projekten organisiert werden. Wichtige Aufgaben, die in teilweise bereichsübergreifenden Projekten organisiert werden, sind:

- Strategieentwicklung, an der möglichst alle Bereiche der Holding teilnehmen sollten

- Entwicklung neuer Produkte, für die Mitarbeiter des betreffenden Marktbereiches und der Produktionsbank zusammenarbeiten sollten

- Entwicklung neuer Vertriebswege, die im Marktbereich intern ablaufen können

- Entwicklung und Verbesserung von Unterstützungsleistungen, die die jeweils betroffenen Marktbereiche und das jeweilige Center der Unterstützungsfunktion gemeinsam erarbeiten und überwachen sollten.

- Qualitätszirkel, die sich auf Marktbereiche und Produktionsbank erstrecken und eher Dauerprojekte darstellen.

Wenn Vertriebsmitarbeiter an Projekten teilnehmen, können sie die dafür aufgewendete Kapazität nicht für die Erwirtschaftung von Gewinnbeteiligungen durch Vertriebsgeschäfte verwenden. Die Leitung des betreffenden Marktbereiches, die ein ökonomisches Interesse an dem Projekt (etwa Produktneuentwicklung) hat, muß die Mitarbeit deshalb durch Projektprämien vergüten. Eventuell sind auch aus der Gesamtbankstrategie motivierte Zuschüsse aus der Holding möglich.

Durch die bereichsübergreifende Wahrnehmung von für die zukünftige Prosperität der Bank wichtigen Aufgaben, kann es trotz der dezentralen Struktur und der partiellen Konkurrenz von Bereichen gelingen, eine von allen Mitarbeitern geteilte Philosophie wachsen zu lassen. Inhaltlich sollte diese Philosophie weniger die Konkurrenz betonen, sondern die gemeinsamen Interessen in den Vordergrund stellen und Elemente wie Kooperation und das gemeinsame Streben nach Verbesserungen enthalten.[80]

Es muß verhindert werden, daß sich in der Bank ein Verteilungskampf ergibt, der die notwendige bereichsübergreifende Kooperation schwer behindert. Ein Verteilungskampf wird strukturell nicht erzwungen, da die Gewinnbeteiligung eines einzelnen Kundenbetreuers kaum von dem Verhalten seiner "Konkurrenten" bei der Nachfrage von Bankleistungen bei der Produktionsbank abhängt. Zwischen internen Anbietern gibt es keine Konkurrenz und die Kundenbetreuer können sich aufgrund der Regionalstruktur keine externen Kunden untereinander "abjagen".

7.4. Schlußbetrachtung

Das hier vorgestellte Modell kann sicherlich als grundsätzlich anders gelten, als bisher übliche Bankstrukturen. Es weist Koordinationsmechanismen auf, die in dieser Form noch nicht in der Praxis erprobt wurden, und es verlangt von den leitenden Mitarbeitern ein ganz anderes Verhalten, als es bisher im Management

---

80) Eine solche Philosophie basiert auf Gedanken des Lean Management, entwickelt diese aber fort.

üblich war. Schließlich ist es nicht möglich gewesen, auf der theoretischen Ebene alle möglichen Geschäftsprozesse schon im Vorhinein abzubilden. Insofern muß das Modell als noch in hohem Maße unfertig gelten. Trotz dieser Mängel aber kann es ein zukunftsweisender Orientierungspunkt für die Weiterentwicklung der Bankorganisation sein.

LITERATURVERZEICHNIS

ADL (Arthur D. Little) International (Hrsg.) (1989): Management der Hochleistungsorganisation, Wiesbaden, 1989.

Ahrns, H.-J./ Feser, H.-D. (1986): Wirtschaftspolitik: Problemorientierte Einführung, 4. Aufl., München/Wien, 1986,

Akao, Y. (1992): Quality Function Development. Wie die Japaner Kundenwünsche in Qualitätsprodukte umsetzen, Landsberg am Lech, 1992.

Albach, H. (1974): Innerbetriebliche Lenkpreise als Instrument dezentraler Unternehmensführung, in: ZfbF, 26. Jhrg., 1974, S. 216-242.

Albach, H. (1987): Skript zur Vorlesung "Organisationstheorie", Bonn, Sommersemester 1987.

Albach, H./Gabelin, Th. (1977): Mitarbeiterführung - Texte und Fälle, Wiesbaden, 1977.

Anesini, S. (1991): Die Holding als Instrument der Führung in konzernierten Unternehmen, Dissertation, Sankt Gallen, 1991.

Ansoff, H.J. (1987): The Emerging Paradigm of Strategic Behaviour, in: Strategic Management Journal, Volume 8, 1987, S. 501-515.

Argyris, Ch. (1964): Integrating the Individual and the Organisation, New York, 1964.

Arrow, K.J./Debreu, G. (1954): Existence of an Equilibrium for a Competitive Economy. Econometrica, Number 22, 1954, S. 265-290.

Balderston, W. II. (1968): "Product" Management - A New Concept in Banking. Talk before the National Marketing Conference Sponsored by the American Bankers Association, Chicago, 29th March, 1968.

Bartmann, H. (1981): Verteilungstheorie, München, 1981.

Betsch, O. (1992): Allfinanz - eine (un)mögliche Chance, in: Bank und Markt, Heft 11, 1992, S. 15-21.

Bierer, H., Fassbender, H., Rüdel, Th. (1992): Auf dem Weg zur schlanken Bank, in: Die Bank, Heft 9, 1992, S. 500-506.

Bitz, M., Dellmann, K., Domsch, M., Enger, H. (Hrsg.) (1990): Vahlens Kompendium der Betriebswirtschaftslehre, Band 2, 2. Aufl., München, 1990.

Bleicher, K. (1991): Unternehmenskulturen. Erkennen der Machbarkeitsgrenzen durch die Führung, in: von Eiff, W. (Hrsg.), 1991, S. 147-163.

Bleicher, K. (1992): Holdings schützen vor Verkalkung, in: Harvard Manager, Heft 3, 1992, S. 69-77.

Blum, R./Steiner, M. (Hrsg.) (1984): Aktuelle Probleme der Marktwirtschaft insgesamt und in einzelwirtschaftlicher Sicht, Berlin, 1984.

Bösenberg, D./Metzen, H. (1992): Lean Management: Vorsprung durch schlanke Konzepte, Landsberg am Lech, 1992.

Böventer, E. von (1982): Einführung in die Mikroökonomie, 2. Aufl., München/Wien, 1982.

Bühner, R. (1985): Strategie und Organisation, Wiesbaden, 1985.

Bühner, R. (1993): Die schlanke Management-Holding, in: ZfO, Heft 1, 1993, S. 9-19.

Büschgen, H. (1992): Wachsende strategische Wettbewerbsrisiken, in: Börsen-Zeitung, 26.02.1992.

Bullinger, H.-J., Roos, A., Wiedenmann, G. (1994): Amerikanisches Business Reengineering oder japanisches Lean Management?, in: Office Management, Heft 7/8, 1994, S. 14-20.

Burns, T./Stalker, G.M. (1961): The Management of Innovation, London, deutsche Übersetzung auszugsweise: Mechanistische und organische Systeme des Management, in: Mayntz, R. (Hrsg.), 1961.

Buttler, F. (1992): Mehr Indianer und weniger Häuptlinge, in: B.Bl., Heft 8, 1992, S. 436-439.

Capra, F. (1985): Wendezeit - Bausteine für ein neues Weltbild, Bern und andere, 1985.

Cartellieri, U. (1990): Überkapazität erzwingt Auslese, in: Die Bank, Heft 7, 1990, S. 366-371.

Chandler, A.D.jr. (1962): Strategy and Structure. Chapters in the History of Industrial Enterprise, Cambridge, 1962.

Charlton, Ph. (1991): Der Wettbewerb im Bankwesen der neunziger Jahre - wer wird gewinnen?, in: Sparkassen international, Heft 2, 1991, S. 13-15.

Chmelik, G./Kappler, E. (1985): Konstitutive Entscheidungen, in: Heinen, E. (Hrsg.), 1985, S. 81-271.

Coase, R. (1937): The Nature of the Firm, in: Economica, Heft 4, 1937, S. 386-405.

Coenenberg, A.G. (1973): Verrechungspreise zur Steuerung divisionalisierter Unternehmen, in: Wirtschaftswissenschaftliches Studium, 2. Jhrg., S. 373-382.

Davidow, W.H./Malone, M.S. (1993): Das virtuelle Unternehmen. Der Kunde als Co-Produzent, Frankfurt am Main/New York, 1993.

Donaldson, L. (1987): Strategy and Adjustment. To Regain Fit and Performance: In Defence of Contingency Theory, in: Journal of Management Studies, Volume 24, Number 1, January, 1987, S. 1-24.

Drucker, P. (1973): Management, New York, 1973.

Drumm, H.-J. (1980): Matrixorganisation, in: Grochla, E. (Hrsg.), 1980, Spalte 1291-1301.

Dudler, H.-J. (1991): Strukturwandel der Geldvermögensbildung im Reifeprozeß von Volkswirtschaften, in: Krümmel, H.-J., Rehm, H., Simmert, D. (Hrsg.) (1991), S. 53-73.

Eiff, W. von (Hrsg.) (1991): Organisation - Erfolgsfaktor der Unternehmensführung, Landsberg am Lech, 1991.

Eiff, W. von (1991): Projekt-Management als Prozeß-Management. Erfolgsfaktoren eines zieführenden Projekt-Managements, in: von Eiff (Hrsg.), (1991, S: 247-294.

Eilenberger, G. (1987a): Bankbetriebswirtschaftslehre, 3. Aufl., München, 1987.

Eilenberger, G. (1987b): Finanzierungsentscheidungen multinationaler Unternehmungen, 2. Aufl., Heidelberg, 1987.

Eisenführ, F. (1980): Divisionale Organisation, in: Grochla, E. (Hrsg.), 1980, Spalte 558-568.

Ellgering, J. (1991): Produkte eines Allfinanzangebots, in: Beihefte zu Kredit und Kapital, 1991, S. 247-264.

Endres, M. (1993): Lean Production im Bankgeschäft, in: Bank und Markt, Heft 3, 1993, S. 5-15.

Endres, M. (1994): Entwicklungslinien der Bankorganisation, in: Die Bank, Heft 1, 1994, S. 4-9.

Ernst, A. (1989): Subkontraktbeziehungen in der industriellen Zulieferung in Japan, in: Ifo-Schnelldienst, Heft 5/6, 1989, S. 9-24.

Fayol, H. (1916): General and Industrial Management (Pitman, 1949), first published in French, 1916.

Felderer, B./Homburg, S. (1987): Makroökonomik und neue Makroökonomik, 4. Aufl., Berlin und andere, 1987.

Fendt, H. (1969): Sozialisierung und Erziehung. Eine Einführung in die Sozialisationsforschung, Weinheim, 1969.

Fredrickson, J. (Hrsg.) (1990): Perspectives on Strategic Management, Grand Rapids und andere, 1990.

Frese, E. (1988): Grundlagen der Organisation, 4. Aufl., Wiesbaden, 1988.

Frese, E. (Hrsg.) (1992): Handwörterbuch der Organisation, 5. Aufl., Stuttgart, 1992.

Frese, E. (1993): Geschäftssegmentierung als organisatorisches Konzept - zur Leitbildfunktion mittelständischer Strukturen für Großunternehmungen, in: ZfbF, Heft 12, Jhrg. 45, 1993, S. 999-1024.

Gabler Wirtschaftslexikon (Hrsg.) (1988), 12. Aufl., Wiesbaden, 1988.

Galbraith, J.K. (1973): Designing Complex Organizations, Reading (Mass.), 1973.

Galbraith, J.K./Nathanson, D.A. (1978): Strategy Implementation: The Role of Structure and Process, St. Paul, 1978.

Galtung, J. (1978): Methodologie und Ideologie, Frankfurt am Main, 1978.

Gerstenberger, W., Heinze J., Hummel, M., Sprenger, R.-U. (1984): Staatliche Interventionen. Ergänzungsband zur Ifo-Strukturberichterstattung 1983. Ifo-Studien zur Strukturforschung, Band 4, München, 1984.

Gomez, P. (1988): Die Organisation der Autonomie. Neue Denkmodelle für die Unternehmensführung, in: ZfO, Heft 6, 1988, S. 389-393.

Gomez, P. (1992): Neue Trends in der Konzernorganisation, in: ZfO, Heft 3, 1992, S. 166-172.

Gomez, P./ Zimmermann, T. (1992): Unternehmensorganisation: Profile, Dynamik, Methodik, Frankfurt am Main/New York, 1992.

Goold, M./ Campbell, A. (1987): Strategies and Styles, Oxford, 1987.

Grebenc, H., Geiger, U., Klotz, A., Maaßen, H. (1989): Das Managementsystem der Projektplanung und -kontrolle, in: Kirsch, W./Maaßen, H. (Hrsg.) (1989), S. 193-243.

Grill, W./Percynski, H. (1989): Bank- und Sparkassenkaufleute: Bankwirtschaft und Recht in Frage und Antwort, 10. Aufl.,Wiesbaden, 1989.

Grochla, E. (Hrsg.) (1980): Handwörterbuch der Organisation, 2. Aufl., Stuttgart, 1980.

Grochla, E. (1983): Unternehmensorganisation, 9. Aufl., Hamburg, 1983.

Gupta, A.K./Govindarajan, V. (1984): Business Unit Strategy, Managerial Characteristics and Business Unit Effectiveness at Strategy Implementation, Academy of Management Journal, Volume 27, Number 1, 1984, S. 25-41.

Habermas, J./Luhmann, N. (Hrsg.) (1971): Theorie der Gesellschaft oder Sozialtechnologie - Was leistet die Systemforschung, Frankfurt am Main, 1971.

Hall, D./Saias, M. (1980): Strategy Follows Structure!, in: Strategic Management Journal, Volume 1, 1980, S. 149-163.

Hammer, M./Champy, J. (1994): Business Reengineering. Die Radikalkur für das Unternehmen, 3. Aufl., Frankfurt/New York, 1994.

Hanssmann, F. (1987): Einführung in die Systemforschung, 3. Aufl., München/Wien, 1987.

Hauser, J.R./Clausing, D. (1988): Wenn die Stimme des Kunden bis in die Produktion vordringen soll. Qualität erfordert enges Zusammenspiel von Produktentwicklung, Fertigung und Marketing, in: Harvard Manager, Jhrg. 10, Heft 4, 1988, S. 57-70.

Hedberg, B., Nyström, P., Starbuck, W. (1976): Camping on Seesaws: Prescriptions for a Self-Designing Organization, in: Administrative Science Quarterly, 21, 1976, S. 41-65.

Hedberg, B. (1984): Organizations as Tents, in: Hinterhuber, H./Laske, S. (Hrsg.) (1984), S. 13-47.

Heinen, E. (Hrsg.) (1985): Industriebetriebslehre, 8. Aufl., Wiesbaden, 1985.

Heinz, W.R. (1984): Der Übergang von der Schule in den Beruf als Selbstsozialisation, Bremer Beiträge zur Psychologie, Heft 26, Bremen, 1984.

Hentze, J. (1989): Personalwirtschaftslehre. Grundlagen, Personalbedarfsermittlung, -beschaffung, -entwicklung und -einsatz, Band 1, 4. Aufl., Bern/Stuttgart, 1989.

Hentze, J./Brose, P. (1985): Organisation, Landsberg am Lech, 1985.

Henzler, H. (1988): Von der strategischen Planung zur strategischen Führung: Versuch einer Positionsbestimmung, in: ZfbF, Jhrg. 38, Heft 12, 1988, S. 1286-1307.

Herzberg, F., Mausner, B.M., Snydermann, B.B. (1959): The Motivation to Work, New York, 1959.

Hill, W.R., Fehlbaum, R., Ulrich, P. (1974): Organisationslehre, Band 1 und 2, Bern/Stuttgart, 1974.

Hill, W.R., Fehlbaum, R., Ulrich, P. (1989): Organisationslehre, Halbband 1, 4. Aufl., Bern/Stuttgart, 1989.

Hinterhuber, H. (1984): Personal- und Organisationsentwicklung als Problem der Unternehmensführung, in: Hinterhuber, H., Laske/S. (Hrsg.) (1984), .

Hinterhuber, H./Laske, S. (Hrsg.) (1984): Zukunftsorientierte Unternehmenspolitik, Freiburg im Breisgau, 1984.

Höhn, R. (1978): Die Abwertung der Stabsarbeit schädigt die Organisation, in: Blick durch die Wirtschaft, 11.05.1978.

Hörrmann, G./Tiby, C. (1989): Projektmanagement richtig gemacht, in ADL (Hrsg.) (1989), S. 73-92.

Hondrich, K. (1984): Value Changes in Western Societies - The Last Thirty Years, Paper Presented to the Commission of the European Communities, 1984.

Horvath, P. (1991): Controlling, 4. Aufl., München, 1991.

Hungenberg, H. (1992): Die Aufgaben der Zentrale. Ansatzpunkte zur zeitgemäßen Organisation der Unternehmensführung in Konzernen, in: Zeitschrift für Organisation, Heft 6, 1992, S. 341-354.

Ihde, G.B. (1988): Die relative Betriebstiefe als strategischer Erfolgsfaktor, in: ZfB, Jhrg. 58, 1988, S. 13-23.

Imai, M. (1993): Kaizen. Der Schlüssel zum Erfolg der Japaner im Wettbewerb, 10. Aufl., München, 1993.

Inglehart, R. (1977): The Silent Revolution: Changing Values and Political Styles among Western Publics, Princeton, 1977.

Jacob, H.-R., Villiez, Ch. von, Westphal, E. (1992): Erfolgs-Management zwischen Risiko und Chance, in: Die Bank, Heft 2, 1992, S. 101-106.

Kahn, K./Wiener, A.J. (1971): Ihr werdet es sehen. Voraussagen der Wissenschaft bis zum Jahre 2000. Reinbek, 1971.

Kappler, E./Wegmann, M. (1985): Konstitutive Entscheidungen, in: Heinen, E. (Hrsg.) (1985), S. 81-272.

Karlöf, B. (1991): Unternehmensstrategie. Konzepte und Modelle für die Praxis, Frankfurt am Main/New York, 1991.

Kieser, A./Kubicek, H. (1983): Organisation, 2. Aufl., Berlin/New York, 1983.

Kirsch, A. (1994a): Controlling als Führungsaufgabe, Problemfeld Nr. 9 der Reihe "Besser Führen", Institut für Mensch und Arbeit (Hrsg.), München, 1994.

Kirsch, A. (1994b): Unveröffentlichtes Arbeitspapier zum Thema "Neuere Tendenzen die der Organisation und für die Personalwirtschaft", München, 1994.

Kirsch, W. (1978): Die Betriebswirtschaftslehre als Führungslehre, München, 1978.

Kirsch, W. (1988): Die Handhabung von Entscheidungsproblemen. Einführung in die Theorie der Entscheidungsprozesse, München, 1988.

Kirsch, W. (1990a): Skript zur Vorlesung in Organisation, München, 1990.

Kirsch, W. (1990b): Unternehmenspolitik und strategische Unternehmensführung, München, 1990.

Kirsch, W. (Hrsg.) (1991): Beiträge zum Management strategischer Programme, München, 1991.

Kirsch, W. (1992): Kommunikatives Handeln, Autopoiese, Rationalität. Sondierungen zu einer evolutionären Führungslehre, München, 1992.

Kirsch, W., Esser, W.-M., Gabele, E. (1979): Das Management des geplanten Wandels von Organisationen, Stuttgart, 1979.

Kirsch, W./Maaßen, H. (Hrsg.) (1989a): Managementsysteme. Planung und Kontrolle, München, 1989.

Kirsch, W./Maaßen, H. (1989b): Einleitung: Managementsysteme, in: Kirsch, W./Maaßen, H. (Hrsg.) (1989), S. 1-21.

Kirsch, W., Geiger, U., Grebenc, H., Maaßen, H. (1989): Ein Denkmodell der Gesamtarchitektur von Planungs- und Kontrollsystemen, in: Kirsch, W./Maaßen, H. (Hrsg.) (1989), S. 127-171.

Klages, H. (1984): Wertorientierungen im Wandel: Rückblick, Gegenwartsanalyse, Prognosen, Frankfurt am Main, 1984.

Klee, H.W. (1991): Strukturwandel der Banken. Konsequenzen neuer Strategien für die Organisationsstrukturen, in: ZfO, Heft 6, 1991, S. 368-393.

Klipstein, M. von/Strümpel, B. (Hrsg.) (1985): Gewandelte Werte - Erstarrte Strukturen. Wie Bürger Wirtschaft und Arbeit erleben, Bonn, 1985.

Kluge, F. (1971): Führung, Delegation und Information im Bankbetrieb, Wiesbaden, 1971.

Knyphausen, D. zu/Ringlstätter, M. (1991): Wettbewerbsumfeld, Hybride Strategien und Economies of Scope, in: Kirsch, W. (Hrsg.) (1991), S. 539-557.

Kober, P./Ruhsert, J. (1992): Die Kosten für die Datenverarbeitung sind zu hoch, in: Blick durch die Wirtschaft, 27.02.1992.

König, R. (Hrsg.) (1965): Praktische Sozialforschung, Band 1, 4. Aufl., Köln, 1965.

Kosmider, H.-P. (1991): Wie die Informatik besser werden kann, in : Die Bank, Heft 11, 1991, S. 630-637.

Krümmel, H.-J., Rehm, H., Simmert, D. (Hrsg.) (1991): Allfinanz - Strukturwandel an den Märkten für Finanzdienstleistungen. Beihefte zu Kredit und Kapital, Heft 11, Berlin, 1991.

Krupp, G. (1992): Anmerkungen zur Zukunft des Privatkundengeschäfts, in: Bank und Markt, Heft 12, 1992, S. 7-12.

Lawrence, P.R./Lorsch, J.W. (1967): Organization and Environment: Managing Differentiation and Integration, Boston, 1967.

Lazarus, R.S. (1966): Psychological Stress and the Coping Process, New York, 1966.

Lewin, K. (1963): Feldtheorie in den Sozialwissenschaften, Bern, 1963

Lück, H.E./Müller, R. (1990): Führung und Wertewandel, in: Wiendieck, G./Wiswede, G. (Hrsg.) (1990), S. 181-196.

Lünendonk, Th. (1992): Service-Rechenzentren und Outsourcer: Wandelnde Profile, in: Geldinstitute, Heft 10, 1992, S. 62-63.

Luhmann, N. (1971): Systemtheoretische Argumentation. Eine Entgegnung auf Jürgen Habermas, in: Habermas, J./Luhmann, N. (Hrsg.) (1971), S. 211-405.

Maaßen, H. (1989): Management Styles, Führungsstrukturen und Varianten von Gesamtarchitekturen, in: Kirsch, W./Maaßen, H. (Hrsg.) (1989), S. 431-456.

Mag, W. (1990): Planung, in: Bitz et al. (Hrsg.), S. 1-56, (1990).

Maccoby E.E./Maccoby, N. (1965): Das Interview: Ein Werkzeug der Sozialforschung in: König, R. (Hrsg.) (1965), S. 37-45.

Maisberger, P. (1992): Von der Aktualität eingeholt, in: Office Management, Heft 12, 1992, S. 15-18.

Mankwald, R. (1975): Marketingorientierte Organisation bei Universalbanken. Neue Organisationsformen als Instrument zur Erhöhung der Wettbewerbsfähigkeit, Frankfurt am Main, 1975.

March, J.G./Simon, H.A. (1958): Organizations, New York, 1958.

Marr, R. (1993): Lean Management - Über die Gefährlichkeit von Illusionen, Vortrag gehalten auf dem 5. Münchner Personalforum, München, 1993.

Marr, R./Stitzel, M. (1979): Personalwirtschaft. Ein konfliktorientierter Ansatz, Landsberg am Lech, 1979.

Marr, R./Picot, A. (1985): Absatzwirtschaft, in: Heinen, E. (Hrsg.) (1985), S. 509-626.

Massfeller, N. (1993): Strategie der Non-Banks am Beispiel Volkswagen, in: Die Bank, Heft 5, 1993, S. 264-268.

Mayntz, R. (Hrsg.) (1971): Bürokratische Organisation, 2. Aufl., Köln/Berlin, 1971.

McKinsey (1989): Europa 1992 - Katalysator des Wandels in der Finanzdienstleistungsindustrie, Hamburg, 1989.

McKinsey (1990): Bedürfnisanalyse von Bankkunden. Unveröffentlichtes Arbeitspapier, Stuttgart, 1990.

McKinsey (1993a): Lean Banking: Ein integrativer Ansatz zur Neuausrichtung der Bank, Vortrag gehalten auf der Euroforum Konferenz "Lean Banking", Frankfurt am Main, 01.und 02. 03.1993.

McKinsey (Hrsg.) (1993b): Einfach überlegen. Das Unternehmenskonzept, das die Schlanken schlank und die Schnellen schnell macht, Stuttgart, 1993.

McKinsey o.J.: Abbildungen und Texte zitiert nach Schmalenbach-Gesellschaft (Hrsg.) (1992).

Meissner, M. (1971): The Long Arm of the Job. A Study of Work and Leisure, in: Industrial Relations, 10, 1971.

Meister, H. (1993): Organisation des Lean Management, in: ZfO, 1993, S. 6-8.

Meyer-Abich, K.M. (1984): Wege zum Frieden mit der Natur. Praktische Naturphilosophie für die Umweltpolitik, München/Wien, 1984.

Mintzberg, H. (1979): The Structuring of Organisations, Englewood Cliffs, 1979.

Mintzberg, H. (1990): Strategy Foundation: Schools of Thought, in: Frederickson, J. (Hrsg.) (1990), S. 105-235.

Mitarbeiterbefragung der Bayerischen Vereinsbank, München, 1990.

Moldaschl, M. (1992): Japanisierung der deutschen Industrie? Zur Übertragbarkeit des japanischen Erfolgsrezepts "Lean Management", Vortrag zur Auftaktveranstaltung "Lean Management" im Bayerischen Wirtschaftsministerium, München, 28.02.1992.

Moormann, J./Wölfing, D. (1991): Fertigungstiefe in Banken verringern, in: Die Bank, Heft 12, 1991, S. 677-680.

Müller, M./Pauly, Ch. (1991): Mit sanfter Gewalt: Banken auf dem Weg zur industriellen Produktionsweise, in: Wirtschaftswoche, Heft 34, 16.08.1991, S. 38-41.

Neumann, M. (1987): Theoretische Volkswirtschaftslehre II, 2. Aufl., München, 1987.

Noelle-Neumann, E. (1978): Werden wir alle Proletarier? Wertewandel in unserer Gesellschaft, Zürich, 1978.

Noelle-Neumann, E./Strümpel, B. (1984): Macht Arbeit krank? Macht Arbeit glücklich? Eine aktuelle Kontroverse, München, 1984.

Norkus, M. (1992): Observations on Corporate Holding Structures in the US, unveröffentlichtes Arbeitspapier, 1992.

Österle, H. (1993): Ein Modell für den Prozeßentwurf, Institut für Wirtschaftsinformatik der Hochschule Sankt Gallen (Hrsg.), Sankt Gallen, 1993.

Ordelheide, D., Rudolph, B., Büsselmann, E. (Hrsg.) (1990): Betriebswirtschaftslehre und ökonomische Theorie, Stuttgart, 1990.

Parkinson, C.N. (1959): Parkinsons Gesetz und andere Untersuchungen über die Verwaltung, 1959.

Patinkin, D. (1965): Money, Interest and Prices, 2. Aufl., New York, 1965.

Penzel, H.-G. (1991): Die Informatikabteilung auf dem Weg in neue Organisationsformen, in: IBM Nachrichten, Heft 305, Jhrg. 41, 1991, S. 7-15

Penzel, H.-G. (1992): Die Informatik-Organisation auf dem Weg in die Marktwirtschaft, in: Geldinstitute, Heft 11/12, 1992, S. 20-27.

Penzkofer, P./Täube, K. (1972): Profit-Centers im Bankbetrieb. Zur Problematik der Divisionalisierung von Universalbanken, in: Bank-Betrieb, Jhrg. 12, 1972.

Perridon, L./Steiner, M. (1980): Finanzwirtschaft der Unternehmung, 2. Aufl., München, 1980.

Peters, Th.J. (1984): Strategy Follows Structure: Developing Distinctive Skills, in: California Management Review, Volume 26, Number 3, Spring 1984, S. 111-135.

Pfeiffer, W./Weiß, E. (1991): Lean Management. Zur Übertragbarkeit eines neuen japanischen Erfolgsrezepts auf hiesige Verhältnisse, Forschungs- und Arbeitsbericht Nummer 18 der Forschungsgruppe für Innovation und Technologische Voraussage (FIV) am Lehrstuhl für Industriebetriebslehre des Fachbereichs Wirtschafts- und Sozialwissenschaften der Friedrich-Alexander-Universität Erlangen-Nürnberg, Werner Pfeiffer (Hrsg.), Nürnberg, 1991.

Picot, A. (1990a): Ökonomische Theorie der Organisationen - Ein Überblick über neuere Ansätze und deren betriebswirtschaftliches Anwendungspotential, in: Ordelheide, D., Rudolph, B., Büsselmann, E. (Hrsg.) (1990), S. 143-170.

Picot, A. (1990b): Organisation, in: Bitz, M., Dellmann, K., Domsch, M., Enger, H. (Hrsg.) (1990), S. 99-208.

Picot, A. (1991): Ein neuer Ansatz zur Gestaltung der Leistungstiefe, in: ZfbF, Heft 4, 1991, S. 336-357.

Picot, A./Maier, M. (1992): Analyse und Gestaltungskonzepte für das Outsourcing, in: Information Management, Heft 4, 1992, S. 14-27.

Pinchot, G. (1985): Intrapreneuring, New York, 1985.

Poeche, J. (Hrsg.) (1979): Das Konzept der "Workable Competition" in der angelsächsischen Literatur, Köln, 1970.

Porter, M. (1989): Wettbewerbsvorteile, Sonderausgabe, Frankfurt am Main/New York, 1989.

Porter, M. (1990): Wettbewerbsstrategie, 6. Aufl., Frankfurt am Main/New York, 1990.

Porter, W./Lawler, E. (1964): The Effect of Tall versus Flat Organizational Structures on Managerial Job Satisfaction. in : Personnel Psychology, Vol. 17, S. 135-148.

Porter, W./Lawlwer, E. (1965): Properties of Organization Stucture in Relation tp Jpb Attitudes and Job Behaviour, in: Psychological Bulletin, Vol 64, S. 23-51.

Porter, W., Lawler, E.,Hackmann, R. (1975): Behaviour in Organisations, New York, 1975.

Probst, G.J. (1986): Der Organisator im selbstorganisierenden System. Aufgaben, Stellung und Fähigkeiten, in: ZfO, Heft 6, 1986, S. 395-399.

Probst, G.J. (1987): Selbstorganisation, Berlin, 1987.

Rehm, H./Simmert, B. (1991): Allfinanz - Befund, Probleme, Perspektiven, in: Krümmel, H.-J., Rehm, H., Simmert, D. (Hrsg.) (1991), S. 9-29.

Reimann, E. (1991): Wer zu spät kommt, den straft die Konkurrenz, Serie: Kundenselbstbedienung bei Banken und Versicherungen, Teil 2, in: Geldinstitute, 7/8, 1991, S. 32-35 und 67.

Richter, R., Schlieper, U., Friedmann, W. (1978): Makroökonomik. Eine Einführung, 3. Aufl., Berlin und andere, 1978.

Röpke, W. (1968): Die Lehre von der Wirtschaft, 11. Aufl., Erlenbach/Zürich/Stuttgart, 1968.

Roethlisberger, F.J./Dickson, W.J. (1939): Management and the Worker, Cambridge (Mass.), 1939.

Rosenstiel, L. von (1983): Wertewandel und Organisationsentwicklung, in: Organisationsentwicklung, Heft 1, 1983, S. 29-42.

Rosenstiel, L. von (1984): Wandel der Werte - Zielkonflikte bei Führungskräften? in: Blum, R./Steiner, M. (Hrsg.) (1984), S. 203-234.

Rosenstiel, L. von (1987): Grundlagen der Organisationspsychologie: Basiswissen und Anwendungshinweise, 2. Aufl., Stuttgart, 1987.

Rosenstiel, L. von (1992): Grundlagen der Organisationspsychologie: Basiswissen und Anwendungshinweise, 3. Aufl., Stuttgart, 1992.

Rosenstiel, L. von/Stengel, M. (1987): Identifikationskrise? Zum Engagement in betrieblichen Führungspositionen, Bern und andere, 1987.

Rosenstiel, L. von, Einsiedler, H., Streich, R., Rau, S. (1987): Motivation durch Mitwirkung, Universitätsseminar der Wirtschaft, Band 15, Stuttgart, 1987.

Rosenstiel, L. von, Nerdinger, F., Spieß, E., Stengel, M. (1989): Führungsnachwuchs im Unternehmen, München, 1989.

Rosenstiel, L. von, Nerdinger, F., Spieß, E. (1991): Was morgen alles anders läuft, Düsseldorf, 1991.

Ruppert, F. (1982): Die Auswirkungen der Unternehmensorganisation auf Arbeitszufriedenheit, Arbeitsmotivation und Belastungsempfinden bei den Mitarbeitern im Datenverarbeitungsunternehmen. Eine empirische Fallstudie, Diplomarbeit, München, 1982.

Samuelson, P.A. (1954): The Pure Theory of Public Expenditure, in: The Review of Economics and Statistics, Nummer 36, S. 387-389.

Schein, E.H. (1968): Organizational Socialization and the Profession of Management, in: Industrial Management Review, Number 9, 1968, S. 1-15.

Schertler, W. (1982): Unternehmensorganisation: Lehrbuch der Organisation und strategischen Unternehmensführung, München/Wien, 1982.

Schierenbeck, H. (1993): Strategische Rentabilitätsplanung und Geschäftsfeldsteuerung - Zur Verbindung von Konditionspolitik und Mindestmargenkalkulation, Gesellschaft für Bankenrevision (Hrsg.), Bern, 1993.

Schierenbeck, H./Wiedemann, A. (1993): Frühwarnsystem für Bank-Verwaltungsräte, Gesellschaft für Bankenrevision (Hrsg.), Bern, 1993.

Schigall, O. (1981): Eyes on Tomorrow. The Evolution of Procter and Gamble, Chicago, 1981.

Schmalenbach, E. (1910/11): Großbankorganisation, in: ZfhF, 1910/11, S. 365-372.

Schmalenbach, E. (1929): Der Kontenrahmen, 2. Aufl., 1929.

Schmalenbach-Gesellschaft (Hrsg.) (1992): Finanzwettbewerb in den 90er Jahren. Thesen und Informationen, Arbeitskreis "Planung in Banken" der Schmalenbach-Gesellschaft (Hrsg.), Wiesbaden, 1992.

Schmidt, A. (1992): Zum Vereinsbanktag: Rede von Dr. A. Schmidt, München, 1992.

Schmidt, G. (1991): Methode und Techniken der Organisation, Band 1, 9. Aufl., Gießen, 1991.

Schnell, R., Hill, P.B., Esser, E. (1992): Methoden der empirischen Sozialforschung, 3. Aufl., München/Wien, 1992.

Schreyögg, G. (1978): Umwelt, Technologie und Organisationsstruktur. Eine Analyse des kontingenztheoretischen Ansatzes, Bern/Stuttgart, 1978.

Schumpeter, J.A. (1908): Das Wesen und der Hauptinhalt der theoretischen Nationalökonomie, Wien, 1908.

Schuster, L. (1988): "In-House-Banking" als Instrument des Finanzmanagements von Unternehmungen, in: Die Unternehmung, Heft 5, 1988, S. 346-362.

Schwamborn, U. (1993): "Fitness-Pogramm" für Banken, in: Geldinstitute, Heft 10, 1993, S. 6-8.

Schwarm, K. (1989): Die Bedeutung der Unternehmenskultur für den Innenbereich von Banken. Veröffentlichungen des Lehrstuhls für allgemeine, Bank- und Versicherungs-Betriebswirtschaftslehre an der Friedrich-Alexander-Universität Erlangen-Nürnberg, Hahn, O. (Hrsg.), Heft 55, Nürnberg, 1989.

Schwartz, H./Davis, S.M. (1981): Matching Corporate Culture and Business Strategy. Organizational Dynamics, Volume 10, 1981, S. 30-48.

Seipp, W. (1992): Allfinanz weiter auswerten. Große deutsche Geschäftsbanken erst in den letzten Jahren aktiv, in: Börsenzeitung, 18.01.1992

Simon, H. (1989): Die Zeit als strategischer Erfolgsfaktor, in: ZfbF, Heft 1, Jhrg. 59, 1989, S. 70-93.

Sommerlatte, T. (1989): Warum Hochleistungsorganisation und wie weit sind wir davon entfernt?, in: ADL (Hrsg.) (1989), S.1-22.

Sprenger, R.K. (1992): Mythos Motivation: Wege aus einer Sackgasse, 4. Aufl., Frankfurt am Main/New York, 1992.

Staehle, W.H. (1973): Organisation und Führung sozio-technischer Systeme. Grundlagen einer Situationstheorie, Stuttgart, 1973.

Stalk, G. (1988): Time- The Next Source of Competitive Advantage, in: Harvard Business Review, Number 4, 1988.

Strümpel, B. (1985): Arbeitsmotivation im sozialen Wandel, in : Die Betriebswirtschaft, Jhrg. 45, 1985, S. 42-45.

Subjetzki, K. (1991): Geschäftsfeldorientierte Organisationsstruktur als Instrument des Marketing, in: Die Bank, Heft 12, 1991, S. 674-677.

Süchting, J., Hooven, E. van (Hrsg.) (1987): Handbuch des Bankmarketing, Wiesbaden, 1987.

Taylor, W. (1911): The Principles of Scientific Management, New York, deutsche Übersetzung: Grundsätze wissenschaftlicher Betriebsführung, München, 1919.

Ulich, E. (1991): Arbeitspsychologie, Stuttgart, 1991.

Ulich, E., Groskurth, P., Bruggemann, A. (1973): Neue Formen der Arbeitsplatzgestaltung, Frankfurt, 1973.

Ulrich, H. (1985): Von der Betriebswirtschaftslehre zur systemorientierten Managementlehre, in: Wunderer, R. (Hrsg.) (1985), S. 3-32.

Ulrich, P./Fluri, E. (1992): Management, 6. Aufl., Bern/Stuttgart, 1992.

Vetter, R. /Wiesenbauer, L. (1992): Führungsverhalten in Projekten, in: Office Management, Heft 12, 1992, S. 21-26.

Volk, H. (1992): Innere Kündigung. Wenn alle da sind, aber kaum einer Lust hat, in: B.Bl., Heft 9, 1992, S. 514-515.

Walras, L. (1954): Elements of Pure Economics, London, 1954.

Waterman, R.H./Peters, Th.J. (1984): In Search of Excellence, New York, 1984.

Weidner, W. (1990): Organisation in der Unternehmung. Aufbau- und Ablauforganisation, 3. Aufl., München/Wien, 1990.

Welge, M.K. (1994): Neue Organisationskonzepte. Status Quo aus Sicht der Wissenschaft. Vortrag gehalten auf dem Management-Forum "Das Ende der Hierarchien", 15.-16.30.19949, Bad Homburg.

Werkmann, G. (1989): Strategie und Organisationsgestaltung, Frankfurt am Main, 1989.

Wheelwright, S.C./Hayes, R.H. (1985): Competing through Manufacturing, in: Harvard Business Review, Januar/Februar, 1985, S. 99-109.

Widmaier, S. (1991): Wertewandel bei Führungskräften und Führungsnachwuchs. (Zur Entwicklung einer wertorientierten Unternehmensgestaltung), Konstanz, 1991.

Wielens, H. (1977): Fragen der Bankorganisation. Führt die versträkte Marktorganisation der Universalbanken zur Divisionalisierung?, Frankfurt am Main, 1977.

Wielens, H. (1987): Marktorientierte Bankorganisation, in: Süchting, J., Hooven, E. van (Hrsg.) (1987), S. 61-89.

Wiendieck, G./Wiswede, G. (Hrsg.) (1990): Führung im Wandel: Neue Perspektiven für die Führungsforschung, Stuttgart, 1990.

Wildemann, H. (1992): Unter Herstellern und Zulieferern wird die Arbeit neu verteilt, in: Harvard Manager, Heft 2, 1992, S. 82-93.

Williamson, O.E. (1975): Markets and Hierarchies: Analysis and Antitrust Implications, New York/London, 1975.

Windolf, P./Hohn, H.-W. (1984): Arbeitsmarktchancen in der Krise: Betriebliche Restrukturierung und soziale Schließung - eine empirische Untersuchung, Frankfurt/New York, 1984.

Witte, E. (1973): Organisation für Innovationsentscheidungen, Tübingen, 1973.

Wöhe, G. (1984): Einführung in die allgemeine Betriebswirtschaftslehre, 15. Aufl., München, 1984.

Wolff, R. (1984): Kultur und geplanter Wandel von Organisationen - Anmerkungen zu einem ungeklärten Verhältnis, in: Hinterhuber, H./Laske, S. (Hrsg.) (1984), S. 247-260.

Womack, J.P., Jones, D.T., Roos, D. (1991): Die zweite Revolution in der Autoindustrie: Konsequenzen aus der weltweiten Studie aus dem Massachusetts Institute of Technology, Frankfurt/New York, 1991.

Woodward, J. (1958): Management and Technology, London, 1958.

Wunderer, R. (Hrsg.) (1985): Betriebswirtschaftslehre als Management- und Führungslehre, Stuttgart, 1985.

Zimmermann, F. (1992): "In-House-Banking" multinationaler Unternehmen, in: Die Bank, Heft 12, 1992, S. 701-704.

Zitzelsberger, G. (1993): Zwischen Marmor-Tresen und Barfuß-Bankiers. Kreditwirtschaft offeriert aus Kostengründen abgestuftes Leistungsangebot, in: Süddeutsche Zeitung, 22.03.1993, S. 28.

Deutscher Universitäts Verlag
GABLER · VIEWEG · WESTDEUTSCHER VERLAG

Aus unserem Programm

Christoph J. Börner
Öffentlichkeitsarbeit von Banken
Ein Managementkonzept auf der Basis gesellschaftlicher Exponiertheit
1994. XX, 413 Seiten, Broschur DM 118,-/ ÖS 921,-/ SFr 118,-
GABLER EDITION WISSENSCHAFT
ISBN 3-8244-6091-2
Die Frage nach der richtigen Gestaltung der Kommunikation zwischen Banken und der kritischen Öffentlichkeit ist derzeit hochaktuell. Dieses Buch zeigt Strategien und Wege für eine gesellschaftsbezogene Öffentlichkeitsarbeit.

Kay Hempel
Die Leistungsprogrammerweiterung der POSTBANK
Ökonomische Aspekte der Einführung zusätzlicher Bankdienstleistungen
1995. XXIV, 345 Seiten, Broschur DM 118,-/ ÖS 921,-/ SFr 118,-
GABLER EDITION WISSENSCHAFT
ISBN 3-8244-6205-2
Kay Hempel stellt einen Ansatz für geschäftsfeldbezogene Strategien vor, aus dem sich produktpolitische Empfehlungen ableiten lassen. Die Erweiterung des Leistungsangebotes ist mit einem zunehmenden Beratungsbedarf der privaten Kunden verbunden.

Harald Meier
Strategische Planung und Personalentwicklung in Banken und Sparkassen
Anspruch, Schein und Wirklichkeit
1995. XVIII, 237 Seiten, Broschur DM 89,-/ ÖS 694,-/ SFr 89,-
GABLER EDITION WISSENSCHAFT
ISBN 3-8244-6138-2
Die in über vierhundert Instituten durchgeführte Untersuchung zeigt, daß auch in Banken und Sparkassen ein enormer Nachholbedarf auf allen Feldern der Personalentwicklung besteht.

Die Bücher erhalten Sie in Ihrer Buchhandlung!
Unser Verlagsverzeichnis können Sie anfordern bei:

Deutscher Universitäts-Verlag
Postfach 30 09 44
51338 Leverkusen